子どもと共に学びあう
演習・保育内容総論

井上孝之 山﨑敦子　編

執筆者一覧

● 編者

　井上　孝之（いのうえ　たかゆき）　岩手県立大学
　山﨑　敦子（やまざき　あつこ）　東北福祉大学

● 執筆者（五十音順）

　明柴　聰史（あけしば　さとし）　富山短期大学……………………………………………第12章
　石川　悟司（いしかわ　さとし）　盛岡大学……………………………………第3章第1・4節
　井上　孝之（いのうえ　たかゆき）　（前出）……………………………………………第1章、第2章
　井上裕美子（いのうえ　ゆみこ）　千葉明徳短期大学…………………………………………第6章
　岩井　哲雄（いわい　てつお）　山梨大学………………………………………………………第13章
　岡部　祐子（おかべ　ゆうこ）　松山東雲女子大学……………………第3章第2節、第14章第1節
　奥山　優佳（おくやま　ゆか）　東北文教大学短期大学部……………………………………第11章
　柴田千賀子（しばた　ちかこ）　仙台大学………………………………………………第14章第3節
　清水　桂子（しみず　かつらこ）　北翔大学短期大学部…………………………………………第8章
　仲　　真人（なか　まさと）　新潟青陵大学短期大学部………………………………第5章第1・2節
　永井久美子（ながい　くみこ）　神戸女子短期大学………………………………………………第7章
　西川　正晃（にしかわ　まさあき）　岐阜聖徳学園大学…………………………………………第10章
　福田　洋子（ふくだ　ようこ）　元常磐短期大学…………………………………第5章第3・4・5・6節
　松浦　　淳（まつうら　じゅん）　青森中央短期大学……………………………第4章、第14章第2節
　山﨑　敦子（やまざき　あつこ）　（前出）………………第1章、第2章、第3章第3・4節、第9章、第11章
　和田　明人（わだ　あきひと）　東京家政大学…………………………………………………第15章

はじめに（第2版）

　例年、隣県の保育者養成校の教員で会合をもっています。そのなかで、編者は次のような質問をしました。
　「先生の学校では、総論（保育内容総論）のテキストは何を使っていますか？」
　「いいえ、テキストは使いません。指針（保育所保育指針）と要領（幼稚園教育要領）だけです。あとは自分がクラス担任だった頃の事例や写真を使うので、特にテキストは必要ありません」
　この質問を何人かの教員に投げかけましたが、テキストは使わず、参考書程度に紹介している教員が多くいました。法改正により、編者の使い慣れたテキストが廃刊となりました。そこで、十数冊のテキストの使い勝手を吟味していた編者は、この会合で評判のいいテキストを紹介してもらおうとしたのですが、そううまくはいかなかったのです。市井に溢れるテキストを使わない理由はどこにあるのでしょう。
　それは、保育者経験のある教員には、自分の保育実践から子どもの育ちを語り、それを指針や要領に照らすことによって、そのねらいや内容がみずみずしく伝えられるからです。そのため、学生にとってもイメージしやすく、理解しやすい授業になっているのです。
　そうであれば、独自の教授内容としている保育実践や子どもの育ちを整理し、保育内容総論の視点で編み上げ、さらに、斯界に名を馳せる執筆者の保育内容の変遷や多様な展開を編み込めば、ほかにはない、最も使いやすいテキストが作成できるのではないでしょうか。本書はこのコンセプトで編集されています。
　本書は『子どもと共に学びあう　演習・保育内容総論』の第2版です。2018年施行の「保育所保育指針」「幼稚園教育要領」「幼保連携型認定こども園教育・保育要領」に合わせて内容を改訂いたしました。
　本書は直接的には保育者養成のテキストです。しかし、それと同時に現在保育者として幼児教育・保育に携わる方々のさらなる学びや園内研修にも役立つものとして作成いたしました。さらに、保育行政に関わる方々、保護者の方々にも"保育内容を深く理解する"ために、ぜひ手に取っていただきたいと願っています。その願いをこめて、タイトルを『子どもと共に学びあう　演習・保育内容総論』といたしました。
　保育者の養成課程では、保育内容総論は、保育内容を分割し、総論と演習の違いを明確にし、総論を理解したうえで演習ができるように配慮されています。そのため、このテキストもどこからはじめても、学びやすいように編集しました。
　本書では、各章の扉ページのリード部分をその章の紹介やアイスブレイクで構成しています。アイスブレイクは"氷を砕くように"初対面の人同士の出会いの緊張をときほぐす手法です。運動に置き換えれば、柔軟体操のようなものです。リラックスした環境づくりに利用できるため、アイスブレイクだけでもよい演習内容になるよう工夫しました。

また、各章の最後には「★演習課題―ダイアログ」のコーナーを設けています。ダイアログの詳しい説明は第15章に記しています。ダイアログは、たがいの考えを伝え合うだけではなく、話し手と聞き手とが理解を深めながら、共感したり、行動の変化をもたらしたりする創造的なコミュニケーションの手法です。そのため、ネガティブな発言は控え、相手の意見を尊重する態度も必要とされます。学習者の主体的な学びを深めるためのシーズになれば幸いです。さらに、保育者の研修場面でも、ワークショップやグループワークのテーマとして活用できる内容で構成しています。さまざまな場面でご活用ください。

　このテキストが、乳幼児期の教育・保育に理解を深めることの契機になれば、編者としてこのうえない喜びです。

　最後に、初版の上梓及び第2版改訂にあたり、さまざまなご高配を賜った株式会社みらいの竹鼻均之社長、稲葉高士氏、米山拓矢氏をはじめ、関係の方々に厚く御礼を申し上げます。

2018年9月

編者を代表して　井上孝之

目　次

はじめに

第1章　幼児教育・保育の基本 ……………………………………………… 12

第1節　教育基本法と児童福祉法と幼児期の教育　／13
第2節　保育内容の理解　／15
　1．保育所保育指針と保育内容　／15
　2．保育所保育指針の改定のポイント　／18
　3．幼稚園教育要領と保育内容　／22
　4．幼稚園教育要領の改訂のポイント　／24
　5．幼保連携型認定こども園教育・保育要領と保育内容及び改訂のポイント　／25
★演習課題̶ダイアログ「どんな保育者になりたい？」　／25

第2章　幼児教育・保育の保育内容 ………………………………………… 26

第1節　保育の全体構造と保育内容　／27
第2節　養護に関わる保育内容　／30
　1．「生命の保持」　／31
　2．「情緒の安定」　／32
第3節　保育内容のとらえ方　／33
　1．保育内容の3つの視点と5領域　／33
　2．乳児保育の3つの視点に関するねらい及び内容　／34
　3．5領域のねらい及び内容　／35
★演習課題̶ダイアログ「一人一人の子ども」という表現が多いのはなぜ？　／39

第3章　保育の1日の流れと保育内容 −遊びを中心とした生活− …… 40

第1節　幼稚園の1日の流れ　／41
　1．1日の教育時間　／41
　2．4時間を標準とすることの意味　／41
　3．1日の流れを組む　／41
　4．1日の流れ　／42
第2節　保育所の1日の流れ　／45
　1．保育所の特性　／45

2．1日の流れ　／46
- 第3節　認定こども園の1日の流れ　／53
　　1．認定こども園とは　／53
　　2．1日の流れ　／54
- 第4節　遊びを中心とした保育と行事　／55
　　1．行事とは　／55
　　2．遊び・生活と行事とのつながり　／56
- ★演習課題 ― ダイアログ「それぞれの砂場には違いがある？」　／59

第4章　子どもの育ちと保育内容　…… 60

- 第1節　子どもの育ちとは　－乳幼児期の発達の特徴－　／61
　　1．発達とは　／61
　　2．発達の原則　／62
　　3．発達観　／64
- 第2節　乳幼児期の発達の特徴　／65
　　1．乳幼児期全般の特徴　／66
　　2．乳幼児期の発達の特徴に応じた保育内容に向けて　／66
- ★演習課題 ― ダイアログ「あなたの一番古い思い出は？」　／67

第5章　保育内容の展開　…… 70

- 第1節　養護と教育が一体的に展開する保育　／71
- 第2節　環境を通して行う保育　／72
　　1．環境を通して行う保育とは　／72
　　2．保育の環境　／72
　　3．環境構成　／73
- 第3節　遊びによる総合的な保育　／74
- 第4節　子どもの主体性を尊重する保育　／75
- 第5節　生活や発達の連続性に考慮した保育　／75
- 第6節　家庭・地域・小学校との連携をふまえた保育　／77
　　1．家庭との連携　／77
　　2．地域との連携　／79
　　3．小学校との連携　－できることから一歩ずつ－　／80
- ★演習課題 ― ダイアログ「シャボン玉と聞いて想像するのはどんな道具？」　／82

第6章　0歳児の保育内容　…………………………………………………… 83

第1節　0歳児の発達の特徴・子どもの姿　／84
1. 6か月未満の子どもの発達の特徴・子どもの姿　／84
2. 6か月以上の子どもの発達の特徴・子どもの姿　／85

第2節　保育内容のポイント　／87
1. 6か月未満の子どもの保育内容のポイント　／87
2. 6か月以上の子どもの保育内容のポイント　／88

第3節　実践事例「一緒にいてね」「おいしい！」　／90

第4節　実践へのヒント　／92
- 実践で使える保育のヒント：登園で泣く0歳児。長時間泣くときは？　／92
- 言葉がけのポイント「立ちたかったね」　93

★演習課題 ─ ダイアログ「0歳児の発達に合わせた応答的な関わりとは？」　／93

第7章　1歳児の保育内容　…………………………………………………… 94

第1節　1歳児の発達の特徴・子どもの姿　／95
1. 対人関係と自己認識の発達　／95
2. 運動の発達　／96
3. 言語と認知の発達　／96

第2節　保育内容のポイント　／97
1. 養護のポイント　／97
2. 教育のポイント　／100

第3節　実践事例：「保育日誌より」　／103

第4節　実践へのヒント　／104
- 実践で使える保育のヒント：入園当初の不安に対して…　／104
- 言葉がけのポイント：「おもしろいね～」　／105

★演習課題 ─ ダイアログ「1歳児はどんな遊びをするの？」　／105

第8章　2歳児の保育内容　…………………………………………………… 106

第1節　2歳児の発達の特徴・子どもの姿　／107
1. 広がる行動範囲　／107
2. 2歳児のさまざまな姿　／107

第2節　保育内容のポイント　／109
1. 養護のポイント　／109
2. 教育のポイント　／111

第3節　実践事例：砂場の発見「くろー！」　／114

- 第4節　実践へのヒント　／116
  - ・実践で使える保育のヒント：遊びのなかでの保育者の役割　／116
  - ・言葉がけのポイント：「あーぁおいしい。もう一杯ください」　／117
- ★演習課題─ダイアログ「2歳児と楽しみたい絵本は？」　／117

第9章　3歳児の保育内容　……118

- 第1節　3歳児の発達の特徴・子どもの姿　／119
  - 1．運動面の発達　／119
  - 2．生活面の自立　／119
  - 3．知的発達　／120
  - 4．友だちとの関わり・遊び　／120
- 第2節　保育内容のポイント　／122
  - 1．養護のポイント　／122
  - 2．教育のポイント　／124
- 第3節　実践事例：「いいこと考えた」、「うさぎさん、おなかすいたって言ってるよ」　／127
- 第4節　実践へのヒント　／129
  - ・実践で使える保育のヒント：どうやって時間を知らせる？　／129
  - ・言葉がけのポイント：「ここにいるから大丈夫だよ」　／130
- ★演習課題─ダイアログ「同じ3歳児でもどうちがう？」　／130

第10章　4歳児の保育内容　……131

- 第1節　4歳児の発達の特徴・子どもの姿　／132
  - 1．関わりの原風景　／132
  - 2．4歳児の3つの特徴　／132
- 第2節　保育内容のポイント　／134
  - 1．養護のポイント　／134
  - 2．教育のポイント　／136
- 第3節　実践事例：「つぎは、○○えき～」　／139
- 第4節　実践へのヒント　／141
  - ・実践で使える保育のヒント：ときには"出さない"環境構成も　／141
  - ・言葉がけのポイント：「すごいね！」　／142
- ★演習課題─ダイアログ「5歳児クラスに進級するときの気持ちは？」　／142

第11章　5歳児の保育内容　……144

- 第1節　5歳児の発達の特徴・子どもの姿　／145

1．運動機能の高まりが自信や意欲へ　／145
　　2．仲間意識の高まりが自主性や協調性へ　／145
　　3．思考力・認識力の高まりが主体的な活動へ　／146
　第2節　保育内容のポイント　／147
　　1．養護のポイント　／147
　　2．教育のポイント　／148
　　3．5歳児の1年間の発達の過程をふまえる　／150
　　4．小学校との連携　－円滑な接続のために－　／151
　第3節　実践事例：「ぼくはコンテナケースをもってくるよ」　／153
　第4節　実践へのヒント　／155
　　・実践で使える保育のヒント：5歳児におすすめの一冊　／155
　　・言葉がけのポイント：「どんな気持ちかな…？」　／156
　★演習課題 — ダイアログ「保育者がいなくても仲間と好きな遊びを進められる保育環境とは？」　／156

第12章　保育の計画と観察・記録と評価　……………………157

　第1節　保育における計画の意義　／158
　第2節　保育における観察　／161
　　1．観察とは　／161
　　2．観察の方法　／162
　　3．事例を通して：「何気ない行動」、「あれ？ 土曜日と同じ服？」　／163
　第3節　保育における記録　／165
　　1．記録とは　／165
　　2．記録の種類　／165
　第4節　保育における評価　／168
　　1．評価とは　／168
　　2．保育所における評価　／169
　　3．幼稚園における評価　／169
　　4．保育所・幼稚園における第三者評価　／169
　　5．自己評価の意義　／170
　　6．まとめ　／171
　★演習課題 — ダイアログ「登降園時には子どものどこを見る？」　／172

第13章　保育内容の歴史的変遷　……………………173

　第1節　学制発布と幼稚園のおこり　／174
　　1．幼児教育施設のはじまり　／174
　　2．学制発布と幼稚園の創設　／174

    3．附属幼稚園を中心とした展開　／175
    4．保育内容の規定　－幼稚園保育及設備規程－　／176
    5．幼稚園令と幼稚園令施行規則　／177
    6．まとめ　／177
  第2節　託児所と保育所　／178
    1．託児所のはじまり　／178
    2．託児所の社会事業化　／178
    3．託児所の保育内容の形成　／179
    4．まとめ　／179
  第3節　保育の二元化のはじまり　－学校教育法・児童福祉法－　／180
    1．学校教育法の制定と幼保二元化　／180
    2．児童福祉法の制定と幼保二元化　／180
  第4節　保育内容の歴史的変遷　－保育所保育指針・幼稚園教育要領の理解－　／181
    1．幼稚園教育要領の変遷　／181
    2．保育所保育指針の変遷　／185
    3．幼稚園教育要領と保育所保育指針の課題　／190
  第5節　今後の保育の展開　／191
  ★演習課題—ダイアログ「100年後にも残る歌？」　／192

第14章　多様な保育ニーズと保育内容　193

  第1節　特別な保育ニーズ　／194
    1．延長保育・長時間保育　／194
    2．預かり保育　／196
    3．病児・病後児保育　／198
    4．地域子育て支援センター　／200
    5．地域のなかの保育所　／202
  第2節　「気になる子ども」の保育内容　／204
    1．「気になる子ども」について　／204
    2．「気になる子ども」への保育における支援　／205
    3．支援の際に気をつけたい点　／210
  第3節　外国籍の子どもと多文化共生の保育内容　／211
    1．多文化共生の保育の現状　／211
    2．保育者に求められる配慮　／212
    3．違いを讃え合う保育をめざして　／214
  ★演習課題—ダイアログ「お年寄りとなにをしてふれあう？」　／215

第15章　保育内容の向上をめざして ……………………………216

第1節 これからの保育と課題　／217
1. 保育所保育指針と幼稚園教育要領の記述から　／217
2. 研修の課題と保育者のキャリアパス　／217
3. 保育の質を高めるには　／220
4. 保育を【省察】すること　／220
5. 反省的実践家　／221
6. 津守真による【省察】　／221
7. 【対話】する（語り合う）こと　／222

第2節 保育研修のあり方　／223
1. タイムマネジメント　／223
2. 対話型アプローチ　／223
3. 15分ダイアログ　／224
4. ワールド・カフェ　／225
5. 【対話】と【省察】による新たな研修スタイル　／226
6. 最後に　／227

★演習課題—ダイアログ「もし、あなたが園長だとしたら？」　／228

索引　／229
巻末資料：「保育所児童保育要録」の様式の参考例　／230

第1章 幼児教育・保育の基本

全身と五感のすべてを使って遊ぶ子どもたち

　いま、あなたはどうして保育内容総論の授業を受けているのだろう。なぜ保育者を目指しているのだろう。その理由について考えてみよう。

第1節 教育基本法と児童福祉法と幼児期の教育

本書で保育内容を学ぼうとするみなさんは、どこで幼児期を過ごしてきたのだろう。幼児期の生活の場は大別すると次の9つのタイプに分けられよう。

①保育所	②幼稚園	③認定こども園
④児童厚生施設	⑤児童養護施設	⑥障害児入所施設
⑦児童発達支援センター	⑧特別支援学校	⑨自宅、知人宅等その他

図1-1 乳幼児の主な生活の場

これらの施設の目的や役割はそれぞれの法律のもとに定められている。たとえば、保育所、児童厚生施設、入所型施設は児童福祉法に準拠した児童福祉施設であり、幼稚園や特別支援学校は、学校教育法第1条[*1]に依拠した学校である。どちらの法律も1947（昭和22）年に制定された。このときから、幼保二元化がスタートしているのである。これらの法律は、社会の変化や時代の流れによって、その都度見直され、現在に至っている。

あなたの幼児期の居場所はどこだった？

*1 この法律で、学校とは、幼稚園、小学校、中学校、高等学校、中等教育学校、特別支援学校、大学及び高等専門学校とする。

小学校、中学校の教育は義務教育である。しかし、幼稚園は学校であるとはいえ義務教育ではない。そのため、生活の場を保障するのが保育所、幼児教育の場が幼稚園として長い間理解されてきた。そして、保育所と幼稚園の良いところを活かしながら、その両方の役割を果たすことができる新しい仕組みをつくるため、2006（平成18）年、「就学前の子どもに関する教育、保育等の総合的な提供の推進に関する法律」が制定され、「認定こども園」がスタートしている。

さて、日本の教育の中心となる法律に教育基本法[*2]がある。この法律は全18条から構成され、日本の教育のおおもとになっている。

この法律では、第10条で家庭教育について次のように規定している。

> 第10条　家庭教育
>   父母その他の保護者は、<u>子の教育について第一義的責任を有するもの</u>であって、<u>生活のために必要な習慣を身に付けさせる</u>とともに、自立心を育成し、心身の調和のとれた発達を図るよう努めるものとする。

*2 1947（昭和22）年に日本国憲法の精神に基づいて教育の基本を確立し、その振興をはかるために制定された法律。2006（平成18）年には、科学技術の進歩、情報化、国際化、少子高齢化などの新たな課題に対応するために全面的に改正された。

> 2　国及び地方公共団体は、家庭教育の自主性を尊重しつつ、<u>保護者に対する学習の機会及び情報の提供その他の家庭教育を支援するために必要な施策を講ずるよう努めなければならない。</u>
>
> （下線筆者）

　このことにより、これまでは当たり前として受け止められていた、「子の教育について第一義的責任」は保護者にあることが明確に規定された。さらに、「生活のために必要な習慣を身に付けさせる」ことや「保護者に対する学習の機会及び情報の提供」等も法律で定められた。
　また、第4条では、教育の機会均等として、障害の重複化や多様化に伴う、一人一人の教育的ニーズに応じた適切な教育が実施されることになった。

> 第4条　教育の機会均等
> 　すべて国民は、ひとしく、その能力に応じた教育を受ける機会を与えられなければならず、人種、信条、性別、社会的身分、経済的地位又は門地によって、教育上差別されない。
> 2　国及び地方公共団体は、<u>障害のある者が、その障害の状態に応じ、十分な教育を受けられるよう、教育上必要な支援を講じなければならない。</u>
> 3　国及び地方公共団体は、能力があるにもかかわらず、経済的理由によって修学が困難な者に対して、奨学の措置を講じなければならない。
>
> （下線筆者）

　さらに、第11条では、幼児期の教育について次のように定めている。

> 第11条　幼児期の教育
> 　<u>幼児期の教育は、生涯にわたる人格形成の基礎を培う重要なものである</u>ことにかんがみ、国及び地方公共団体は、幼児の健やかな成長に資する良好な環境の整備その他適当な方法によって、その振興に努めなければならない。
>
> （下線筆者）

　第11条では、「幼児期の教育は、生涯にわたる人格形成の基礎を培う重要なものである」と明文化された。幼児期は、幼稚園であれ保育所であれ、基本的な生活習慣を身につけながら、保育者[*3]や友だちとの関わりを通して、生涯を通じた人生の土台（心の根）をつくる大切な時期である。第11条により、幼稚園、保育所、認定こども園等の別なく、幼児期の子どもは、幼児期の教育を受けることが教育基本法で定められている。

---

*3　本書では保育所、幼稚園、認定こども園で働く保育士ならびに幼稚園教諭、保育教諭を「保育者」と総称する。

また、2016（平成28）年には児童福祉法が大きく改正され、第1条では、児童が"権利の主体"として位置づけられた。

> 第1章　児童福祉の理念
> 　全て児童は、<u>児童の権利に関する条約の精神にのっとり</u>、適切に養育されること、その生活を保障されること、愛され、保護されること、その心身の健やかな成長及び発達並びにその自立が図られることその他の福祉を等しく保障される権利を有する。
> 　　　　　　　　　　　　　　　　　　　　　　　　　　（下線筆者）

そのため、国民には、教育基本法や学校教育法、児童福祉法に則り、適当な方法によって子どもの健やかな成長に資する良好な環境の整備等の振興や児童福祉の理念の追求が求められる。

第2節　保育内容の理解

1　保育所保育指針と保育内容

　保育所は児童福祉法第35条によって設置される施設である。さらに、児童福祉施設の設備及び運営に関する基準第35条により、「保育所における保育は、<u>養護及び教育を一体的に行う</u>ことをその特性とし、その内容については、厚生労働大臣が定める<u>指針</u>に従う」とされている。

　保育所保育指針は、1965（昭和40）年に制定され、「養護と教育が一体となっている」ことが保育所保育の基本として据えられた。1990（平成2）年の第一次改定で、3歳以上児の保育が5領域に区分され、養護的な内容が基礎的事項として示された。1999（平成11）年の第二次改定では、「保母」を「保育士」へ名称変更し、地域の子育て家庭に対する支援機能を付与した。その後、2008（平成20）年の第三次改定で「告示[*4]化」が図られ、基本的な事項が「大綱化[*5]」して述べられることとなった。保育所保育指針は、日本全国すべての保育所が遵守すべき「児童福祉施設の設備及び基準」と位置づけられる。そのため、すべての保育所に、養護及び教育を一体的に行う保育が求められている。

　さらに、保育所には、「①入所している乳幼児の保育」に加えて、「②入所する子どもの保護者への保育指導（保育や子育てに関する支援）」「③地域の子育て家庭に対する支援等の役割」も加わり、3つの役割が求められている。

*4　通知がガイドラインとしての性格をもつことに対して、告示は拘束力や制約力のある法律としての性格をもつ。

*5　重要な要素をしっかり扱いつつ、できるかぎり簡潔にまとめること。

ここで、保育の目的を確認しておこう。児童福祉法第39条には、保育の目的が次のように規定されている。

> 第39条　保育所は、保育を必要とする*6乳児・幼児を日々保護者の下から通わせて保育を行うことを目的とする施設（利用定員が二十人以上であるものに限り、幼保連携型認定こども園を除く。）とする。
> 2　保育所は、前項の規定にかかわらず、特に必要があるときは、保育を必要とするその他の児童を日々保護者の下から通わせて保育することができる。
> （下線筆者）

*6　「保育を必要とする」ことの基準は、①昼間常態として働いている、②妊娠中・産後間もない、③病気やケガ、または精神・身体に障害がある、④同居の親族を常時介護している、⑤災害復旧にあたっている、⑥求職活動中である、⑦保護者自身の就学、⑧虐待やDVのおそれがある、⑨育休取得時に保育を利用し、継続利用が必要、⑩上記に類する状態として市町村が認める場合。（子ども・子育て支援法施行規則第1条）と定められている。

この第39条では、「保育を必要とする」乳幼児への保育の場として保育所が位置づけられている。さらに、この第39条を受けて、保育所保育指針では、第1章の総則で保育所の役割が示されている。

> 第1章　総則　1　保育所保育に関する基本原則
> (1)　保育所の役割
> ア　保育所は、児童福祉法（昭和22年法律第164号）第39条の規定に基づき、保育を必要とする子どもの保育を行い、その健全な心身の発達を図ることを目的とする児童福祉施設であり、入所する子どもの最善の利益*7を考慮し、その福祉を積極的に増進することに最もふさわしい生活の場でなければならない。
> イ　保育所は、その目的を達成するために、保育に関する専門性を有する職員が、家庭との緊密な連携の下に、子どもの状況や発達過程を踏まえ、保育所における環境を通して、養護及び教育を一体的に行うことを特性としている。
> （下線筆者）

*7　国連の「児童の権利に関する条約」では、第1部第3条「児童に関するすべての措置をとるに当たっては、公的もしくは私的な社会福祉施設、裁判所、行政当局又は立法機関のいずれによって行われるものであっても、児童の最善の利益が主として考慮されるものとする」（1990年発効）とされている。平成10年改正の児童福祉法でも明言されている。

さらに、保育所保育指針では、「第1章　総則　1　保育所保育に関する基本原則　(2)保育の原理」のなかで、保育の目標を次のように示している。

この保育の目標は(ア)が養護に関わる目標である。(イ)〜(カ)は教育に関わる目標である。それぞれ、(イ)は「健康」、(ウ)は「人間関係」、(エ)は「環境」、(オ)は「言葉」、(カ)は「表現」の目標を示している。

保育所保育指針では、これらの目標のもとに、各領域の「ねらい」及び「内容」が示されている。

> 第1章　総則　1　保育所保育に関する基本原則
> (2)　保育の目標
> 　ア　保育所は、子どもが生涯にわたる人間形成にとって極めて重要な時期に、その生活時間の大半を過ごす場である。このため、保育所の保育は、子どもが現在を最も良く生き、望ましい未来をつくり出す力の基礎を培うために、次の目標を目指して行わなければならない。〔養護〕
> 　(ア)　十分に養護の行き届いた環境の下に、くつろいだ雰囲気の中で子どもの様々な欲求を満たし、生命の保持及び情緒の安定を図ること。〔健康〕
> 　(イ)　健康、安全など生活に必要な基本的な習慣や態度を養い、心身の健康の基礎を培うこと。
> 　(ウ)　人との関わりの中で、人に対する愛情と信頼感、そして人権を大切にする心を育てるとともに、自主、自立及び協調の態度を養い、道徳性の芽生えを培うこと。〔人間関係〕
> 　(エ)　生命、自然及び社会の事象についての興味や関心を育て、それらに対する豊かな心情や思考力の芽生えを培うこと。〔環境〕
> 　(オ)　生活の中で、言葉への興味や関心を育て、話したり、聞いたり、相手の話を理解しようとするなど、言葉の豊かさを養うこと。〔言葉〕
> 　(カ)　様々な体験を通して、豊かな感性や表現力を育み、創造性の芽生えを培うこと。〔表現〕

　保育者は、保育所保育指針に示された、養護に関わる「ねらい」及び「内容」、教育に関わる「ねらい」及び「内容」を子どもの発達に照らして的確にとらえることが求められる。

　保育所保育における保育内容の充実には、保育者の資質向上[*8]が欠かせない。2003（平成15）年、全国保育士会では保育士資格の法定化を機に「全国保育士会倫理綱領」を定めた。これは保育者が環境の一部であることに留まらず、保育の専門職として更なる質の向上を目指した倫理性を高めるための意思である。

*8　保育者の資質の向上については詳しくは第15章参照。

子どもたちは大人のさまざまな願いや思いのもとに育ってゆく

2　保育所保育指針の改定のポイント

　保育所保育指針第三次改定後、「1，2歳児を中心に保育所利用児童数と希望数が大幅に増加したことや、2015年4月には子どもの健やかな成長を支援していくため、すべての子どもに質の高い教育・保育を提案することをも目標に掲げた子ども・子育て支援新制度が施行されるなど、保育をめぐる状況は、この10年間だけでも大きく変化している」(汐見 2018)[1]。このような点を踏まえて、保育所保育指針は2017（平成29）年3月31日に4度目の改定が行われた。改定のポイントを以下に示す。

ポイント1　乳児・1歳以上3歳未満児の保育に関する記載の充実

　心身の発達の基盤が形成される極めて重要な3歳未満児の保育の意義を明確化し、その内容の充実、質の向上を図ることが今回の改定の重要なポイントになっている。その背景として、次の3つの点が挙げられる。

①待機児童[*9]の増加に伴い、保育所の数、0，1，2歳児保育の定員を大幅に増やした結果、保育士のきめ細やかな対応が難しくなり、保育の改善と質の向上を図ることが課題となった。

②0，1，2歳児と3，4，5歳児とでは、保育のねらいや内容において発達上の微妙な違いがあるため、3，4，5歳児と区別してより丁寧に記述することが必要となった。

③国際的な研究で、忍耐力や自己抑制、自尊心といった非認知能力[*10]を身に付けることが、その後の成長や社会性に大きな影響を与えることがわかってきており、こうした非認知能力の獲得に、乳幼児期の大人の関わりが重要な役割を果たしていることが確認された。

　特に乳児（0歳児）は発達の諸側面が未分化であるため、<u>身体的発達に関する視点「健やかに伸び伸びと育つ」、社会的発達に関する視点「身近な人と気持ちが通じ合う」、精神的発達に関する視点「身近なものと関わり感性が育つ」</u>の3つの視点から保育内容を示し、保育現場で取り組みやすいものとなるように整理した。さらに、1歳以上3歳未満児（1，2歳児）、3歳以上児の保育に関するねらい及び内容を分けて示し、それぞれの時期の子どもにふさわしい生活や遊びの充実が図られるようにした。

ポイント2　保育所保育における幼児教育の積極的な位置づけ

　2016（平成28）年12月に中央教育審議会（中教審）答申が発表され、国は、予測の困難な未来を生き抜く人間を育てることを明確な課題として打ち出した。

---

*9　認可保育施設への入所・利用資格があるにもかかわらず、保育所が不足していたり定員がいっぱいであるために入所できない状態にある児童のこと。厚生労働省は2018年4月時点で全国に19,895人いたと発表した。前年4月（26,081人）から4年ぶりに減少、10年ぶりに2万人を下回った。保育施設の整備が進んだことが背景にある。待機児童の約9割は0～2歳児である。

*10　社会に出て生きていく基礎となる力として、世界的に注目されている人間の資質・能力。社会情動的スキル。OECDによると①目標を達成するための忍耐力や自己抑制、目標への情熱、②他者と協力するための社会性、他者への思いやり、③自己の情動をコントロールするための自尊心や自信などのスキルを指す。乳幼児期に身に付けることが期待されているため、改定された保育所保育指針、認定こども園教育・保育要領にも反映されている。

第1章　幼児教育・保育の基本

そのために、保育所において育みたい資質・能力を育てる姿勢をもって教育すること、「幼児期の終わりまでに育ってほしい姿」を念頭に置いて教育すること、教育の成否の評価をより細やかに行って、その評価に基づく保育の改善を積極的に行うこと（カリキュラム・マネジメント）等の重要性を強調した。その教育改革と幼児教育の改革の方向を一致させるために、保育所を、幼保連携型認定こども園・幼稚園と共に、幼児教育の一翼を担う施設として位置づけ、教育に関わる側面のねらい及び内容に関して、幼保連携型認定こども園教育・保育要領及び幼稚園教育要領とのさらなる整合性が図られた。その結果、保育所も日本の教育改革の一端を担うことになった。「育みたい資質・能力」「幼児期の終わりまでに育ってほしい姿」は以下の通りである。

①育みたい資質・能力

> 第1章　総則　4　幼児教育を行う施設として共有すべき事項
> (1) 育みたい資質・能力
>   ア　保育所においては、生涯にわたる生きる力の基礎を培うため、1の(2)に示す保育の目標を踏まえ、次に掲げる資質・能力を一体的に育むよう努めるものとする。
>   (ア)　豊かな体験を通じて、感じたり、気付いたり、分かったり、できるようになったりする「知識及び技能の基礎」
>   (イ)　気付いたことや、できるようになったことなどを使い、考えたり、試したり、工夫したり、表現したりする「思考力、判断力、表現力等の基礎」
>   (ウ)　心情、意欲、態度が育つ中で、よりよい生活を営もうとする「学びに向かう力、人間性等」
>   イ　アに示す資質・能力は、第2章に示すねらい及び内容に基づく保育活動全体によって育むものである。

②幼児期の終わりまでに育ってほしい姿

前述した「資質・能力」は、保育内容の5領域におけるねらい及び内容に基づく活動全体によって育むものである。その資質・能力が保育内容のねらい・内容のなかでどのように伸びていっているかを示すものが「幼児期の終わりまでに育ってほしい姿」である（無藤 2018）[2]。これは、幼児の園修了時の具体的な姿であり、保育者が指導を行う際に考慮するものである。ただし、到達すべき目標ではないことや、個別に取り出されて指導するものではないことに留意する必要がある（表1-1）。

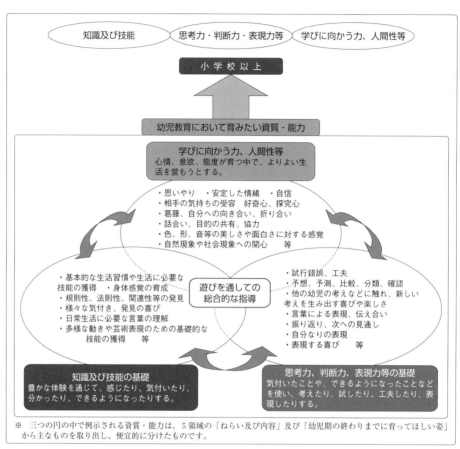

図1−2 育みたい資質・能力

出典：中央教育審議会「幼児教育部会における審議の取りまとめについて（報告）」2016年
を一部改変

ポイント3　「健康及び安全」についての記載の見直し

　保育所保育指針解説に「子どもの生命と心の安定が保たれ、健やかな生活が確立されることは日々の保育の基本である。そのためには、一人一人の子どもの健康状態や発育及び発達の状態に応じ、子どもの心身の健康の保持と増進を図り、危険な状態の回避等に努めることが大切である」[3]と明記されている。そこで今回、「子どもの健康支援」「食育の推進」「環境及び衛生管理」の項目が見直され「災害への備え」が新たに加えられた。

表1-1 幼児期の終わりまでに育ってほしい姿

健康な心と体 保育所の生活の中で、充実感をもって自分のやりたいことに向かって心と体を十分に働かせ、見通しをもって行動し、自ら健康で安全な生活をつくり出すようになる。	**思考力の芽生え** 身近な事象に積極的に関わる中で、物の性質や仕組みなどを感じ取ったり、気付いたりし、考えたり、予想したり、工夫したりするなど、多様な関わりを楽しむようになる。また、友達の様々な考えに触れる中で、自分と異なる考えがあることに気付き、自ら判断したり、考え直したりするなど、新しい考えを生み出す喜びを味わいながら、自分の考えをよりよいものにするようになる。
自立心 身近な環境に主体的に関わり様々な活動を楽しむ中で、しなければならないことを自覚し、自分の力で行うために考えたり、工夫したりしながら、諦めずにやり遂げることで達成感を味わい、自信をもって行動するようになる。	**自然との関わり・生命尊重** 自然に触れて感動する体験を通して、自然の変化などを感じ取り、好奇心や探究心をもって考え言葉などで表現しながら、身近な事象への関心が高まるとともに、自然への愛情や畏敬の念をもつようになる。また、身近な動植物に心を動かされる中で、生命の不思議さや尊さに気付き、身近な動植物への接し方を考え、命あるものとしていたわり、大切にする気持ちをもって関わるようになる。
協同性 友達と関わる中で、互いの思いや考えなどを共有し、共通の目的の実現に向けて、考えたり、工夫したり、協力したりし、充実感をもってやり遂げるようになる。	**数量や図形、標識や文字などへの関心・感覚** 遊びや生活の中で、数量や図形、標識や文字などに親しむ体験を重ねたり、標識や文字の役割に気付いたりし、自らの必要感に基づきこれらを活用し、興味や関心、感覚をもつようになる。
道徳性・規範意識の芽生え 友達と様々な体験を重ねる中で、してよいことや悪いことが分かり、自分の行動を振り返ったり、友達の気持ちに共感したりし、相手の立場に立って行動するようになる。また、きまりを守る必要性が分かり、自分の気持ちを調整し、友達と折り合いを付けながら、きまりをつくったり、守ったりするようになる。	**言葉による伝え合い** 保育士等や友達と心を通わせる中で、絵本や物語などに親しみながら、豊かな言葉や表現を身に付け、経験したことや考えたことなどを言葉で伝えたり、相手の話を注意して聞いたりし、言葉による伝え合いを楽しむようになる。
社会生活との関わり 家族を大切にしようとする気持ちをもつとともに、地域の身近な人と触れ合う中で、人との様々な関わり方に気付き、相手の気持ちを考えて関わり、自分が役に立つ喜びを感じ、地域に親しみをもつようなる。また、保育所内外の様々な環境に関わる中で、遊びや生活に必要な情報を取り入れ、情報に基づき判断したり、情報を伝え合ったり、活用したりするなど、情報を役立てながら活動するようになるとともに、公共の施設を大切に利用するなどして、社会とのつながりなどを意識するようになる。	**豊かな感性と表現** 心を動かす出来事などに触れ感性を働かせる中で、様々な素材の特徴や表現の仕方などに気付き、感じたことや考えたことを自分で表現したり、友達同士で表現する過程を楽しんだりし、表現する喜びを味わい、意欲をもつようになる。

ポイント4　「子育て支援」についての記載の充実

「保育所における保護者に対する子育て支援は、子どもの最善の利益を念頭に置きながら、保育と密接に関連して展開されるところに特徴があることを理解して行う必要がある」[4]ことを受け、「子育て支援」の章が新設され、子育て支援に関する基本的事項、保育所を利用している保護者に対する子育て支援、地域の保護者等に対する子育て支援について、より明示的に記載された。

ポイント5　「職員の資質向上」に関する記載の充実

職員の資質向上について、それぞれの自己研鑽とともに、研修機会の確保や研修の充実を図ることを重視し、「職員の資質向上に関する基本的事項」「施設長の責務」「職員の研修等」それぞれの項目についてさらに具体的に示し、「研修の実施体制等」についての項目を新設した。

3　幼稚園教育要領と保育内容

前節でも触れたように、教育基本法のなかに幼児期の教育が位置づけられ、幼稚園のみならず、保育所、認定こども園等の乳幼児にとっても、幼児期の教育は必要であることが定められている。

では、幼児期の教育はどのように行われるのだろう。学校教育法では第3章に幼稚園の記述がある。

第3章　幼稚園

第22条　幼稚園は、義務教育及びその後の教育の基礎を培うものとして、幼児を保育し、幼児の健やかな成長のために適当な環境を与えて、その心身の発達を助長することを目的とする。

第23条　幼稚園における教育は、前条に規定する目的を実現するため、次に掲げる目標を達成するよう行われるものとする。

1　健康、安全で幸福な生活のために必要な基本的な習慣を養い、身体諸機能の調和的発達を図ること。　｜健康

2　集団生活を通じて、喜んでこれに参加する態度を養うとともに家族や身近な人への信頼感を深め、自主、自律及び協同の精神並びに規範意識の芽生えを養うこと。　｜人間関係

3　身近な社会生活、生命及び自然に対する興味を養い、それらに対する正しい理解と態度及び思考力の芽生えを養うこと。　｜環境

> 　4　日常の会話や、絵本、童話等に親しむことを通じて、言葉の使い方を正しく導くとともに、相手の話を理解しようとする態度を養うこと。｜言葉
> 　5　音楽、身体による表現、造形等に親しむことを通じて、豊かな感性と表現力の芽生えを養うこと。｜表現
> 第24条　幼稚園においては、第22条に規定する目的を実現するための教育を行うほか、幼児期の教育に関する各般の問題につき、保護者及び地域住民その他の関係者からの相談に応じ、必要な情報の提供及び助言を行うなど、家庭及び地域における幼児期の教育の支援に努めるものとする。
> 第25条　幼稚園の教育課程その他の保育内容に関する事項は、第22条及び第23条の規定に従い、文部科学大臣が定める。
> 　　　　　　　　　　　　　　　　　　　　　　　　　　　　　　　　　　（下線筆者）

　第22条には、「幼稚園は、義務教育及びその後の教育の基礎を培う」の文面から、単に小学校へのつなぎの教育ではないことが示されている。これは、幼児期の教育は、いわば「生涯学習の入り口」であることを示している。つまり、幼稚園には、小学校に就学のために文字や数を取り扱う「文字あそび」や「数あそび」を求められているわけではない。しかしながら、実際には、保育観や発達観の違いから、「健康な体づくりや技を競い合う運動あそび」「即座に正答を求めるカードあそび」「楽器を見事に演奏できるようにする表現あそび」「言葉を豊かにするための英語あそび」、等の活動が少なからず行われている。これらのあそびは、その園の特徴として、保護者に人気のある活動かもしれない。しかしながら、幼児期の教育では「適当な環境」とは言えないのではないだろうか。保育者が一方的に価値付けしたあそびは、今日の幼稚園教育要領では求められていないのである。

　第23条には、次の5領域の目標を達成するように行われるものとしている。

・心身の健康に関する領域「健康」
・人との関わりに関する領域「人間関係」
・身近な環境との関わりに関する領域「環境」
・言葉の獲得に関する領域「言葉」
・感性と表現に関する領域「表現」

　それぞれの領域は子どもの発達の側面からまとめられている。各領域に、「ねらい」と「内容」が示されている。「ねらい」は幼稚園生活全体をとおして、子どもがさまざまな体験を積み重ねるなかで、相互に関連をもちながら

達成に向かう方向を示している。また、「内容」は子どもが環境に関わって展開する具体的な活動をとおして総合的に指導されなければならないものである。幼稚園教育要領では、「養護」について明記していないが、保育を実践するに当たっては子どもに対する一定の養護が必要である。

豊かな「遊び」が「学び」につながる

4　幼稚園教育要領の改訂のポイント

ポイント1　育みたい資質・能力の明確化

「幼稚園教育において育みたい資質・能力」として①「知識及び技能の基礎」、②「思考力、判断力、表現力等の基礎」、③「学びに向かう力、人間性等」を幼児教育の中核となる3つの柱とした。

ポイント2　小学校との接続の推進

「幼児期の終わりまでに育ってほしい姿」を手掛かりとして、子どもの姿を小学校の教師と共有し、幼稚園教育と小学校教育の円滑な接続をより一層推進した（p.151参照）。

ポイント3　カリキュラム・マネジメントの実施

「幼児期の終わりまでに育ってほしい姿」を踏まえて編成した教育課程を絶えずより適切なものに改善していくこと（カリキュラム・マネジメント）によって、幼稚園の教育活動の充実及び質の向上を図った。

ポイント4　主体的・対話的で深い学びの実現

周囲の環境に興味や関心をもって積極的に働きかけているか（主体的な学び）、他者との関わりを深めるなかで自分の思いや考えを表現し、伝え合ったり、考えを出し合ったり協力したりすることができているか（対話的な学び）、身近な環境に自ら関わって心を動かし、試行錯誤したり考えたりしながら生活を意味のあるものとしてとらえることができているか（深い学び）の視点で保育を改善し、思考力を伸ばす学びの土台を形成することが求められた。

5 │ 幼保連携型認定こども園教育・保育要領と保育内容及び改訂のポイント

　幼保連携型認定こども園教育・保育要領は、2015（平成27）年の子ども・子育て支援新制度のスタートに向けて、2014（平成26）年4月に内閣府、文部科学省、厚生労働省によって共同告示された。2017（平成29）年3月が最初の改訂となる。認定こども園の教育と保育が一体的に行われていることが、教育・保育要領の全体を通して明確に記載された。乳児・3歳未満児の保育に関するねらい及び内容の充実や「幼児期の終わりまでに育ってほしい姿」の明示、「健康及び安全」「子育て支援」に関する記載の見直しなど、改訂のポイントは保育所保育指針とほぼ同様である。また、3歳以上児のねらい及び内容についても、保育所保育指針、幼稚園教育要領とほぼ同様になっており、より一層の整合性が図られた。

> ★演習課題 ― ダイアログ
>
> 　これからの学習を通して、「こんな保育者になりたい」と願う理想像はあるのだろうか。そのために身につけたいことはどんなことだろう。みんなで対話してみよう。

●引用文献
1）汐見稔幸・無藤隆『保育所保育指針・幼稚園教育要領・幼保連携型認定こども園教育・保育要領　解説とポイント』ミネルヴァ書房　2018年　p.43
2）無藤隆『幼児期の終わりまでに育ってほしい10の姿』東洋館出版社 2017年　pp.3-4
3）厚生労働省『保育所保育指針解説』フレーベル館　2018年　pp.296
4）厚生労働省『保育所保育指針解説』フレーベル館　2018年　pp.304

第2章 幼児教育・保育の保育内容

実寸大のパネルを使って体の育ちを知らせる幼稚園の養護教諭

あなたが幼児だった頃、園で働いていたのはどんな人たちだっただろう。その人たちの仕事はどんなことだっただろう。

第1節 保育の全体構造と保育内容

　保育所、幼稚園、認定こども園の違いを確認しておこう。表2−1はそれぞれの違いを表したものである。第1章第1節では、幼保二元化の始まりについて言及したが、最近は、少子化や保護者の働き方や教育・保育に関する意識の変化から、一般的には、幼稚園では定員が割れ、保育所では依然として待機児童が多い状況である。そのため、子ども・子育て支援新制度において「量的拡充」と「質の改善」への検討が続けられている。

　保育改革が経済優先となり、保育の質が下がることがあってはならない。エリクソン（Erikson,E.H. 1977）は、乳幼児期は親密な大人との関係のなかで信頼感を獲得し、その場を安全基地にして子どもは自立性を獲得していくと述べている。子どもにとって保育者との信頼関係や保育者による安全基地の場づくりは、とても大切なものなのである。また、津守（1997）は、子どもと関わる時の保育者の行為として、「出会う」「交わる―表現と理解」「現在を形成する」「省察する」ことと述べており、省察するところまでの全体が保育であるとしている[1]。さらに、津守は、子どものなかに「存在感」「能動性」「相互性」「自我」を育てることが保育の場の課題としている。このような時代であるからこそ、乳幼児を取り巻く環境を手厚く整備していく必要があろう。

　さて、保育所保育指針の養護と教育、発達の概念を加えた「発達区分による保育のねらい及び内容一覧」を、表2−2に示した。

　この一覧にあるように、子どもの発達区分に合わせて、具体的な保育のねらい及び内容が挙げられ、保育の運営上の配慮事項と合わせて実施されている。0〜2歳児では主に養護に比重がおかれ、3〜5歳児では教育に比重がおかれていると考えてよいが、保育所保育指針には「実際の保育においては養護と教育が一体となって展開され、子どもの生活や遊びを通して相互に関連をもちながら総合的に展開されるものである」（第3章　保育の内容）と述べられている。

表2−1　保育所・幼稚園・認定こども園の比較　　　　　　　　　　　　　　　　　　　　　（2018年8月27日現在）

	保育所	幼稚園	幼保連携型認定こども園
所管	厚生労働省	文部科学省	内閣府・文部科学省・厚生労働省
根拠法令	児童福祉法に基づく児童福祉施設	学校教育法に基づく学校	就学前の子どもに関する教育、保育等の総合的な提供の推進に関する法律
目的	「保育所は、保育を必要とする乳児・幼児を日々保護者の下から通わせて保育を行うことを目的とする」（児童福祉法第39条）	「幼児を保育し、幼児の健やかな成長のために適当な環境を与えて、その心身の発達を助長すること」（学校教育法第22条）	「義務教育及びその後の教育の基礎を培うものとしての満3歳以上の子どもに対する教育並びに保育を必要とする子どもに対する保育を一体的に行い、これらの子どもの健やかな成長が図られるよう適当な環境を与えて、その心身の発達を助長するとともに、保護者に対する子育て支援を行うこと」（認定こども園法第2条）
対象	保育を必要とする乳児・幼児（特に必要があるときは、保育を必要とするその他の児童を日々保護者の下から通わせて保育することができる）	満3歳から小学校就学の始期に達するまでの幼児（学校教育法第26条）。従来は小学校等の入学年齢と同様に4月1日に満3歳に達していることを条件とされていたが、近年一部の幼稚園では満3歳の誕生日の前日から入園できるようになった。	満3歳以上の子ども及び満3歳未満の保育を必要とする子ども。
教育・保育内容の基準	保育所保育指針による（幼稚園教育要領との整合が図られている）。	幼稚園教育要領による（保育所保育指針との整合が図られている）。	幼保連携型認定こども園教育・保育要領に基づく保育（幼稚園教育要領・保育所保育指針との整合が図られている）。
ねらい・内容	子どもの発達の側面から「生命の保持」及び「情緒の安定」、3つの視点（乳児保育）、「健康」「人間関係」「環境」「言葉」「表現」の5領域（1歳以上3歳未満児／3歳以上児）に関わる事項で示される。	子どもの発達の側面から「健康」「人間関係」「環境」「言葉」「表現」の5領域から示される。	子どもの発達の側面から3つの視点（乳児保育）、「健康」「人間関係」「環境」「言葉」「表現」の5領域（1歳以上3歳未満児／3歳以上児）及び「配慮事項」から示される。
1日の教育・保育時間	8時間（原則）。夜間の保育を実施する保育所もある。	4時間（標準）。子育て支援として預かり保育が実施されるようになり、保育所と変わらない長時間保育を実施している幼稚園もある。	・教育課程に係る教育時間は4時間（標準）。 ・保育を必要とする子どもに該当する園児に対する教育及び保育は8時間（原則）。
年間の教育・保育日数	規定なし。	39週以上。	教育課程に係る教育週数は39週以上。
教員等の資格	保育士資格証明書	幼稚園教諭一種／二種免許状	保育教諭（幼稚園教諭一種／二種免許状及び保育士資格併有者）

保育料等	保護者の課税状況に応じて市町村長が決定する。保育料は市町村に納付する。	各幼稚園の設置者（学校法人、自治体等）が決定する。保育料は幼稚園（公立の場合は自治体）に納付する。設置者によりその金額はさまざまである。私立幼稚園の在園児の保護者には就園奨励費等の補助金が支給される制度がほとんどの自治体に設けられている。	保護者の所得等を勘案して市町村が額を設定（施設による上乗せ徴収も可能）。
一学級当たりの幼児数及び一教員（保育士）あたりの幼児数	一学級当たり乳幼児数／学級編成基準なし。一保育士当たりの乳幼児数は児童福祉施設の設備及び運営に関する基準によると、乳児3人、1歳以上3歳未満6人、3歳以上4歳未満児20人、4歳児以上30人。	一学級当たり幼児数／設置基準35人以下（原則）。	幼保連携型認定こども園の学級の編制、職員、設備及び運営に関する基準によると、満3歳以上の園児については一学級当たり35人以下（原則）。一保育教諭当たりの園児数は、満1歳未満おおむね3人、満1歳以上満3歳未満おおむね6人、満3歳以上満4歳未満おおむね20人、満4歳以上おおむね30人。
認可外施設	最低基準を満たさない等の理由のほかに休日・夜間保育等、保育者のさまざまなニーズに対応するために意図的に認可を受けていない施設がある。	幼稚園という名称は設置基準を満たし認可を受けた施設以外は使うことができない。	認定施設以外は認定こども園と表示することを禁じられる。
メリット	保護者の就労等、長時間の保育を必要とする場合に、その子どもの生活のリズムに添った保育が受けられる。また、夜間の保育を実施するところもある。土曜日も保育があり、原則として夏休み等の長期の休みはない。	施設での教育と家庭での子育てがバランスよく行える。	保護者の就労の有無にかかわらず利用できる。また、保護者の就労状況が変化しても、継続して利用できる。認定こども園に通っていない子どもの家庭も含め、「子育て相談」「親子の集いの場」、などの子育て支援を受けることができる。

表2-2 発達区分による保育のねらい及び内容一覧

発達区分	乳児保育	1歳以上3歳児未満	3歳以上児
保育のねらい及び内容	生命の保持・情緒の安定 養護		
	乳児保育の3つの視点 ・身体的発達に関する視点 「健やかに伸び伸びと育つ」 ・社会的発達に関する視点 「身近な人と気持ちが通じ合う」 ・精神的発達に関する視点 「身近なものと関わり感性が育つ」	5領域 (健康・人間関係・環境・言葉・表現) 教育	
保育の実施上の配慮事項	保育に関する全般的な配慮事項		
	乳児保育に関わる配慮事項	3歳未満児の保育に関わる配慮事項	3歳以上児の保育に関わる配慮事項

第2節 養護に関わる保育内容

　それでは「養護に関わる保育内容」とはどのようなものか、保育所保育指針を参照しながら考えてみよう。

　保育所保育指針の第3章には、保育所保育で展開されるべき「ねらい及び内容」が示されている。「ねらい」とは主に第1章の1の(2)に示された保育の目標をより具体化したものであり、子どもが保育所において、安定した生活を送り、充実した活動ができるように、保育を通じて育みたい資質・能力を子どもの生活する姿から捉えたものである。「内容」とは「『ねらい』を達成するために、子どもの生活やその状況に応じて保育士等が適切に行う事項と、保育士等が援助して子どもが環境に関わって経験する事項」のことをいう。「保育内容」とは、直接には後者の「内容」を指す概念であるが、現行の幼稚園教育要領及び保育所保育指針では、保育の「内容」と、その根拠である「ねらい」との一体性を強調するため、「ねらい及び内容」というくくり方になっている。

　乳幼児の子どもは個人差が大きく一様ではないため、月齢が同じでも発達や育ちのバランスは一人一人が異なっている。そこで、養護の「ねらい及び内容」では「一人一人の子ども」に応じることをことさらに強調している。

1 「生命の保持」

　養護に関わる「ねらい及び内容」は、「生命の保持」に関わるものと「情緒の安定」に関わるものとに分けて示されている。「生命の保持」については、「ねらい」として次の4つが掲げられている（以下、保育所保育指針 第1章 保育の内容より抜粋を紹介する）。

> ① 一人一人の子どもが、快適に生活できるようにする。
> ② 一人一人の子どもが、健康で安全に過ごせるようにする。
> ③ 一人一人の子どもの生理的欲求が、十分に満たされるようにする。
> ④ 一人一人の子どもの健康増進が、積極的に図られるようにする。

　そして、これらを達成するための「内容」が4つ示されている。

> ① 一人一人の子どもの平常の健康状態や発育及び発達状態を的確に把握し、異常を感じる場合は、速やかに適切に対応する。
> ② 家庭との連絡を密にし、嘱託医等との連携を図りながら、子どもの疾病や事故防止に関する認識を深め、保健的で安全な保育環境の維持及び向上に努める。
> ③ 清潔で安全な環境を整え、適切な援助や応答的な関わりを通して子どもの生理的欲求を満たしていく。また、家庭と協力しながら、子どもの発達過程等に応じた適切な生活のリズムが作られていくようにする。
> ④ 子どもの発達過程等に応じて、適度な運動と休息を取ることができるようにする。また、食事、排泄、衣類の着脱、身の回りを清潔にすることなどについて、子どもが意欲的に生活できるよう適切に援助する。

　これらを実際の保育の場面にあてはめてみよう。たとえば、乳児の定時の検温、保護者との連絡帳や登園時の視診等を通じて行う子どもの健康状態の把握、保育室の清掃や換気、園庭の遊具の点検、手洗いや排泄の援助、探索活動や遊びの環境構成、日々の午睡等が、この子どもの「生命の保持」に関わる援助や関わりに該当する。

2　情緒の安定

次に「情緒の安定」の「ねらい」をみてみよう。

---
① 一人一人の子どもが、安定感をもって過ごせるようにする。
② 一人一人の子どもが、自分の気持ちを安心して表すことができるようにする。
③ 一人一人の子どもが、周囲から主体として受け止められ、主体として育ち、自分を肯定する気持ちが育まれていくようにする。
④ 一人一人の子どもがくつろいで共に過ごし、心身の疲れが癒されるようにする。

そして、これらを達成するための「内容」は、次の4つが示されている。

---
① 一人一人の子どもの置かれている状態や発達過程などを的確に把握し、子どもの欲求を適切に満たしながら、応答的な触れ合いや言葉がけを行う。
② 一人一人の子どもの気持ちを受容し、共感しながら、子どもとの継続的な信頼関係を築いていく。
③ 保育士等との信頼関係を基盤に、一人一人の子どもが主体的に活動し、自発性や探索意欲などを高めるとともに、自分への自信をもつことができるよう成長の過程を見守り、適切に働きかける。
④ 一人一人の子どもの生活リズム、発達過程、保育時間などに応じて、活動内容のバランスや調和を図りながら、適切な食事や休息が取れるようにする。

　これらを実際の保育の場面にあてはめてみよう。保育所の環境に慣れずに泣いている子どもを抱きしめ、優しいまなざしを注いで不安をやわらげること。保護者と離れて過ごす子どもの不安やさびしさに共感し、応答的に関わることで、子どもとの信頼関係を育てていくこと、保育所の環境に慣れるにつれて高まる、子どもの探索活動や遊びへの意欲を受け止め、適切な援助を行うこと、早朝保育や延長保育など、子ども一人一人の保育時間や生活パターンに合わせて、食事や休息を工夫すること等は、子どもの「情緒の安定」のために行われる養護の保育内容に該当する。

第3節 保育内容のとらえ方

1 保育内容の3つの視点と5領域

　図2-1は「一人一人の子どもの育ち」について、生きる力の基礎を育成するための乳児保育の3つの視点と5領域の関係を示したものである。

　3つの視点（①健やかに伸び伸びと育つ、②身近な人と気持ちが通じ合う、③身近なものと関わり感性が育つ）が土台となり、連続性を意識しながら5領域へとつなげていく。「領域」は小学校以降の「教科」とは異なり、「生活や遊びというまるごとの経験の中味を見極め、まるごとの経験のなかで育っているさまざまな面を発見し、そうした面が育つような援助を考えたり、子どもの発達の側面を異なった遊びや生活を通じて長期にわたって見通すことができるようにするために考えられたもの」（小川 2002）[2]である。

　そのため、小学校の授業のようにそれぞれが独立して展開されることはない。「領域」は、遊びや生活のなかでまるごとの経験のなかから、子どもの発達に関わるさまざまな側面を読み取るための視野・観点として相互的・総合的性格を前提としている。1つの側面から指導のあり方を論じ、実践するものではない。

　幼児期の教育は環境を通して行われることを基本としている。この環境を通して行われる教育で重視している点は次の3点である。

1．幼児期にふさわしい生活の展開
2．遊びを通しての総合的な指導
3．一人一人の発達の特性に応じた指導

　さらに、子どもの主体性と保育者の意図とをバランスよく絡ませながら、子どもの発達に必要な体験ができるように援助していくことが求められる。保育における遊びは心身の調和のとれた発達の基礎を培う重要な学習であり、子どもが自ら環境と関わって生み出す主体的な活動である。子どもはよりよく生きようとする存在であることから、認めたり、励ましたりすることが保育者の役割となってくる。また、保育の場は、子ども一人一人が、周囲から主体として受け止められ、自らが主体として育っていく場である。そのため保育は、保育者と保護者が協同して子どもを育てるという基本姿勢のもとに営まれていくものなのである。

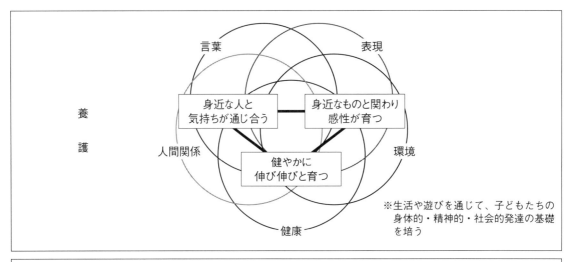

○乳児保育については、生活や遊びが充実することを通して、子どもたちの身体的・精神的・社会的発達の基盤を培うという基本的な考え方を踏まえ、乳児を主体に、「身近な人と気持ちが通じ合う」「身近なものと関わり感性が育つ」「健やかに伸び伸びと育つ」という視点から、保育の内容等を記載。保育現場で取り組みやすいものとなるよう整理・充実。

○「身近な人と気持ちが通じ合う」という視点からは、主に現行指針の「言葉」「人間関係」の領域で示している保育内容との連続性を意識しながら、保育のねらい・内容等について整理・記載。乳児からの働きかけを周囲の大人が受容し、応答的に関与する環境の重要性を踏まえ記載。

○「身近なものと関わり感性が育つ」という視点からは、主に現行指針の「表現」「環境」の領域で示している保育内容との連続性を意識しながら、保育のねらい・内容等について整理・記載。乳児が好奇心を持つような環境構成を意識して記載。

図2−1　0歳児の保育内容の記載のイメージ

出典：厚生労働省社会保障審議会児童部会保育専門委員会「保育所保育指針の改定に関する議論のとりまとめ」2016年12月21日

2　乳児保育の3つの視点に関するねらい及び内容

　乳児期は心身の様々な機能が未熟であると同時に、発達の諸側面が互いに密接な関連をもち、未分化な状態である。安全で、安心して過ごせる環境のなかで、身体的・社会的・精神的発達の基盤が培われていく。乳児の保育は、「健やかに伸び伸びと育つ」「身近な人と気持ちが通じ合う」「身近なものと関わり感性が育つ」という3つの視点とともに、養護及び教育の一体性を特に強く意識して行われることが重要である（表2−3）。

表2-3　3つの視点のねらいと内容

	健やかに伸び伸びと育つ	身近な人と気持ちが通じ合う	身近なものと関わり感性が育つ
ねらい	①身体感覚が育ち、快適な環境に心地よさを感じる。 ②伸び伸びと体を動かし、はう、歩くなどの運動をしようとする。 ③食事、睡眠等の生活のリズムの感覚が芽生える。	①安心できる関係の下で、身近な人と共に過ごす喜びを感じる。 ②体の動きや表情、発声等により、保育士等と気持ちを通わせようとする。 ③身近な人と親しみ、関わりを深め、愛情や信頼感が芽生える。	①身の回りのものに親しみ、様々なものに興味や関心をもつ。 ②見る、触れる、探索するなど、身近な環境に自分から関わろうとする。 ③身体の諸感覚による認識が豊かになり、表情や手足、体の動き等で表現する。
内容	①保育士等の愛情豊かな受容の下で、生理的・心理的欲求を満たし、心地よく生活をする。 ②一人一人の発育に応じて、はう、立つ、歩くなど、十分に体を動かす。 ③個人差に応じて授乳を行い、離乳を進めていく中で、様々な食品に少しずつ慣れ、食べることを楽しむ。 ④一人一人の生活のリズムに応じて、安全な環境の下で十分に午睡をする。 ⑤おむつ交換や衣服の着脱などを通じて、清潔になることの心地よさを感じる。	①子どもからの働きかけを踏まえた、応答的な触れ合いや言葉がけによって、欲求が満たされ、安定感をもって過ごす。 ②体の動きや表情、発声、喃語等を優しく受け止めてもらい、保育士等とのやり取りを楽しむ。 ③生活や遊びの中で、自分の身近な人の存在に気付き、親しみの気持ちを表す。 ④保育士等による語りかけや歌いかけ、発声や喃語等への応答を通じて、言葉の理解や発語の意欲が育つ。 ⑤温かく、受容的な関わりを通じて、自分を肯定する気持ちが芽生える。	①身近な生活用具、玩具や絵本などが用意された中で、身の回りのものに対する興味や好奇心をもつ。 ②生活や遊びの中で様々なものに触れ、音、形、色、手触りなどに気付き、感覚の働きを豊かにする。 ③保育士等と一緒に様々な色彩や形のものや絵本などを見る。 ④玩具や身の回りのものを、つまむ、つかむ、たたく、引っ張るなど、手や指を使って遊ぶ。 ⑤保育士等のあやし遊びに機嫌よく応じたり、歌やリズムに合わせて手足や体を動かして楽しんだりする。

3　5領域のねらい及び内容

5領域の各領域に「心情」「意欲」「態度」を示した「ねらい」が設けられている。これは若干表記の違いはあるものの、保育所保育指針も幼稚園教育要領も同じである。改定された保育所保育指針では、1歳以上3歳未満児、3歳以上児のねらい及び内容がそれぞれ分けて示された。表2-4の通りである。

表2-4　5領域のねらいと内容

		1歳以上3歳未満児	3歳以上児
健康	ねらい	①明るく伸び伸びと生活し、自分から体を動かすことを楽しむ。 ②自分の体を十分に動かし、様々な動きをしようとする。 ③健康、安全な生活に必要な習慣に気付き、自分でしてみようとする気持ちが育つ。	①明るく伸び伸びと行動し、充実感を味わう。 ②自分の体を十分に動かし、進んで運動しようとする。 ③健康、安全な生活に必要な習慣や態度を身に付け、見通しをもって行動する

健康	内容	①保育士等の愛情豊かな受容の下で、安定感をもって生活する。 ②食事や午睡、遊びと休息など、保育所における生活のリズムが形成される。 ③走る、跳ぶ、登る、押す、引っ張るなど全身を使う遊びを楽しむ。 ④様々な食品や調理形態に慣れ、ゆったりとした雰囲気の中で食事や間食を楽しむ。 ⑤身の回りを清潔に保つ心地よさを感じ、その習慣が少しずつ身に付く。 ⑥保育士等の助けを借りながら、衣類の着脱を自分でしようとする。 ⑦便器での排泄に慣れ、自分で排泄ができるようになる。	①保育士等や友達と触れ合い、安定感をもって行動する。 ②いろいろな遊びの中で十分に体を動かす。 ③進んで戸外で遊ぶ。 ④様々な活動に親しみ、楽しんで取り組む。 ⑤保育士等や友達と食べることを楽しみ、食べ物への興味や関心をもつ。 ⑥健康な生活のリズムを身に付ける。 ⑦身の回りを清潔にし、衣服の着脱、食事、排泄などの生活に必要な活動を自分でする。 ⑧保育所における生活の仕方を知り、自分たちで生活の場を整えながら見通しをもって行動する。 ⑨自分の健康に関心をもち、病気の予防などに必要な活動を進んで行う。 ⑩危険な場所、危険な遊び方、災害時などの行動の仕方が分かり、安全に気を付けて行動する。
人間関係	ねらい	①保育所での生活を楽しみ、身近な人と関わる心地よさを感じる。 ②周囲の子ども等への興味や関心が高まり、関わりをもとうとする。 ③保育所の生活の仕方に慣れ、きまりの大切さに気付く。	①保育所の生活を楽しみ、自分の力で行動することの充実感を味わう。 ②身近な人と親しみ、関わりを深め、工夫したり、協力したりして一緒に活動する楽しさを味わい、愛情や信頼感をもつ。 ③社会生活における望ましい習慣や態度を身に付ける。
人間関係	内容	①保育士等や周囲の子ども等との安定した関係の中で、共に過ごす心地よさを感じる。 ②保育士等の受容的・応答的な関わりの中で、欲求を適切に満たし、安定感をもって過ごす。 ③身の回りに様々な人がいることに気付き、徐々に他の子どもと関わりをもって遊ぶ。 ④保育士等の仲立ちにより、他の子どもとの関わり方を少しずつ身につける。 ⑤保育所の生活の仕方に慣れ、きまりがあることや、その大切さに気付く。 ⑥生活や遊びの中で、年長児や保育士等の真似をしたり、ごっこ遊びを楽しんだりする。	①保育士等や友達と共に過ごすことの喜びを味わう。 ②自分で考え、自分で行動する。 ③自分でできることは自分でする。 ④いろいろな遊びを楽しみながら物事をやり遂げようとする気持ちをもつ。 ⑤友達と積極的に関わりながら喜びや悲しみを共感し合う。 ⑥自分の思ったことを相手に伝え、相手の思っていることに気付く。 ⑦友達のよさに気付き、一緒に活動する楽しさを味わう。 ⑧友達と楽しく活動する中で、共通の目的を見いだし、工夫したり、協力したりなどする。 ⑨よいことや悪いことがあることに気付き、考えながら行動する。 ⑩友達との関わりを深め、思いやりをもつ。 ⑪友達と楽しく生活する中できまりの大切さに気付き、守ろうとする。 ⑫共同の遊具や用具を大切にし、皆で使う。 ⑬高齢者をはじめ地域の人々などの自分の生活に関係の深いいろいろな人に親しみをもつ。
環境	ねらい	①身近な環境に親しみ、触れ合う中で、様々なものに興味や関心をもつ。 ②様々なものに関わる中で、発見を楽しんだり、考えたりしようとする。 ③見る、聞く、触るなどの経験を通して、感覚の働きを豊かにする。	①身近な環境に親しみ、自然と触れ合う中で様々な事象に興味や関心をもつ。 ②身近な環境に自分から関わり、発見を楽しんだり、考えたりし、それを生活に取り入れようとする。 ③身近な事象を見たり、考えたり、扱ったりする中で、物の性質や数量、文字などに対する感覚を豊かにする。

領域	区分		
環境	内容	①安全で活動しやすい環境での探索活動等を通して、見る、聞く、触れる、嗅ぐ、味わうなどの感覚の働きを豊かにする。 ②玩具、絵本、遊具などに興味をもち、それらを使った遊びを楽しむ。 ③身の回りの物に触れる中で、形、色、大きさ、量などの物の性質や仕組みに気付く。 ④自分の物と人の物の区別や、場所的感覚など、環境を捉える感覚が育つ。 ⑤身近な生き物に気付き、親しみをもつ。 ⑥近隣の生活や季節の行事などに興味や関心をもつ。	①自然に触れて生活し、その大きさ、美しさ、不思議さなどに気付く。 ②生活の中で、様々な物に触れ、その性質や仕組みに興味や関心をもつ。 ③季節により自然や人間の生活に変化のあることに気付く。 ④自然などの身近な事象に関心をもち、取り入れて遊ぶ。 ⑤身近な動植物に親しみをもって接し、生命の尊さに気付き、いたわったり、大切にしたりする。 ⑥日常生活の中で、我が国や地域社会における様々な文化や伝統に親しむ。 ⑦身近な物を大切にする。 ⑧身近な物や遊具に興味をもって関わり、自分なりに比べたり、関連付けたりしながら考えたり、試したりして工夫して遊ぶ。 ⑨日常生活の中で数量や図形などに関心をもつ。 ⑩日常生活の中で簡単な標識や文字などに関心をもつ。 ⑪生活に関係の深い情報や施設などに興味や関心をもつ。 ⑫保育所内外の行事において国旗に親しむ。
言葉	ねらい	①言葉遊びや言葉で表現する楽しさを感じる。 ②人の言葉や話などを聞き、自分でも思ったことを伝えようとする。 ③絵本や物語等に親しむとともに、言葉のやり取りを通じて身近な人と気持ちを通わせる。	①自分の気持ちを言葉で表現する楽しさを味わう。 ②人の言葉や話などをよく聞き、自分の経験したことや考えたことを話し、伝え合う喜びを味わう。 ③日常生活に必要な言葉が分かるようになるとともに、絵本や物語などに親しみ、言葉に対する感覚を豊かにし、保育士等や友達と心を通わせる。
言葉	内容	①保育士等の応答的な関わりや話しかけにより、自ら言葉を使おうとする。 ②生活に必要な簡単な言葉に気付き、聞き分ける。 ③親しみをもって日常の挨拶に応じる。 ④絵本や紙芝居を楽しみ、簡単な言葉を繰り返したり、模倣をしたりして遊ぶ。 ⑤保育士等とごっこ遊びをする中で、言葉のやり取りを楽しむ。 ⑥保育士等を仲立ちとして、生活や遊びの中で友達との言葉のやり取りを楽しむ。 ⑦保育士等や友達の言葉や話に興味や関心をもって、聞いたり、話したりする。	①保育士等や友達の言葉や話に興味や関心をもち、親しみをもって聞いたり、話したりする。 ②したり、見たり、聞いたり、感じたり、考えたりなどしたことを自分なりに言葉で表現する。 ③したいこと、してほしいことを言葉で表現したり、分からないことを尋ねたりする。 ④人の話を注意して聞き、相手に分かるように話す。 ⑤生活の中で必要な言葉が分かり、使う。 ⑥親しみをもって日常の挨拶をする。 ⑦生活の中で言葉の楽しさや美しさに気付く。 ⑧いろいろな体験を通じてイメージや言葉を豊かにする。 ⑨絵本や物語などに親しみ、興味をもって聞き、想像する楽しさを味わう。 ⑩日常生活の中で、文字などで伝える楽しさを味わう。
表現	ねらい	①身体の諸感覚の経験を豊かにし、様々な感覚を味わう。 ②感じたことや考えたことなどを自分なりに表現しようとする。 ③生活や遊びの様々な体験を通して、イメージや感性が豊かになる。	①いろいろなものの美しさなどに対する豊かな感性をもつ。 ②感じたことや考えたことを自分なりに表現して楽しむ。 ③生活の中でイメージを豊かにし、様々な表現を楽しむ。

表現	内容	①水、砂、土、紙、粘土など様々な素材に触れて楽しむ。 ②音楽、リズムやそれぞれに合わせた体の動きを楽しむ。 ③生活の中で様々な音、形、色、手触り、動き、味、香りなどに気付いたり、感じたりして楽しむ。 ④歌を歌ったり、簡単な手遊びや全身を使う遊びを楽しんだりする。 ⑤保育士等からの話や、生活や遊びの中での出来事を通して、イメージを豊かにする。 ⑥生活や遊びの中で、興味のあることや経験したことなどを自分なりに表現する。	①生活の中で様々な音、形、色、手触り、動きなどに気付いたり、感じたりするなどして楽しむ。 ②生活の中で美しいものや心を動かす出来事に触れ、イメージを豊かにする。 ③様々な出来事の中で、感動したことを伝え合う楽しさを味わう。 ④感じたこと、考えたことなどを音や動きなどで表現したり、自由にかいたり、つくったりなどする。 ⑤いろいろな素材に親しみ、工夫して遊ぶ。 ⑥音楽に親しみ、歌を歌ったり、簡単なリズム楽器を使ったりなどする楽しさを味わう。 ⑦かいたり、つくったりすることを楽しみ、遊びに使ったり、飾ったりなどする。 ⑧自分のイメージを動きや言葉などで表現したり、演じて遊んだりするなどの楽しさを味わう。

　「養護と教育を一体的に展開する」ことを柱にして3つの視点から0歳児の発達を支え、連続性を意識しながら1・2歳児、3歳以上児それぞれの発達の特性を踏まえた5領域へつながっていく。そして、5領域のねらい及び内容を意識した保育実践を通して乳幼児期全体の育ちの方向性を示したものが「幼児期の終わりまでに育ってほしい姿」である。同時に、幼児期に育みたい「資質・能力」の3つの柱は、乳児期から始まり、長い時間をかけて育まれ、幼児教育の終わりに「幼児期の終わりまでに育ってほしい姿」として現れる。さらに、その力を小学校以降の学校教育へ発展させていこうというねらいがある（図2-2）。このように、保育の質の向上を目指し、幼児教育が構造化された点は今回の改定の重要な趣旨のひとつになっている。

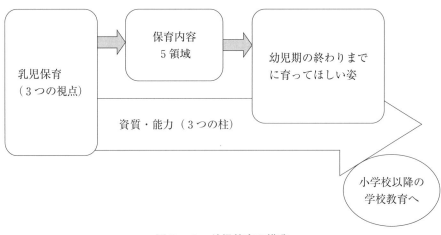

図2-2　幼児教育の構造

出典：筆者作成

> ★演習課題 — ダイアログ
>
> 保育所保育指針や幼保連携型認定こども園教育・保育要領の養護に関わる保育内容には「一人一人の子ども」という表現が多く使われている。どうして「一人一人の子ども」を何度も用いるのだろう。みんなで対話してみよう。

●引用文献
1）津守真『保育者の地平　私的体験から普遍に向けて』ミネルヴァ書房　1997年　pp.4-5
2）小川博久「領域相互論」柴崎正行編著『人間関係−人とのかかわりに関する領域』ひかりのくに　2002年

●参考文献
武元英夫・一條孝夫・佐藤悦朗・佐藤昭彦・井上孝之・大久保とし・佐藤良子・熊谷恭子・山﨑敦子・伊藤拡代・白石敏行「一人一人の育つ力を支える保育をめざしてⅡ　−家庭との連携や地域とのかかわりを通して−」『宮城教育大学附属幼稚園研究紀要』45集　2001年

第3章
保育の1日の流れと保育内容
― 遊びを中心とした生活 ―

泥団子づくり「みて みて！」

　あなたが幼児だった頃、園庭でどんな遊びを楽しんでいたのだろう。シーソーやブランコ、ジャングルジムだろうか。砂場では何を使って遊んでいたのだろう。

第1節 幼稚園の1日の流れ

1　1日の教育時間

　幼稚園教育要領において「1日の教育課程に係る教育時間は、4時間を標準とする」と明記されている。子どもが集団のなかで過ごすのに無理のない時間として示されているものである。しかし、一般的な幼稚園においては、朝9時頃登園し、昼食後14時頃降園（5〜6時間）するのが大方の実情である。また預かり保育[*1]を利用する園児は、朝7時30分登園、夕方の7時降園（11時間30分）というケースも稀なことではなくなってきている。預かり保育を実施する幼稚園の数は年々増加の傾向を示している[1)]。その背景には、少子化、都市化で子どもが同年代や異年齢の仲間と遊ぶ場・機会が減少していることや、核家族化や男女共同参画社会の進展によって保護者からの託児ニーズが増加していることが挙げられる。

[*1] 幼稚園教育要領において「教育課程に係る教育時間の終了後等に行う教育活動」と記されている活動である。

2　4時間を標準とすることの意味

　標準を4時間とすることの背景には、小学校1年生の教育時間数との整合性の問題が挙げられる。小学1年生の受ける年間教育時間数は850時間、1日換算でおよそ4〜5時間となる。集団教育施設における疲労度、精神的負担を考慮したうえでの標準時間という理解ができる。また、幼児期の家族関係の重要性からも、標準の4時間は幼児期の発達に最も適した時間として確認もされている[2)]。これは、幼稚園教育要領に記された「幼児期にふさわしい生活の展開」[*2]に強く関連するものであり、長時間教育の弊害を指摘する声もある。4時間を標準とすることの意味はこうした幼児期に適した時間に依拠するものである。
　このように、1日の流れにおいて「幼児期の発達の特性にあわせた配慮」と「幼児を含む周辺の生活環境に合わせた配慮」との2つの配慮が必要となる。

[*2] 幼稚園教育要領の第1章「総則 第一 幼稚園教育の基本」において「幼児期にふさわしい生活の展開」「遊びを通しての指導」「一人一人の発達の課題に応じた指導」の3点が特に重視する事項として明記されている。

3　1日の流れを組む

　幼稚園教育は小学校以降の教科等による教育とは異なり時間割がない。遊びはもとより朝のあいさつ、食事、排泄等、幼稚園における生活すべてを通して総合的に行われるものである。そのため、時間配分を統一された時間で

括ることも難しく、生活や育ちの状況に合わせて1日の流れを組んでいくことが求められる。たとえば、好きな遊びの時間帯に、遊びの流れが滞り、充実した遊びが展開されない時には、早めに一斉活動にシフトすることも必要であろう。また、遊びに深まりがみられる時には好きな遊びの時間を十分に取るなど、子どもの遊びの姿をとらえ意図的に時間配分を変更することもある。そのため保育者には、教育時間の枠組みがはじめにあるのではなく、子どもの生活する姿に教育の枠組みを入れこんでいくという意識が必要となる[*3]。

その一方で、日々の生活の大まかな流れが大きく変化することは少ない。これは幼児期から身につけておくことが望ましい基本的な生活習慣の指導も含まれるからである。遊びが充実しているからといって昼食時間を過ぎてまで遊ばせ続ける保育者はいないだろう。どの時点で遊びを切り上げ、次の活動に移っていくのかを、保育者は常に子どもの姿から考えておくことが大切である。すなわち、子どもの主体性が発揮される遊びと、身につけておくことが望ましい基本的な生活習慣との2つの側面を意識した計画を組む必要がある。

4 | 1日の流れ

① 登園

子どもが登園する前には保育室内の換気、教材準備、安全等の環境確認をしておくことが必要である。また所持品の始末がスムーズに行われるように子どもの動線を考慮した環境構成の工夫も必要になる。

登園の方法には、保護者による送迎とスクールバスによる送迎[*4]と大きく2通りある。登園時刻は一律に定められている場合と、8時30分から10時00分までと幅のある時間帯を設定する場合とがある。それにより、各家庭の状況、スクールバス運行等、それぞれの事情に合わせて登園する園も多い。そのため、登園時間の差にも十分な配慮が必要となる[*5]。

バスから降りて、「おはよ〜」

② 好きな遊び

自らの興味、関心に応じて「内容」「場」「方法」「相手」等を選択し展開させていく活動である。自由遊びとも呼ばれる。登園と同時にはじまる活動であり、子どもは身の回りの始末の後に自分の好きな遊びをはじめる。保育室

[*3] 倉橋惣三は教育と生活の関係について、「教育の目的というものは対象（子ども）はその生活のままにしておいて、そこにもちかけていきたい」（『幼稚園真諦』）と述べている。

[*4] M幼稚園のスクールバス運行時刻（1台で2コース運行）の例。

登園：1便
7:50園発・
8:36園着（46分間）
2便
8:45園発・
9:15園着（30分間）
降園：1便
13:50園発・
14:36園着
2便
14:45園発・
15:15園着

[*5] 登園時間差の問題として次のようなケースがある。朝1番に登園する幼児A、スクールバスで登園する幼児B、毎日10時に登園する幼児C、登園の時間差は最大90分となる。遊びはじめの段階からいるAに対して、途中から加わるBは「いれて」と言う。さらに出遅れたCは遊び方もつかめず、関係もつくれず、傍観するのみである。登園は毎日のことであり、この状況が子どもの育ちにも大きな影響を及ぼすことが考えられる。

第3章 保育の1日の流れと保育内容 −遊びを中心とした生活−

に限らず、廊下、ホール、園庭へと活動の場所はさまざまである。自由遊びの概念上、30人いれば30通りの遊びがある。それを一挙同時に把握するのは至難の業である。しかし、確実に把握することは不可能であっても予測は可能である。保育者は昨日の様子から今日を予想し、「きっと今日はこうだろう」「この遊びは次にこう発展していくだろう」と予測やねらいにもとづいて援助や教材の準備、いわゆる環境の構成をしていく。

水道管遊び

③ 後片づけ

後片づけは、遊びの後、製作活動の後、食事の後など、1日の園生活のなかで何度も出てくる活動である。遊びの後の片づけについては、「もっと遊びたい」という気持ちを抑えて、切り上げなければならないため、子どもにとっては決して「楽しい」活動とは言えないかもしれない。そのため、

「お片づけ、がんばってるね」

保育者は片づけた後に楽しい活動が予定されているということを子どもに伝えたり、一生懸命片づけをがんばっている子どもを「○○くん、お片づけがんばってるね」「すごいね。力持ちだね」などと十分に認めたりすることで、片づけへの意欲が高まるように働きかけたい。そして、片づけた後は「きれいになって気持ちいいね」と片づいた後の気持ち良さを共に味わい、物を大切にすることや片づけの必要性を知らせていきたい。

④ クラスの活動・行事など

保育者の提示した課題にクラス全員で取り組む活動である。全員で運動会に向けてダンスの練習等がその例である。好きな遊びは自分の興味にもとづく活動で、場合によっては経験の偏りが生じることも考えられる。一斉活動には、どの子どもにも経験させることができ、その偏りの補正を行う効果もある。また活動をクラス全体で共有することで、個人の興味関心の枠を広げていくという効果もある。一斉の動きをとることにより、個の動きが規制される場面も出てくるが、活動は一

父の日のプレゼントづくり

43

斉であっても、一人一人の取り組みのなかでの自由性は認めていくことができる。また各学年にあわせた無理のない計画（内容、時間）も必要になる。

⑤ 昼食＊6

幼稚園給食は保育所給食のように義務づけられてはおらず、幼稚園によっては弁当を持参する園もある。身体の健全な発育のために「食」は欠くことのできないものであり、食事に関する指導は「好き嫌いなく」「箸のもち方」「食事のマナー」「定められた時間内に」など基本的な生活習慣を身につける躾的なものになりがちである。

一方で、「寝食を共にする」という言葉もあるように生活の場を共有することで、相手に対する感覚の高まりも期待される。基本的生活習慣の指導と食事をする楽しさの共有という２つの側面をうまくバランスをとり指導に当たりたい。また食事は、家庭生活とのつながりをイメージしやすいので「手伝い活動」「当番活動」を積極的に取り入れることが多い。

みんなで食べるの楽しいね

＊6　2005（平成17）年の食育基本法の成立に伴い、幼稚園教育要領においても「食育」の視点が追加された。第２章 領域「健康」２内容（5）、及び、3内容の取扱い（4）。

⑥ 午後の好きな遊び

午後の好きな遊びは30分程度で午前中の好きな遊びの時間と違ってじっくり遊び込むことは時間的に難しい。この時間は、(1)食事後であることから体の調子を落ち着ける、(2)食事、所持品の始末等の個人差への対応、(3)その日の保育終了に向けて気持ちを落ち着け、明日の活動に期待をつなぐという意味合いをもつものである。ゆったりとした時間をもてるように遊びの環境を整えたい。

木の陰で虫さがし

⑦ 降園

降園時はその方法（スクールバス利用、保護者の直接迎え、預かり保育）によって子どもの活動が異なる。保護者からの降園方法の当日の変更依頼も少なくなく、着実に子どもが降園をできるようにすることが大切である。子どもにも混乱を来さぬよう、時間にゆとりをもった配慮が必要である。

お父さんと一緒

⑧ 預かり保育

　預かり保育は保護者の利用申し込み手続きによって行われる。利用形態も通年利用、月間利用、1日だけの利用と保護者のニーズに合わせ実施される。通常クラスとは異なり異年齢の縦割り構成で、構成園児数の変動が大きいのも特徴の1つである。預かり保育実施に際し、子どもの心身の負担に配慮することが必要とされている。

　早い子どもは7：30登園、遅い子どもは19：00降園、最長のケースで11時間30分の長い時間幼稚園で過ごすことになる。降園時間になっても保護者と一緒に帰ることができない、日によって遊ぶ仲間が違う、そういった心的負担を軽減し、一人一人の子どもが気持ちを安定させて過ごすことができるような環境づくりが必要である。たとえば、昼寝のスペースを畳敷きにする、おやつをできるだけ手づくりにする等が具体例として挙げられる。また午前中に体をたくさん動かす活動をした時には、少し体が休まる穏やかな内容にしたり、午前に熱中した遊びを午後の預かり保育でも継続したりするなど、活動内容については午前中の活動内容と関連を意識する必要がある。

　預かり保育の実施について、専任の担当者がいる場合や各保育者がもち回りで担当する場合など、園によって方法が異なる。子どもの生活の流れが途切れずスムーズに展開されるよう、保育者間の密な連携が必要である。特に体調面、心情面については積極的な情報交換が求められる。

預かり保育にて
「おきて、おやつだよ！」

第2節　保育所の1日の流れ

1　保育所の特性

　保育所は、保育所保育指針の第1章「総則　1　保育所保育に関する基本原則　(1)保育所の役割」に示されているように、「保育を必要とする子どもの保育を行い、その健全な心身の発達を図ることを目的とする児童福祉施設」である。保育所の保育の目標は、「子どもが現在を最も良く生き、望ましい未来をつくり出す力の基礎」を養うこととされている。保育所での保育の特性は、"養護及び教育"が一体的に行われ、なかでも養護の側面が重視されているところに表れている。養護の目標は、「生命の保持及び情緒の安定」であり、教育の目標は、3つの視点と5領域にかかわる5つが挙げられてい

*7
「保育所保育指針」第1章 総則 1 保育所保育に関する基本原則(2)保育の目標

る*7。保育所で過ごす子どもの1日をたどってみると、保育者の何気ない援助の一つ一つに、「養護」と「教育」の意味が込められていることがわかる（p.52・53の表3−1）。なお、ここでは2歳児の1日をとりあげて、保育所での「養護と教育の一体的な関わり」を詳細に示した。

2 １日の流れ

① 登所

保育所の登所時間は保護者の勤務状況で異なる。保護者と接することのできる時間は限られているが、わずかな時間のなかで、心地よいあいさつを交わし、子どもの健康状態を確認したうえで、子どもの家庭での状況を尋ねる。この時点で、熱があるようであれば預かることができないことを伝える。微熱等で、体調が安定しない場合には、保護者の今日の所在や連絡方法等を再確認しておく。

幼稚園と違って、「保育所へ通いたい」と自ら通いはじめる子どもが多いわけではない。だからこそ保育者は、子どもにとって、より良いスタートがきれるよう援助する必要がある。

通いはじめたばかりの子どもは、保護者が保育者に信頼を寄せる姿を見ながら、保育者との楽しい体験を重ねていくうちに、徐々に情緒を安定させていく。

保育を接続していく工夫

年齢が低い子どもの保育は、チーム保育で行われることがほとんどである。この園では、朝預かる時に聞いた保護者からの要望や、連絡帳に書かれていた特記事項「プールは止めておいてください」（写真）等が職員間で共有できるようにしている。

その後も、保育の経過にしたがって、排泄・食事量・睡眠・活動・けが等について、保育をしつつ記録していく。連絡帳の記入に役立てるほか、延長保育等で職員の交代があった場合にも、今日その子が園でどのように過ごしたかについて、概略をつかむことができる。

家庭からの伝達事項

② 好きな遊び

　前述のように保育所の登所には幅があり、保育者もその間に時差出勤するという状況にある。全員の子どもが揃うまでの間は、保育者が瞬時に対応ができる範囲で見守り援助しながら遊ぶ。そして、ある程度保育者が揃った状態になると、戸外に遊びの場を広げていくといった方法が採られることが多い。

朝の自由遊び

　制約があるなかでも子どもの遊びが充実するような環境の工夫や、保育者間の連携が必要とされる。降所がはじまった時間帯にも同様の方法がとられている。0・1歳児については、安定して遊べる環境が最も重要であるため、基本的には、いつもの保育室で担当の保育者が保育することが望ましい。合同で過ごす時間にも、担当の保育者と一緒か、1・2歳児の方から保育室に出向いてもらう。

　保育所には、0歳児から6歳児まで幅広い年齢の子どもがおり、発達や興味の方向も多様であるが、遊びへのそれぞれの願いを、生活のなかのどこかで必ず実現していくことが大切である。

③ クラスの活動・行事など

　クラスは、小規模園という理由から、あるいは意図をもって異年齢で編成されることもある。クラス活動では、子どもたちそれぞれの発達段階と願いに焦点を当てて行うことで、他の遊びの時間とのメリハリを利かせる。その他の時間が、「家庭に代わる時間」であるならば、クラスの活動は、「家庭では得られない時間」となるようにしたい。保育所には生活の環境が揃い、長い保育時間のなかで時間的ゆとりももたせられる。同年齢のかかわりが少ない、といったクラス構成にあっても、視点を変えることで、保育所ならではの資源（さまざまな専門職・生活に即した環境・時間的ゆとり等）を活かして、それぞれの子どもの遊びを充実することが可能になる。

④ 食事・おやつ

　食べることは、生涯にわたって「生きること」に直結する。乳幼児期の食事の援助には、食べる意欲を育てることに主眼が置かれる。適切な量と質、味つけが考えられた給食を、バランスよく食べることは大切なことであるが、まずは仲間と一緒に楽し

今日のおやつは「おやき」

く食事しながら、食べ物に興味をもつことや味覚が広がっていくように援助をする。

乳児にとって授乳は、単に栄養を摂取するというだけのものではない。しっかりと抱かれて授乳されることで、大切にされていることを感じ取り、それが信頼関係の基礎となる。家庭から得た情報をもとにした適温・適量のミルクを、離乳食を食べさせる時と同じような心持ちで与えていく。抱っこをして乳児の表情をみながら、「おなかすいたね、いっぱい飲んでね」のように優しく声をかけて、心の欲求も満たすようにしたい。

昼食「自分で食べるの」

乳児の離乳食が進んでくると、上手に食べることができなくとも、自分で食べたがる姿がみられるようになる。こぼしても手づかみでも「自分で」の気持ちを大切にしたい。また、離乳食では、はじめて出会う食材や味つけに戸惑って、しばらく食べなくなったりすることもある。行きつ戻りつする成長過程を見守りながら、ゆったりした気持ちで援助したい。

手洗い「きれいになったかな」

また、乳幼児は一度に食べられる量が少なく、1日3回の食事では、必要な量が取れないため、おやつは大切な補食となる。

食後の歯磨き(左)と仕上げ磨き(右)

保育所では、給食とおやつ、延長保育の子どもには、夕方以降に補食が用意される。食事の回数が多いため、食育の機会もたびたび訪れる。食事中の「立ち歩き」や「遊び食べ」など好ましくない食べ方、偏食等についても保育者が根気よくかかわることで、少しずつ改善されていく。保育者は常に子どものモデルであることを意識しながら共に食事を楽しみたい。

食物アレルギーのある子どもに対しては、氏名を記したタグを皿につけて、アレルギー食を区別したり、その子どもが食べはじめたことを確認し、食事中も引き続き見守るなどの注意深い対応が必要となる。

アレルゲンの食品と個人名がわかるように

| 第3章 ── 保育の1日の流れと保育内容 －遊びを中心とした生活－

⑤ 午睡

　保育時間の長い乳幼児にとって、保育所での休息は重要であるが、子どもの気持ちに立った時、「自宅以外で眠る」という行為は、不安を伴う特殊な体験であることが想像できる。だからこそ入眠には、子どもにとって安心できる空間であることや、保育者との信頼関係が必要となる。眠り方についても、それぞれ個性がある。横たわると「トントンして」と言う子ども、抱っこでないと寝つけない子どもなど、さまざまである。前述したように、乳幼児にとってそれらの要求に応えていくことは、ごく当たり前

連絡帳の記入（その子どもについて具体的に書く）

のことである。また、一人一人必要とする睡眠時間は異なるため、保護者に家庭での睡眠の状況を尋ねながら調整をしていく。5歳児は、就学に向けて徐々に午睡をなくしていく園も多い。

　乳児においては乳幼児突然死症候群（SIDS）[*8]の予防を徹底し、保育室に誰もいないという時間をつくらないよう留意する。睡眠の時間や長さは、家庭からの連絡ノートを確認し、必要なタイミングで個別に睡眠がとれるように配慮する。そして次第に、年齢や発達に応じた適切なリズムへと整えていく。

　保育者にとって、子どもの午睡の時間は忙しい時間でもある。この間に、家庭との連絡ノートや日誌への記入を行い、汚れた箇所の清掃や翌日の保育の準備、時には職員会議が行われることもある。眠れない子どもや、早くに目覚めてしまった子どもへの対応については、子ども一人一人に応じた休息を考慮したうえで、目覚めた子どもが順に活動できる体制を、保育所全体でのしくみとして考えておく必要がある。

⑥ 着脱衣

　その年齢に応じた基本的な生活習慣を身につけることは、今の生活の場だけでなく、その後の集団生活においても重要なことである。身の回りのことが自分でできれば、次の活動にスムーズに進んでいける。

　援助においては「子どもが今できること」は、自分で取り組むように励まし定着を図っていく。さらに、「大人が少し手伝えばできること」を、さりげなく手伝って、子どもの「自分でできた！」という喜びを引き出す。その子どもにあわせた刻みでステップ（目標）をつくり、寄り添いながら、その小さなステップを登る練習を繰り返す。やがて一人で登れた数回を見極めて、

[*8] SIDSはSudden Infant Death Syndromeの頭文字をとったもの。何の予兆や既往歴もないまま乳幼児が死に至る原因のわからない病気で、窒息などとは異なる。2016（平成28）年度の乳児期の死亡原因の第3位（109名）になっている。

添えた手をそっと引いていく。子どもは自らの力でステップに上がったことをうれしく誇らしく思う。保育者は、辛抱強くその瞬間を待つ。ただし、子どもがなんらかの理由で向かっていけない時には子どもに合わせた対応をする。チーム保育では、どの保育者も同じ気持ちで援助することが大切である。

また、着脱の援助の時間は、子どもの身体の状態を確認する貴重な機会でもある。発熱や発疹（感染症の早期発見）、好きな遊びの時のけが等のほか、不審な傷や衣服の汚れ等、不適切な養育が疑われた時は、看護師や主任、園長等に相談し、適切な対応を行う必要が生じる。

ズボンのトンネルをぬけて…

「ひとりでできたよ！」

⑦ 排泄

乳児であれば、清潔を保ち、おむつが汚れたら、できるだけ早く替えるようにする。交換する際には、「きれいになったよ、気持ちいいね」と、乳児の気持ちを代弁していく。そして取り替えた時間や、おしっこ、うんちの別を連絡ノートに記入する。

幼児のトイレット・トレーニングで大切なことは、排尿の自立を教え込むことではなく、おしっこのでるしくみや、その発達を理解して、その子その子の発達に即した援助をすること[3]である。失敗した時は一緒に残念がり、成功した時には一緒に喜び合うようにしたい。トイレを明るくリラックスできる環境にしておく配慮も必要である。

年齢が高くなると、プライバシーや人権に配慮した援助が求められる。年長児が思いがけず失敗をしたような時は、そっとトイレや別の部屋に呼び寄せてさりげなく着替えを用意する。ほかの子が気づいたようなら、保育者はさらりと対応し、からかいや、人を傷つけるようなことは、誰であっても許されないという態度を示す。場面や子どもによって対応は異なるが、失敗した子どもが、また気持ちを持ち直して集団のなかに戻っていくことができるよう配慮したい。

年長児においては、排泄後の始末やトイレの使い方について、どの程度身についているか、一人一人の状況を早い段階から把握しておく。余裕をもっ

て援助していくことが、次の集団生活へのスムーズな移行につながる。

⑦ お迎え

登所時間と同じく、お迎えの時間は、保護者の勤務状況によって異なる。保育者は、「お帰りなさい」と声をかけて、今日の子どもの様子や、必要に応じて、食事や睡眠等、これ以降の家庭での過ごし方について助言をする。

お迎え「がんばったよ」

子どもが保育所でがんばっていることやほほえましいエピソードなどを積極的に伝え、保護者が安心して子育てできるようにすることが大切である。

また、連絡帳に書く際も、子ども一人一人の良いところをたくさんみつけ、できるだけ保護者に伝えたい。

子育てに悩みや不安を抱える保護者に寄り添い、子どもの成長を共に喜ぶ姿勢が保育者に求められる。

保育所は、地域における最も身近な児童福祉施設であり、近年は、さまざまな子育て支援の役割[*9]が期待されている。こうして保育所保育の実際をみると、保育所の保育内容や、保育者の子どもへのまなざしは、すべての子どもと、子育てをしている家庭に届けたいものである。

従前の保育所の役割は、目前の子どもが毎日笑顔で過ごせるよう、保育を行うことであった。しかし、その子どもたちは、やがて保育所から地域社会へ歩み出す。その先にある社会が、より良いものであることは、保育所を巣立った子どもの幸せにもつながっていく。そうした思いに立てば、今日、保育所に期待されているような、「地域のすべての子どもや、子育て家庭を支援していくこと」は、目前の子どもの援助の延長線上にある、ごく自然なことと考えられる。

*9
「保育所保育指針」第1章 総則 (1) 保育所の役割
（ウ）保育所は、入所する子どもを保育するとともに、家庭や地域の様々な社会資源との連携を図りながら、入所する子どもの保護者に対する支援及び地域の子育て家庭に対する支援等を行う役割を担うものである。

表3−1　幼稚園及び保育所の1日の流れ（例）

時刻	幼稚園の1日活動の流れ	保育所（2歳児）の1日の流れ
7:30〜	登園前に保育室・園庭等の環境を整えておく	○随時登所 ・朝のあいさつをする ・視診を受ける ・持ち物の始末をする
8:30〜 9:00	○登園 ・あいさつをする ・持ち物の始末をする ・出席ノートにシールを貼る	一人一人を温かく迎え、元気にあいさつをし、健康状態を確認する
	○好きな遊び	○好きな遊び　子どもと共に楽しみ遊びの意欲が高まるようにする
	・戸外や室内で遊ぶ ・設定された環境のなかで自らの興味・関心に基づいて遊ぶ ・当番活動や異年齢交流をする	
9:30	一人一人の遊びが充実していくことができるように環境構成による援助を行う	○後片付け ・遊んだ遊具を片付ける ・手洗い・排泄
9:50	○後片付け 　遊んだ遊具を片付ける	○午前のおやつ
10:15	○朝の集まり	○朝の集まり
	・日付、曜日を確認する ・出席調べをする ・季節の歌を歌う ・当番活動をする ・今日の予定を確認する	一人一人とコミュニケーションを図り、気持ちよく1日のスタートが切れるようにする
	○クラスの活動　個人差に十分配慮しながら、共通の課題に取り組む楽しさや充実感を味わえるようにする	○クラスの活動
	クラス別あるいは園全体での活動に取り組む （製作活動、ゲーム、運動遊び、散歩、行事への参加等）	
11:30	○昼食準備	○昼食準備
	手洗い、配膳、あいさつなどの当番活動	
	保育者も共に食事をするなかで、会話を楽しんだり、食事のマナーや食べることの大切さについて知らせたりする	
	○昼食 　給食（弁当）を食べる ○後片付け・歯磨き	○昼食 　給食を食べる ○後片付け
12:30	○好きな遊び （休息を兼ねて、絵本、ブロック、ままごと遊びなど、静かな遊びを楽しむ）	○午睡準備 ・排泄、着替えをする

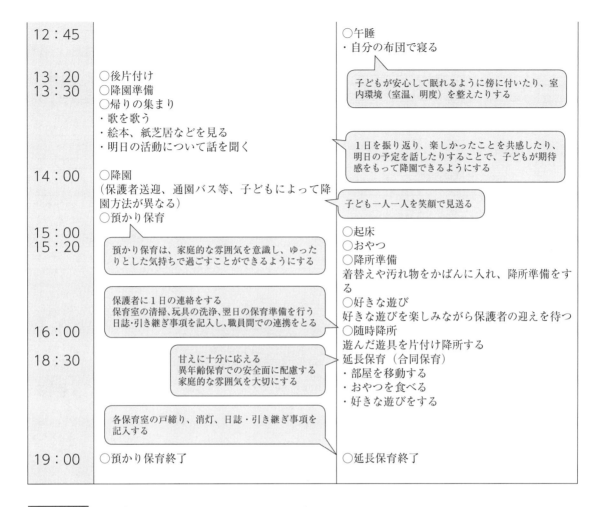

第3節 認定こども園の1日の流れ

1　認定こども園とは

　認定こども園とは、教育と保育を一体的に行う、幼稚園と保育所の両方の良さをあわせもった施設である。就学前の教育・保育ニーズに対応する新たな選択肢として、保護者が働いている、働いていないにかかわらず利用が可能になっている。「①就学前の子どもに幼児教育・保育を提供する」「②地域における子育て支援を行う」の2つの機能を備え、認定基準（表3-2）を満たせば都道府県知事から認定を受けることができる（図3-1）。
　幼保連携型、幼稚園型、保育所型、地方裁量型の4つの類型に分類され、幼保連携型は、認可幼稚園と認可保育所とが連携して運営を行うタイプ、幼稚園型、保育所型は、それぞれの施設が中心となって体制を整えたタイプで

表3－2　認定こども園の認定基準

内閣総理大臣、文部科学大臣、厚生労働大臣が定める基準に従い、また参酌して各都道府県知事等が条例で定める。主な基準は以下の通りである。

職員資格	幼保連携型		保育教諭を配置。保育教諭は、幼稚園教諭の免許と保育士資格を併有。ただし、施行から5年間は一定の経過措置あり。
	その他の認定こども園	満3歳以上	幼稚園教諭と保育士資格の併有が望ましい。
		満3歳未満	保育士資格が必要。
学級編成			満3歳以上の教育時間相当利用及び保育時間相当利用時の共通の4時間程度については学級を編成。
教育・保育の内容（幼保連携型、その他の認定こども園）			幼保連携型認定こども園教育・保育要領を踏まえて教育・保育を実施（幼稚園型は幼稚園教育要領、保育所型は保育所保育指針に基づくことが前提）。
			小学校における教育との円滑な接続。
			認定こども園として特に配慮すべき事項を考慮。

出典：筆者作成

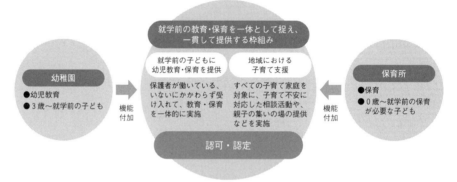

図3－1　認定こども園の概要

出典：内閣府ホームページ（http://www8.cao.go.jp/shoushi/kodomoen/gaiyou.html）

ある。地方裁量型は、幼稚園・保育所のいずれの認可もない地域の教育・保育施設が認定こども園として機能を果たす場合である。

2　1日の流れ

認定こども園では、以下の3つの認定区分[*10]が設けられ、それぞれの区分によって保育時間や園生活の流れが異なる。

1号認定：教育標準時間認定・満3歳以上
2号認定：保育認定（標準時間・短時間）・満3歳以上
3号認定：保育認定（標準時間・短時間）・満3歳未満

*10
利用手続きについては以下の通りである
（1号認定の場合）
園に直接申し込み→園から入園内定→園を通じて認定申請→園を通じて認定証交付→園と契約
（2, 3号認定の場合）
市町村に「保育の必要性」の認定申請→市町村から認定証交付→園の利用希望者の申し込み→市町村が利用調整→利用先の決定後、園と契約

表3-3 認定こども園の1日の流れ（例）

時間	満3歳以上（1号認定）	満3歳以上（2号認定）	満3歳未満（3号認定）
7:30〜8:30	○随時登園 ○好きな遊び	○随時登園 ○好きな遊び	○随時登園 ○好きな遊び ○排泄・おむつ交換 ○好きな遊び
9:20 9:40 10:00	○後片付け ○朝の集まり ○クラスの活動	○後片付け ○朝の集まり ○クラスの活動	○午前のおやつ ○排泄・おむつ交換 ○クラスの活動
11:30	○排泄 ○昼食準備 ○昼食 ○後片付け・歯磨き ○好きな遊び	○排泄 ○昼食準備 ○昼食 ○後片付け・歯磨き ○午睡準備 　（排泄・着替え）	○排泄・おむつ交換 ○昼食準備 ○昼食 ○排泄・おむつ交換
13:00		○午睡	○午睡
13:30 14:00	○降園準備 ○帰りの集まり ○降園 ○預かり保育		
15:00		○起床・排泄・着替え	○起床・排泄・おむつ交換
15:20		○おやつ ○好きな遊び ○降園準備・随時降園 ○好きな遊び 　（異年齢保育）	○おやつ ○排泄・おむつ交換 ○降園準備・随時降園 ○好きな遊び
18:30 19:00	○預かり保育終了	○延長保育 ○延長保育終了	○延長保育 ○延長保育終了

　1号認定の子どもは幼稚園、2,3号認定の子どもは保育所の生活の流れと同様になる。それぞれの生活の流れ（例）を表3-3に示す。

第4節 遊びを中心とした保育と行事

1　行事とは

　行事とは季節の移り変わりに応じて、特定のねらいをもって計画される活動のことである。園にはさまざまな行事がある。表3-4はある幼稚園で行われる主な年間行事を6つに分類したものである。

表3-4 主な年間行事

行事の分類	主な行事
共通の目的をもって進める行事	運動会、生活発表会、作品展など
季節を感じる行事	春／秋の遠足、プール開き、やきいもパーティー、クリスマス会、そり遊びなど
日本の伝承行事	子どもの日の集い、七夕まつり、もちつき会、節分（豆まき）、ひなまつり会など
交流行事	・〈保護者との交流〉 　親子遠足、保育参観など ・〈異年齢の交流〉 　お店やさんごっこ、小学校訪問（年長児）、お別れ会、中学生との交流会（職場体験）、一日入園など ・〈地域との交流〉 　近隣の施設訪問、夏祭り、敬老の日の集いなど
儀式的な行事	入園式、卒園式、始業式、終業式など
定例的な行事	誕生会、避難訓練、発育測定など

　子どもたちは、行事を通して、主体性や活動意欲を高めたり、友だちとのかかわりを深めたり、互いの良さを認め合ったり、力を発揮できたことに自信をもてるようになったりなど、それぞれが大きな成長をみせる。

　また、行事には保護者や地域に向けて保育の成果を伝えるという役割もある。地域の施設として保育内容を広く理解してもらうことは大きな意味をもつ。保護者に対して日ごろの保育の成果を知らせ、理解を得るという点において大切な活動であるため、積極的に保護者の参加を呼びかける園も多い。

　保護者にとっても「わが子の晴れ姿」に対する期待は大きいものがある。ただし、「保護者の期待に添うだけの行事」であってはならない。たとえば一糸乱れぬ演技、高度な器楽合奏などは保護者の感動を呼ぶものである。それが園の評判となり、園の価値へとつながっていくかもしれない。しかし、そこへ至る過程には、行事のために費やす時間が多くなることで遊び時間が減少したり、画一的な指導が増えたりするなど、行事に向けた活動を中心にした保育になってしまう危険がはらまれている。

2　遊び・生活と行事とのつながり

　行事の取り扱いについて、幼稚園教育要領では「行事の指導に当たっては、幼稚園生活の自然の流れの中で生活に変化や潤いを与え、幼児が主体的に楽しく活動できるようにすること。なお、それぞれの行事についてはその教育

第3章 ─── 保育の1日の流れと保育内容 −遊びを中心とした生活−

的価値を十分検討し、適切なものを精選し、幼児の負担にならないようにすること」*11 との記述がある。保育所保育指針も同様に「具体的なねらいが達成されるよう、子どもの生活する姿や発想を大切にして適切な環境を構成し、子どもが主体的に活動できるようにすること」*12 と記されている。行事は園生活の流れの一部であり、遊び、生活のなかで子どもが主体的に取り組めるように考えていく必要があるということを意味している。

保育者は子どもの発達の過程や生活の流れから、一人一人が無理なく、期待感をもって主体的に行事に取り組めるように配慮する必要がある。従って、行事が日常の保育と深く関連したものであり、遊びや生活の流れのなかに自然に位置づけられるものであることが望ましい。子どもたちが主体的に取り組んでいる園では、運動会で経験した競技が、その後の遊びのなかで年齢の枠を越えて再現され、しばらく続いていくことはよくあることである。当日だけではなく、前後の子どもたちの生活も考慮したうえで、長期の指導計画のなかに位置づけていきたい。また、一つ一つの行事が子どもにとってどのような意味をもつのかといった行事の教育的価値を保育者間で共通理解し、子どもの負担にならないように、質、量共に適切な計画、運営を心がけることが大切である。

*11
「幼稚園教育要領」第1章の「第4指導計画の作成と幼児理解に基づいた評価 3 指導計画の作成上の留意事項(5)」

*12
「保育所保育指針」第1章の「保育の計画及び評価 (2)指導計画の作成 ウ」

運動会のリレー

〈生活発表会〉

事例

ぼくは「ほねはかせ」（5歳児、2月）

Iくんは関心の向くものには集中して取り組むものの、そうではないものに対してはなかなか手をつけようとしない姿があり、これまでの生活においても受動的なかかわり方が目立っていた。発表会では、日々の生活、遊びのなかから「できるようになったこと」「がんばっていること」を発表することになっているが、Iくんは何をしたらよいのか具体的なイメージがわかないのか、自分から動き出す様子がみられなかった。

発表会の1か月ほど前、人体骨標本

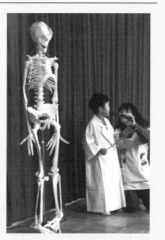

「ほね」について発表する
「ほねはかせ」

（紙製）が手に入り、保育室に環境として提示しておくと、Ｉくんは強い関心を示した。保育者はその姿から、図鑑を用意し、一緒に「ほね」について調べる遊びへと展開していった。その後、保育者は、発表会に「ほねはかせ」の提案をしてみた。Ｉくんは頭がい骨、鎖骨、大腿骨など未知の言葉を自分の体に照らし合わせて理解が広がるおもしろさを味わい、それに触発されて集まる他児との関係のなかで徐々に自信に満ちた姿がみられるようになった。

発表会当日、Ｉくんは、一緒に参加した友だちの質問に臆せず堂々と「ほね」について説明し、たくさんの保護者から大きな拍手をもらった。

事例に対する解説

保育者主導の発表会ではなく、子どもの興味、関心、日常の生活とのつながりを大切にし、無理なく取り組めるよう配慮した事例である。

発表会では、保護者に「みせる」ことを意識し過ぎるあまり、保育者が考えたセリフを一生懸命覚えさせたり、遊ぶ時間を削って何度も何度も繰り返し練習させたりなど、劇やダンス、合奏などの活動に、子どもも保育者もかなりのエネルギーを注ぎ、結果としてそれが子どもたちの負担になっているケースも少なくない。

事例では、劇や合奏などクラス全体で取り組む一律の活動ではなかなかその子らしさがみえづらいという点を保育者間で話し合い、発表の内容を日々の生活、遊びのなかからみつけ出していく形にした。行事名もより子どもや保護者にその趣旨の理解が得られやすいように「生活発表会」ではなく「できること大会」と変更した。保育者は自ら意欲的に取り組む姿がそれまであまりみられなかったＩくんが「ほね」に興味もっていることを知り、「ほねはかせ」の提案をした。「ほね」について調べることをきっかけにＩくんはこの行事に主体的にかかわり、当日も自信をもって発表することができた。Ｉくんの獲得した自信と意欲的に取り組む態度を育ちととらえ、この「できること大会」がそれを発揮し、伝える大変良い機会となった。

こうした行事の取り組みの背景には、子どもの育ちのとらえ、育ちを支える援助、育ちに対する確かな手応え、そして次の育ちへの期待感がある。行事とはその日だけの断片的な活動ではない。行事に向けて取り組む過程で仲間関係の広がりや深まりがみられ、終わった後も余韻を感じながら、そこで

経験した遊びや活動が繰り返し続いていくことが望ましい。つまり、子どもの生活の延長線上に行事があるのである。「これまで」「いま」そして「これから」という生活、遊び、育ちの連続性のなかに位置づけることにより、子どもの育ちにとって意味のある行事が実現されていくのである。

どの行事も、園生活の自然の流れのなかで生活に変化や潤いを与え、子どもが主体的に楽しく活動できるようなものであることが望ましい。保育者には目の前の子どもの興味、関心、遊びや生活の流れを十分に考慮し、その「育ち」を見据え、子どもの負担にならないような適切な行事の選択、活動内容の吟味が求められる。

★演習課題 ― ダイアログ

多くの幼稚園や保育所には砂場がある。また、小学校や公園にも砂場がある。それぞれの砂場の違いを考え、みんなで対話してみよう。

● **引用文献**
1) 文部科学省「重要対策分野に関する評価書 ―少子化社会対策に関連する子育て支援サービス 3．各事業の評価」2008年
   http://www.mext.go.jp/a_menu/hyouka/kekka/08100102/010.htm
2) 岡田正章・千羽喜代子他編『現代保育用語辞典』フレーベル館　1997年　p.112
3) 松末たか子『おむつのとれる子、とれない子』大月書店　1994年　p.27

● **参考文献**
秋田喜代美『保育の心持ち』ひかりのくに　2009年
加藤繁美・秋山麻実・茨城大学教育学部附属幼稚園『年齢別保育研究　5歳児の協同的学びと対話的保育』ひとなる書房　2005年
大場牧夫『幼児の生活とカリキュラム　三層構造の生活プラン』フレーベル館　1983年
阿部明子・中田カヨ子編著『保育における援助の方法』萌文書林　2010年
網野武博・無藤隆・増田まゆみ・柏女霊峰『これからの保育者にもとめられること』ひかりのくに　2006年
あんず保育園編『きのうのつづき』新評論　2012年　p.172
盛岡大学附属松園幼稚園「教育課程　9月のねらい」2013年
神蔵幸子・宮川萬寿美編著『生活事例からはじめる保育内容総論』青踏社　2014年
河邉貴子『遊びを中心とした保育』萌文書林　2012年
田尻由美子・無藤隆編著『子どもと環境』同文書院　2012年
武元英夫・一條孝夫・佐藤悦朗・佐藤昭彦・井上孝之・毛利美和・大久保とし・熊谷恭子・山﨑敦子・平澤和嘉子・白石敏行「一人一人の育つ力を支える保育をめざして」『宮城教育大学附属幼稚園研究紀要』44集　2000年
塚本美知子編著『子ども理解と保育実践』萌文書林　2013年

・事例提供　盛岡大学附属松園幼稚園

第4章 子どもの育ちと保育内容

子どもと関わるために知っておきたいことは…

　保育とは、保育者が子どもの育ちに寄り添うことをきっかけとして相互の信頼関係が築かれ、その上に子どものもつ可能性が開花していく営みである。では、「子どもの育ち」とは一体どのようなものなのだろうか。そしてその特徴を大切にする保育内容を、どのように考えていけばよいのだろう。

| 第4章 | 子どもの育ちと保育内容

第1節 子どもの育ちとは －乳幼児期の発達の特徴－

　保育を実践するためには、保育者と子どもとの相互の信頼関係が欠かせない。その信頼関係を築くきっかけは、保育者が「子どもの育ち」に寄り添うことである。したがって、「子どもの育ち」とはどのようなものなのかを知ることで、保育の根本にある子どもと保育者の相互の信頼関係を築くことができるようになるだろう。

1 発達とは

　「子どもの育ち」を含む言葉に「発達」がある。このため子どもの育ちを理解するには、まず「発達」という言葉を理解するとよい。辞書によると「発達」は「（人のからだ・精神などが）成長して、より完全な形に近づくこと」とされる[1]。では、人間の完全な形とは何なのだろうか。

　例として、野球というスポーツを考えてみよう。「野球で活躍している人」というと、一般的には第一に選手のことを想像するだろう。しかし、球が速い、力強く鋭いスイングをするなどの運動能力が優れた人だけで野球ができるわけではない。審判、監督など、試合進行や選手の育成、戦略に関する詳しい知識や観察力をもつ人もまた、野球というスポーツを支えている。それぞれの役割と必要な能力には違いがあり、だからこそさまざまな人がかかわって野球という1つのスポーツが成立するのである。

　私たちがかかわる社会もまた同じである。バリバリ働く人、てきぱき家事をこなす人だけで社会が動いているわけではない。多くの経験にもとづいた観察力で今の世のなかを淡々と整理する人もいれば、ゆったりと誰かの生活に寄り添う人もいる。ある一定の人間の完全な形があるのか、と考えると、どうもそう単純には言い切れないようだ[*1]。

*1
　そこで発達について専門的に考える発達心理学者からは、もっと広い視野と長い期間で発達を考えよう、という提案がなされた[2]。この考えにもとづく発達を「生涯発達」という。かつて無力で受け身なものと考えられていた新生児が多様な力をもっていることや、加齢とともにさまざまな能力が低下すると考えられていた年齢であっても伸び続ける力があることなどが明らかになったことから生じたものである。
　この考えによると、発達とは「受精から死に至るまでの経過に伴う変化の過程全体」を意味する。
　生涯発達を提唱した代表者としてエリクソン（E.H. Erikson）らがいる。詳しくはエリクソン著（村瀬孝雄、近藤邦夫訳）『ライフサイクル、その完結』（みすず書房、1989年）。

*2
　これらの発達の原則は、心理学者のウェルナー（H. Werner）が提唱したものにおおむね基づいている。ここで紹介した原則についてもう一歩詳しく知りたい場合、井戸ゆかり編著『保育の心理学Ⅰ』（萌文書林、2012年）を参照するとよい。

*3
　はじめに、「人間の発達はすべて遺伝によって決まる」と考えたゲゼル（A.L. Gesell）らによる成熟説と、逆に「人間の発達は環境によって決まる」と考えたワトソン（J. Watson）の環境説があった。その後、シュテルン（W. Stern）が「遺伝的素養と環境要因とが足し算的に合わさった結果として発達がみられる」という輻輳説を唱え、ジェンセン（A.R. Jensen）が相互作用説を唱えるに至った。

*4
　なお、この環境には家族、保育者や友だちなどの他者を含む。

*5
　「社会的隔離児」とは、乳幼児期に人との接触をほとんどもたず、社会的関係から隔離されて育った子どものことである。社会的隔離児は、保護された段階で同様の年齢の子どもと比べ全体的な発達の遅れがみられた。アメリカでは「ジェニー」、日本ではお茶の水女子大学の藤永・内田らによる「FとG」の事例が有名である。

　したがって、私たちは保育者として、子どもたち一人一人の違いを無価値なものとして切り捨てたり否定したりするのではなく、意味あるものとして理解し、受け止めることが大切である。そして、子ども一人一人がみせる姿にこれまでの積み重ねを読み取り、これからの子どもたちの日々の生活や将来出会う人たちとの暮らしへのつながりに思いを馳せながら、子どもたちとかかわり、向き合い、導くことが求められる。

2　発達の原則[*2]

　発達とはどのような変化なのだろうか。ここではいくつかある発達の基本的なルールのなかでも代表的な6つを取り上げる[3)][4)]。

① 個人と環境との相互作用[*3]

　第1に、発達は個人と周囲の環境[*4]とが互いに影響を与え合いながら展開される、という原則がある。

　まず人間は生まれ育つ環境のなかで、その環境に応じて変わることがある。社会的隔離児の育ち[*5]がそうではない環境に置かれた子どもたちの育ちと異なるものだったことは、発達が環境の影響を受けていることを示しており、発達の一面である[5)]。

　では、与えられた環境によって発達の仕方が完全に決められるかというと、そうともいえない。同じ園の同じクラス、同じ保育者の保育を受けていても、子どもたちは日々それぞれの遊びをし、各自の経験を通じて学び育っていく。新たに抱いた願いにもとづいて環境を変えようと働きかけ新たな環境をつくり出すこともあり、これもまた発達の一面である。

② 分化と統合

　第2に、発達は分化と統合の繰り返しによってなされる、という原則がある。新生児期は泣く、眠るなどの少ない種類の表現にさまざまな欲求がまとめられており、未分化である。しかし視聴覚、手指などの機能の充実とともに、さまざまな表現へと分化していく。たとえば、指をすべて一緒に動かすことしかできずどんなものでも「わしづかみ」していたのが、各指をバラバラに動かせるようになり「対象に応じたつまみ方」ができるように分化する。一方で統合とは、分化していた機能が組み合わされて新たな機能として獲得されることである。たとえば「つまむ」と「ずらす」を組み合わせることで「ひねる」が可能になり、さらに「押す」を組み合わせて「ドアを開け

る」という行動を身につける。「今」という一時点の行動一つ一つに、多くの過去と、多様な未来が秘められているのである。

③ 方向性[*6]

第3に、特に運動にかかわる発達において、体の中心から先の方へ、という一定の方向性で変化が進んでいく、という原則がある。乳児の発達はまず脳や視聴覚機能などの頭部からはじまり、やがて首がすわる。そこから座位保持、ハイハイ、つかまり立ち、歩くなど、上肢から下肢に向かって発達していく。また、心肺・消化機能などの胸・腹部の発達から、体をねじる（体幹の運動）、腕全体を動かす、手全体を動かす、指をバラバラに使えるようになるなど、体の中心（体幹）から指先（末端）へと発達が進んでいく（図4－1）。

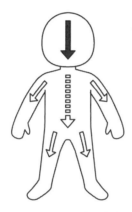

図4－1　発達の方向性

④ 順序性[*7]

第4に、発達にはある程度の順序がある、という原則がある。発達の速度には個人差があるものの、その順序には共通のものがあり、多くの人はその順序にしたがって変化していく。これは、たとえば発語の発達が、「喃語→一語文→二語文→多語文」という順序で現れることからもみて取れる。

ただしこの順序はあくまでも大まかな発達の目安に関するものであり、細かな行動のレベルでは順序性が崩れてみえる場合もある。また、すべての人に必ず順序どおりの発達がみられるわけではなく、特に自閉スペクトラム症[*8]をもつ子どもの場合、一般的な順序性と異なる場合がある。

⑤ 連続性[*9]

第5に、発達は過去と未来とつながった（連続性がある）ものとして展開

[*6] ヴィンセント(E.L. Vincent)や前述のウェルナーは「頭部から尾部」「中心から周辺」という方向性で変化が進んでいくことを指摘している。

[*7] これについては、後述する発達段階説（65ページ）に関する文章を参考にするとよい。

[*8] 自閉症、高機能自閉症、アスペルガー症候群、広汎性発達障害などをそれぞれ別々に考えるのではなく、これらは境界があいまいな状態で連続したものとして、「自閉スペクトラム症（Autistic Spectrum Disorder : ASD）」というより広義の概念でとらえられるようになってきている。①他者との社会的関係の形成の困難さ、②言葉の発達の遅れ、③興味や関心が狭く特定のものにこだわる、という三つの特徴が共通してみられる。なお、Autistic Spectrum Disorder の訳語は現時点では定まっていない。

[*9] 前述のエリクソンは、人の考え方や行動が、幼児期の体験を根底としてその後の人生での経験が積み重なっていくなかで徐々に変化していくことを指して「漸成的発達」と述べている。これは、環境のさまざまな条件の影響を受けながら漸次（ぜんじ＝しだいにという意味）形成されていくことで、人の考え方や行動が生まれながらにして決まっているわけでないことを意味する。

される、という原則がある。発達は胎児期から老年期まで、なだらかに続く道のように、決して途切れることなく続く。これまでの発達の過程が現在の姿や行動に影響を与えるとともに、現在の経験が将来の発達に影響を与えていくのである。このため発達の過程の現れ方は、その人なりのペースと内容になっていく。

⑥ 個人差[*10]

最後に、発達には個人差がある、という原則がある。

ここでいう個人差には2つの種類がある。1つは先ほど述べた「その人なりのペース」のように他者との比較により明らかになる違いであり、「個人間差」という。たとえば、同じ月齢の子どもであっても言葉遣いや運動能力が全員同じなわけではないし、同じ親から生まれたきょうだいであっても、上の子は言葉による表現の発達がゆっくりであったのに、下の子は早かった、等の違いがみられることがある。

もう1つの個人差は、一人の人間のなかの得意・不得意のばらつきであり、「個人内差」という。たとえば、物知りでクイズなら非常に得意な一方で友だちの気持ちを察するのが難しく対人トラブルが絶えない、といったばらつきがみられることがある。

以上の発達の基本的なルールを踏まえて、保育所保育指針には、乳児・1歳以上3歳未満児・3歳以上児の3つの区分が示されており、それぞれの時期の発達上の特徴が記載されている（保育所保育指針 第2章）。そしてその特徴を踏まえた取り組みとして、保育のねらい、および内容や、実施上の配慮事項が整理されている。このことから、個人差のある子ども一人一人の育ち（発達）を理解することが、保育の根本にあると言える。

3 │ 発達観

ここまで、発達の全体像と原則について学んできた。ここからは保育を営む基盤となる発達観、「発達をどのようなものとして理解するか」について学ぶ。ここでは代表的な発達観を2つ紹介しよう。

① 発達段階説[*11]

発達という人生全般にわたる変化のなかで、人が社会生活を営む[*12]には人生のそれぞれの時期に乗り越えるべき課題、つまり発達課題がある、とい

[*10] この個人間差や個人内差については、知能検査や発達検査について学ぶとよりよく理解できる。これらの検査の結果から得られるIQ（知能指数）やDQ（発達指数）は、同年齢の平均的な力との比較により定まるが、IQやDQだけではなく、個人内の得意・不得意のばらつきも検査によって示唆が得られる。重野純編著『キーワードコレクション 心理学』（新曜社、1994年）や、願興寺礼子・吉住隆弘編著『心理検査の実施の初歩（心理学基礎演習）』（ナカニシヤ出版、2011年）を参考にするとよい。

[*11] この説を唱えた人物として、前述のエリクソンや、ハヴィガースト（R.J. Havighurst）が有名である。詳しくは小野寺敦子著『手にとるように発達心理学がわかる本』（かんき出版、2009年）の「心理社会的発達理論」「発達課題」の箇所を参照するとよい。

[*12] 多様な他者とかかわり合いながらそれぞれの役割を果たし、次の世代の育成を行う、という意味である。

う発達観がある。このような考えを発達段階説という[6]。

こうした発達段階説にもとづく発達の理解により、時期に応じた発達の現れや順序について目安が得られる。この点で、保育の計画的な実践には有用である。また、先の見通しがあることで現在の子どもとのかかわりを急ぎ過ぎずに済み、乳幼児期ならではの過ごし方を大切にする際にも役立つ。しかし、このような目安をいつでも誰にでも当てはめようとすると、発達の個人差や、子ども一人一人に固有の経験の意味などを、軽視する可能性がある。

② **関係発達論** *13

保育は生活のなかで行われるものであるため、個人差や子どもたちに固有の経験を大切にすることは非常に重要である。とはいえ、子どもの個人差や個別性を重視しすぎると、保育を振り返る際に子ども個人の能力を理由にして場当たり的な保育を生むサイクルに陥りやすく、見通しをもった計画的な保育につなげづらい。

これについて、発達段階説や個人差を重視すべきという考え方は、いずれも「保育者は育てるもの」、「子どもは育てられるもの」として固定された関係性のなかで発達を理解しているのではないか、とする意見がある。そのような固定された関係性を超えて、人は周囲の人と相互に影響を与え合いながら発達していく、という考えが生じてきた。このような発達観を関係発達論という[7]。保育者は、かつて子どもであり今は大人として保育を行う存在である。子どもは、将来育てる側に立つだろう存在である。この両者が互いにかかわり合うなかで、お互いの発達が展開されていく、という考えである。

この考えを基盤に据えると、保育者に求められる振る舞いとして以下の2点が挙げられる。1点目は、発達の原則や目安に関する確かな知識をもとに、家族、友人、その他の環境などの背景、これまでの文脈を踏まえながら子どもの今の姿を理解していくことである。そして2点目として、保育者自身が発達の過程にあることを自覚し、完璧な存在ではなく変化しつつある人間として、同様に生きている子どもとかかわり合うことである。

*13
詳しくは鯨岡峻著『関係発達論の展開―初期「こども-養育者」関係の発達的変容』(ミネルヴァ書房、1999年)を読んでみるとよい。

第2節 乳幼児期の発達の特徴

ここまで、発達という言葉をより深く理解することを通じて保育者の基本姿勢について考えてきた。ここからは、保育のかかわる中核的時期である乳幼児期の発達について整理していこう。

1 乳幼児期全般の特徴

これまでに発達心理学の研究者や保育の実践者らが子どもたちの育ちを丹念に見つめ分析するなかで乳幼児期の発達のさまざまな目安が得られており、それを踏まえつつ、乳幼児期全般における発達の現れを表4－1（p.68, 69）に示す。なお、より詳細な乳幼児期の発達の目安と適切な過ごし方については第6章から第11章で年齢別に解説する。

① 乳幼児期前半（3歳未満）の特徴

この時期はことわざにも「三つ子の魂百まで」と言われるように、その後の経験や学習の基盤が形成される時期である。特に特定の人物との間に情緒的な絆、愛着を形成することと、自我の芽生えが生じることで、周囲の環境に対する自発的働きかけが可能になり、さまざまな経験ができるようになる。また、基本的生活習慣に関連することとして、この時期に経験する身体感覚がその後の清潔感の基盤となる。

② 乳幼児期後半（3歳から6歳）の特徴

この時期は、周囲の環境、人とかかわり合う経験や遊ぶ経験を通じて、考え方や行動を変化させはじめる時期である。言い換えると、自発性にもとづく体験を通じて学習をし、環境と共存できるよう適応していく時期である。基礎的な体力や手先の器用さ、論理的な思考力、人や環境との関係を調整する力、自制心、生活習慣などの基本的な部分が習得され、次のステージである就学以降の生活を営む基盤がつくられる。

2 乳幼児期の発達の特徴に応じた保育内容に向けて

① 保育における共通のポイント

乳幼児期の発達の流れはおおむね5つの段階を経ている。第1に、アタッチメント（愛着）*14の形成を通じて基本的信頼感を獲得するとともに、自我が芽生える。第2に、この2つ（基本的信頼感と自我の芽ばえ）にもとづいて外の世界に興味をもち、探索活動を行う。第3に、探索活動を通じてさまざまなもの・人と出会い、気持ちの動きとともに適応に向けた試行錯誤を経験する。第4に、環境に応じた適切な対応を学習する。第5に、学習した思考、行動を定着させるとともに、新たな環境との出会いと適応に向かっていく。このようにして子どもは自分なりの世界を広げていく。そしてその過程に保育者も、自己の世界を広げつつあるものとして関わる。

*14
発達心理学の専門用語で、イギリスの児童精神医学者J.ボウルビーが提唱した。乳幼児期に特定の養育者との間に形成される情緒的な絆のことをいう。

② 保育者の役割

　保育者の役割として、第1に、基本的信頼感に向けて、子どもの動きに対して、応答的なかかわりをすることが重要である。特に言葉を用いた表現や理解の途上にある乳幼児とのかかわりでは、言葉だけではなく五感を活かした非言語の手段[*15]を重視するとよい。第2に、子どもが「わくわく」「ドキドキ」する、あるいは発見できるような環境構成が重要である。ただし、子どもが疲弊することの無いよう刺激の量やバランスに配慮することも必要である。第3に、子どもの活動のモデルとなって発見や気づきへと導いたり、子どもの挑戦や試行錯誤を見守ったりするかかわりが重要である。

> ★演習課題 ― ダイアログ
>
> 　あなたの一番古い思い出はどんなことだろう。そのときはどんな気持ちだったのだろう。そして、どうしてそのことを覚えているのか、みんなで対話してみよう。

[*15] 「非言語の手段」とは、たとえば身振り、スキンシップ、表情や視線、声色など、コミュニケーションに用いる言葉・文字以外の手段を指す。別の表現として、言葉によるコミュニケーションを「バーバル・コミュニケーション」、言葉以外によるコミュニケーションを「ノンバーバル・コミュニケーション」という。

●引用文献

1) 山田忠雄・柴田武他編『新明解国語辞典 第七版』三省堂　2012年
2) 柏木惠子『子どもも育つ　大人も育つ　発達の心理学』萌文書林　2012年
3) 麻生武・浜田寿美男編『やわらかアカデミズム・〈わかる〉シリーズ　よくわかる臨床発達心理学［第3版］』ミネルヴァ書房　2008年
4) 井戸ゆかり編著『保育の心理学Ⅰ』萌文書林　2012年
5) 内田伸子著『発達心理学―ことばの獲得と教育―』岩波書店　2002年
6) 沼山博・三浦主博編『新訂 子どもとかかわる人のための心理学　発達心理学、保育の心理学への扉』萌文書林　2013年
7) 南部真理子「虐待を受けた子どもの関係発達論―関係発達臨床から―」『甲南女子大学大学院論集 人間科学研究編』5．2007年 pp.53-65

表4-1 乳幼児期における発達の現れ（※一人一人の子どもに個人差があります）

発達過程の区分	生理・運動	知覚・認知
6か月未満	・原始反射の喪失 ・首のすわり、寝返り 　→自分の意志で体を動かす	・周囲の人やものをじっとみる（注視） ・物音や大人の話し声の方を見る ・目で追う（追視）が全方位に向けてできるようになる
6か月から1歳未満	・座る～這う～つかまり立ち～つたい歩き～ひとり立ち～ひとり歩き（1歳前後） ・ものに手を伸ばす 　→目と手の協応→両手にものを持って打ち合わせる ・指の腹でつまむ	・活発な探索活動 ・目の前からみえなくなったものを探す
1歳から2歳未満	・歩行が安定する 　→行動範囲が拡大する ・指先でつまむ→絵本をめくる ・なぐりがきをする	・周囲の環境にかかわろうとする意欲が高まる ・目の前にない場面や物事を頭のなかでイメージできる
2歳	・基本的な運動機能の発達 　→歩く、走る、跳ぶ、もぐる、ボールを投げる、蹴る ・体を使った遊びを繰り返し行う（戸外を走り回る） ・指先の機能の発達 　→紙をちぎる、貼る、クレヨンで縦線・横線を描く	・探索意欲が増す ・自分がしたいことに集中するようになる ・象徴機能が高まる 　→見立て遊び、ふり遊びが始まり、大人とのごっこ遊びが始まる
3歳	・基本的な動作が一通りできるようになる 　→押す、引く、転がる、ぶら下がる、またぐ、走っているときに急に止まれる ・十字や丸を描く、糊付け、はさみで切る、ボタンを留める、などができ始める	・知的興味や関心が高まり「なぜ」「どうして」といった質問を盛んにする ・ほかの子どもとイメージを共有して遊ぶ ・日常の経験をごっこ遊びで再現する ・予想、意図、期待をもって行動するようになる
4歳	・全身のバランスを取る能力が高まる 　→片足跳びやスキップができる ・手先を上手に扱えるようになる 　→はさみの上手な使用、砂山・泥団子づくり ・頭足人（胴が無く頭から足の生えている人物像）を描く	・認識力や色彩感覚が発達し、目的をもって試行錯誤する 　→物の特性や扱い方を体得する ・想像力が豊かになる（暗がりやお化けなどへの不安を覚える、想像の世界のなかでごっこ遊びができる） ・異なる二つの行動を同時に行う
5歳	・大人が行う動きの基本ができる ・複雑な協調運動が発達する 　→縄跳び、ボール遊び ・鬼ごっこ、集団遊びを盛んに楽しむ ・手先の器用さが増す 　→紐を結ぶ、雑巾を絞る	・論理的な思考力の芽生え 　→言葉を使って考える ・時間や空間の認識が深まる 　→自分の左右がわかる、子ども同士でも少し先を見通して行動する
6歳	・全身運動が巧みで滑らかになる 　→ボールをつきながら走る、跳び箱、竹馬 ・ほとんど思い通りに手先を動かせる 　→自分のイメージしたように描く、作品をつくり上げる	・思考力と自立心が高まる 　→創意工夫をするようになる ・自意識が高まり、自己の内面への思考が深まる

対人関係・言語	生活習慣
・生理的微笑から社会的微笑 　→感情を訴える泣き方、人に向かう発声 　→喃語で自分の欲求を表現する ・アタッチメント（愛着）の芽生え	・夜間まとまった時間寝るようになる（3か月頃〜）
・特定の大人とのアタッチメント（愛着）の形成 　→人見知り、共同注意、指さしの始まり ・言葉によるコミュニケーションの芽生え 　→言葉の意味理解〜喃語や身振りで欲求を伝達〜始語（1歳頃）	・離乳食の開始（6か月頃） ・離乳（1歳頃） ・離乳食から幼児食へ移行する
・人への興味が高まる 　→他の子どもの真似をするようになる、追いかけっこを楽しめる、おもちゃの取り合いをする 　→自我が芽生え、簡単な言葉で不満や拒否を表現する	・ご飯を自分で食べたがる ・スプーンをもって食べる ・「いただきます」「ごちそうさま」が言える ・一人で服を脱ごうとする
・自我が拡大し、自己主張が増える 　→思い通りにいかないとかんしゃくを起こす。身近な大人や子どもとのやり取りが増える 　→自分の感情のコントロールを学び始める ・発声・発音が明瞭になる、語彙の爆発的な増加 　→遊びのなかで言葉を使うことを楽しむ、二語文で話す 「イヤイヤ期」のはじまり	・コップからこぼさずに飲める ・お茶碗とスプーンを両手に持つ ・「おやすみなさい」「おはようございます」が言える ・排尿・排便の事後報告ができる ・一人で靴を履く
・自我が充実し、自分と他者との関係がわかり始める ・平行遊びをする（ほかの子どもの遊びを模倣する） 　→遊具を仲立ちとして子ども同士でかかわる、遊具の取り合いやけんかを経験 　→順番を守ることを学び始める ・日常生活での言葉のやり取りができる 　→あいさつの自発的使用、一人称の使用	・基本的な生活習慣がある程度自立する 　→お箸を使い始める、最後まで一人で食べられる、排尿・排便を事前予告できる、一人で衣服の着脱ができる、石鹸を使って手を洗う 　→大人の手助けを拒むことが多くなる
・けんかの増加、身近な人の気持ちを察する 　→仲間とのつながりが強くなる、我慢やルールを守ることができ始める、感情が豊かになる ・「だって〜だから」と二つの物事を結びつけながら言葉で表現し始める ・言葉に興味を持ち、人の話を聞いたり話したりする	・お茶碗とお箸を両手にもって食べる ・基本的な生活習慣の自立度が高まる 　→排便する、顔を洗う、髪をとかす、鼻をかむ
・仲間の中の一人という自覚が生まれる 　→お互いに相手を許し、異なる思いや考えを認める 　→他人の役に立つことをうれしく感じる、けんかを解決しようとする ・言葉による伝達や対話ができる 　→経験をみんなに話したり伝え合ったりすることを楽しむ	・基本的な生活習慣の確立 ・大人の指示がなくとも生活の流れを見通し、状況によってとるべき行動が分かる 　→共有物を大切にしたり片づけをしたりする、進んで大人の手伝いをする、年下の子どもの世話をする
・仲間の意思を大切にしようとする ・周りの人の特性や持ち味などに気づく 　→仲間同士の役割分担ができる、協調性を身につける ・周囲の人と相互に意見を述べ合ったりできる ・文字の読み書きの開始	・お箸が正しくもてる ・添い寝がいらなくなり、徐々に昼寝をしなくなる

出典：白石正久著『発達の扉〈上〉』かもがわ出版（1994）、河原紀子監修・著『0歳〜6歳子どもの発達と保育の本』学研教育出版（2011）、田中真介監修『発達がわかれば　子どもが見える−0歳から就学までの目からウロコの保育実践−』ぎょうせい（2009）、井戸ゆかり編著『保育の心理学Ⅰ 実践につなげる、子どもの発達理解』萌文書林（2012）以上を参考に筆者作成

第5章 保育内容の展開

保育者の意図が子どもの遊びや意欲をさらに引き出す

　あなたの園生活で一番楽しかった思い出はどんなことだろう。園庭での遊びだろうか。保育室での活動だろうか。それとも、遠足やお泊り保育だろうか。その頃の友だちや先生について思い出してみよう。

第1節 養護と教育が一体的に展開する保育

　保育には養護と教育の2つの側面がある。養護とは子どもの「生命の保持」及び「情緒の安定」を図るために保育者が行う援助や関わりのことであり、教育とは子どもが健やかに成長し、その活動がより豊かに展開されるための発達の援助のことをいう。保育所における保育は、この養護と教育を一体的に行うことを特性としている。保育所は保育時間が原則8時間と長時間であるうえ、心身の発達が未熟な3歳未満児も保育の対象としている。そのため保育者は教育的な意図をもって子どもの発達の援助を行う際も、一人一人の子どもの心身の健康や安定した生活の実現をめざす養護的な配慮を忘れてはならないのである。

　保育所保育指針には、養護に関わる「ねらい及び内容」が第1章・総則2養護に関する基本的事項に、教育に関わる「ねらい及び内容」が第2章・保育の内容にそれぞれ示されている。教育に関わる「ねらい及び内容」については、保育所保育の対象となる0歳からおおよそ6歳までの子どもの発達過程を考慮して、乳児保育、1歳以上3歳未満児の保育、3歳以上児の保育の3つの時期に分け、それぞれの時期に応じた「ねらい及び内容」が示されている。乳児保育では、身体的発達に関する視点「健やかに伸び伸びと育つ」、社会的発達に関する視点「身近な人と気持ちが通じ合う」、精神的発達に関する視点「身近なものと関わり感性が育つ」の3つの視点から「ねらい及び

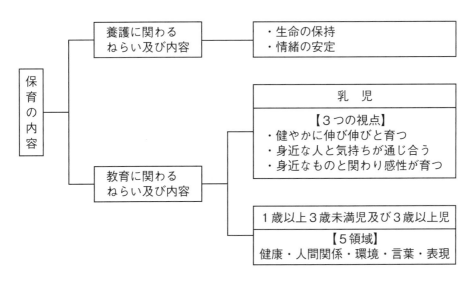

図5-1　保育内容のおおまかな体系

内容」が示され、1歳以上3歳未満児及び3歳以上児の保育では、それぞれに「健康」「人間関係」「環境」「言葉」「表現」の5領域にわたって「ねらい及び内容」が示されている（図5－1）。保育者はこれらの養護と教育に関わる「ねらい及び内容」を踏まえて「養護と教育を一体的に行う保育」に努めなければならないのである。

第2節 環境を通して行う保育

1 環境を通して行う保育とは

　学齢期の児童では、言葉や文字を通した知識の伝達が学習活動の大半を占めている。しかし、言葉や文字を操る能力が未成熟な乳幼児の場合、学齢期の児童と同じ方法で学ぶことはむずかしい。乳幼児期は生きるために必要な心情、意欲、態度を、周囲の環境との関わりを通して体験的に身につける時期である。そこで保育・幼児教育では、保育者が子どもの育ちにとって望ましい環境を遊びや生活の場に整え、子どもがその環境に自ら関わることを通して、乳幼児期にふさわしい体験や心身の健やかな発達が得られるように、間接的に援助する方法がもちいられる。

　これが「環境を通して行う保育」と呼ばれるもので、今日のわが国の保育・幼児教育の基本的な方法に位置づけられている*1。

2 保育の環境

　環境を通して行う保育の「環境」とは、どのようなものを指すのだろうか。保育所保育指針の第1章総則では「保育の環境には、保育士等や子どもなどの人的環境、施設や遊具などの物的環境、更には自然や社会の事象などがある」と述べられている。これらをさらに具体的にいうと、「人的環境」に含まれるものとして、ほかの子どもの存在、クラスやグループの人間関係、保育者の存在と援助、地域の人々との関わりなどがあり、「物的環境」に含まれるものとしては、園舎や園庭の構造、室内の遊具や備品およびそれらの配置、壁面の飾りつけ、園庭の固定遊具や築山、樹木や草花、園で飼っている生き物、土、シャベルやバケツ等の用具といったものがある。さらにこれらに加えて、園舎や室内の雰囲気、季節感、天候の変化、地域の行事、社会の流行といったものも保育の環境に含まれる（図5－2）。保育者は、これら

*1
・保育所保育指針 第1章総則 1保育所保育に関する基本原則 (3)保育の方法イ及びオ
「イ　子どもの生活のリズムを大切にし、健康、安全で情緒の安定した生活ができる環境や、自己を十分に発揮できる環境を整えること。
　オ　子どもが自発的・意欲的に関われるような環境を構成し、子どもの主体的な活動や子ども相互の関わりを大切にすること(後略)」。
・幼稚園教育要領 第1章総則 第1 幼稚園教育の基本
「幼児期の教育は、生涯にわたる人格形成の基礎を培う重要なものであり、幼稚園教育は、（中略）幼児期の特性を踏まえ、環境を通して行うものであることを基本とする」。

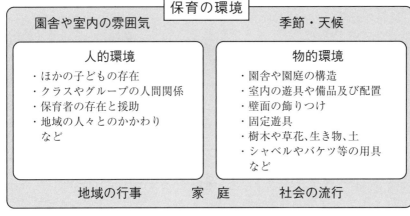

図5-2　保育の環境の例

の環境の要素が相互に関連しあい、子どもの生活が豊かなものとなるように、計画的に保育の環境を構成し、子どもの養護と教育を行うのである。

3 ｜ 環境構成

　環境構成とは、上記のことを踏まえて、月案や日案などの保育の計画に掲げられた「ねらい」の達成をめざして環境を整えることをいう。保育所保育指針では、保育者が環境構成を行う際の留意点として、次の4つをあげている。

第1章　総則　1　保育所保育に関する基本原則　（4）保育の環境

ア　子ども自らが環境に関わり、自発的に活動し、様々な経験を積んでいくことができるよう配慮すること。

イ　子どもの活動が豊かに展開されるよう、保育所の設備や環境を整え、保育所の保健的環境や安全の確保などに努めること。

ウ　保育室は、温かな親しみとくつろぎの場となるとともに、生き生きと活動できる場となるように配慮すること。

エ　子どもが人と関わる力を育てていくため、子ども自らが周囲の子どもや大人と関わっていくことができる環境を整えること。

　こうした保育の環境を実現するために、保育者は日々の保育の中で一人一人の子どもの発達や欲求、興味の対象等を把握（子ども理解）しながら、子どもが発達に応じて豊かな体験が積めるように環境構成を工夫し続けなければならない。また環境構成においても、子どもの「生命の保持」及び「情緒

の安定」を図る養護の視点を忘れてはならない。加えて忘れてはならないのは、保育者の存在と援助も保育の環境に含まれるということである。子どもが「生き生きと活動できる場」や、「子ども自らが周囲の子どもや大人と関わっていくことができる環境を整える」には、物的な保育の環境を整えることと合わせて、保育者による言葉がけや人間関係の仲立ちといった教育的な援助が重要な役割を果たすのである。

第3節 遊びによる総合的な保育

　保育における重要なことは、遊びを通した総合的な保育の重視である。幼稚園教育要領の「第1章 総則 第1幼稚園教育の基本の2」には、次のように書かれている。

> 　幼児の自発的な活動としての遊びは、心身の調和のとれた発達の基礎を培う重要な学習であることを考慮して、遊びを通しての指導を中心として第2章に示すねらいが総合的に達成されるようにすること。

　さらに、幼稚園教育の基本の3では、「幼児の発達は、心身の諸側面が相互に関連し合い、多様な経過をたどって成し遂げられるものであること」とある。また、保育所保育指針には、「第1章 総則 1保育所保育に関する基本原則 (3) 保育の方法 オ」に次のように示されている。

> 　子どもが自発的、意欲的に関われるような環境を構成し、子どもの主体的な活動や子ども相互の関わりを大切にすること。特に、乳幼児期にふさわしい体験が得られるように、生活や遊びを通して総合的に保育すること。

　遊びによる総合的な保育とは具体的にはどのようなことであろうか。たとえば、5歳児の忍者ごっこの場面を考えてみよう。子どもたちは、忍者ごっこが大好きである。一本橋を足早に「ササザ」と渡る。床に貼った一本のテープの上を「ツツツ」とつま先で足早に走り抜ける。手裏剣を「シュシュシュ」と機敏に手を動かして投げる。足や手を早く動かした

忍者ごっこの修業中

第5章　保育内容の展開

り、身をかがめたり、伸ばしたりジャンプをしたり、飛び降りたりと体を思いっきり動かして遊ぶ。まさに領域「健康」の経験が含まれていることがわかる。

また、忍者になりきるために自分で服をつくって身につけたり、紙でつくった道具で戦ったりして領域「表現」の経験

砂場でお料理

をたくさんしている。遊ぶ場所は、室内のほかに園庭の木や植物、池、築山などの周辺のこともある。遊びながら身近な自然に親しむ中で、領域「環境」に関する経験をしている。友だち同士で話し合いながら（領域「言葉」）、「今度はこんな術を使おう」「いいね。やろう、やろう」とか「入れて」「いいよ」などとやり取りをして、領域「人間関係」にかかわる内容の経験もしている。

第4節　子どもの主体性を尊重する保育

このように、子どもたちは、遊びを通して総合的に学んでいく。遊びは子どもが自ら進んで取り組むため、主体的で意欲的なことから、経験して身についていくものも大きい。1つの領域のみを取り出して、そこを集中して子どもに行わせるのは本来の姿ではなく、楽しさに欠けることを無理に実施するようなことにならないように十分留意する必要がある。ただし、ここで気をつけたいことは、子どもの主体性を尊重するのは当然であるが、だからといって環境構成の工夫もなく、子どもからのアイデアを待つだけでは豊かな遊びを展開することにはならないということである。つまり、自由と放任をはき違えないことが肝心である。

第5節　生活や発達の連続性に考慮した保育

保育者はともすると、子どもの1日は、園に来たところからがスタートのように感じてしまいがちである。だが、当然ながら子どもの生活は子どもの立場になってみるとずっと連続していて途切れることはない。家庭から園生活へ、園生活から家庭へと場は変化しても生活は連続していく。子どもは、いろいろな状況の家庭から環境も雰囲気も異なる集団生活のなかに入っていく。だからこそ、保育者は、朝の登園時の子どもの受け入れと降園時の子ど

もの受け渡しを大切にしたい。保育者は、一人一人の表情や健康状態を丁寧にみながら声をかけ、温かく迎え入れるようにする。一方、降園時は、たくさんの友だちと遊んだ楽しい園生活の1日を終え、さまざまな状況の家庭へと帰っていくので、安全の意味においても、落ち着いた雰囲気で降園時の活動を行うよう心がけ、園の様子を保護者に伝えながら一人一人を確実に渡していくようにする。

園生活における1日も、子どもにとっては生活として連続していく。遊びも片づけもトイレに行ったりみんなで歌を歌ったりすることも1日の生活として連続していく。一つのことを取り上げ過ぎて生活のリズムを大きく崩さないことが重要である。たとえば、運動会が近づく頃、練習と称してそれに大半の時間を費やしたりすることのないよう、動と静のバランスをとっていきたい。普段とは異なった晴れやかな日を行事として体験することは、心に残る大切なことではあるが、子どもの生活に無理のないような計画を立てていく配慮を忘れてはならない。

また、遊びについては、3歳児は興味・関心が毎日のように変化していくことが多いが、年中児になると翌日へと遊びが発展していくことが多くなる。さらに、年長児になっていくと友だちと工夫をしたりイメージをふくらませたりしながら、数日から1～2週間遊びを発展させて楽しむことができるようになる。したがって、遊びの場を残して翌日につなげ、遊びが継続できるようにし、子どもたちの意欲や創造性を伸ばしていけるようにしたい。保育者側の都合で、毎日遊びの場をすべて片づけてしまい、翌日は始めから遊びをやり直す、といったことのないようにしたいものである。

子どもの発達は、当然連続していく。それに対して、園における指導計画を考える際には、機械的に月や年で区切ってしまうことが多いのではないだろうか。しかし、年度の切れ目が、発達の切れ目ではない。子どもたちの発達を個と集団の両面から丁寧に見取っていけば、発達の変化の時期をとらえることができ、子どもの育ちを考えた教育課程・全体的な計画、指導計画を作成することができるであろう。そして、幼児期のみでなく、小学校への発達の連続性も忘れてはならない。園における教育が終わればそれで終了ではなく、発達は連続して小学校1年生へと続いていく。子どもにとっては、3月31日から4月1日になったからといって、全く違う発達を迎えるわけではない。また、一人一人の発達の違いも抱えながら小学校へと移っていく時期でもある。そのことをよく考慮して、幼

遊びの場を残して、また明日

保小で丁寧に連携・接続していくことが、子どもの連続して発達する姿を大切にしていくことにつながるのである。

第6節 家庭・地域・小学校との連携をふまえた保育

　幼稚園や保育所はそれのみで成り立っていくことはできないと言っても過言ではない。核家族化・少子化のなか、人とのかかわりが少なくなりがちな現代においては、家庭・地域との連携が大切である。また、発達の連続性を重視する観点などからも、小学校との連携は一層重要である。

1　家庭との連携

　子どもの豊かな成長のためには、園と家庭との連携は欠かすことができない。なかでも健康面は重要となる。特に生命にかかわるような、アレルギー関係は家庭との情報交換が常に必要となる。魚やそばなどで一口でもアナフィラキシーの症状を引き起こす場合は深刻であり、担任のみならず園の全教職員が把握していなければならない。おやつや給食を取り入れている場合は、献立表や成分表などを事前に保護者に連絡をしておき、対応を考えなければならない。

きれいに洗えるよ

　また、生活リズム・睡眠・食事・排泄・着脱衣など基本的生活習慣は、園と家庭が情報を交換・共有をしながら育んでいくことが大切である。このことは十分にわかっていることではあるが、案外日々の生活に追われると園も家庭も、つい現状に流されてしまいがちで、ふり返ったり改善をしようとする努力ができにくかったりする。しかし、実はこの生活習慣こそが生涯にわたって人格形成がなされるなかで、あるいは人生を豊かに生き抜いていくなかで"要（かなめ）"となっていくことなのである。そのことを心して園や保育者の方から積極的に、生活習慣の重要性を家庭に伝えていくことが求められる。

　園の教育方針と日々の保育のあり方を保護者に十分理解してもらうことも大切である。入園を希望する段階から、ホームページや入園説明会などで園の教育方針や具体的な教職員の人員構成・学級編制、施設設備、自然環境、小学校との連携、地域とのかかわりなどをわかりやすく周知していくことは、入園後の園生活をスムーズに豊かに進めていくことにつながる。特に、遊び

を大切にしていくことが重要であり、遊びに込められた園のねらいや願いを保育参観や保育参加、保護者会や個人面接・教育相談、園だより・クラスだより、個人ノートなどを活用してしっかりと具体的に保護者に伝えていかなければならない。子どもの

1日の出来事を保護者に伝える

作品や演技の出来映えより、遊びのプロセスのなかでいかに子どもが試行錯誤し創意工夫したか、友だちとの刺激のし合いや認め合いがいかに子どもをより豊かに成長させていくのかなどを保護者に繰り返し伝えていくことが大事である。

　子ども同士のけんかやトラブルに関しては、家庭への連絡が重要である。けんかは保育者がそのプロセスを見守り、的確なかかわりをしていくが、保育者がみていない時のけんかの場合は慎重にかかわっていくようにすることが大切である。さらに、内容によっては保護者に緊急に連絡をするが、それ以外でもその日のうちに保護者に話をして、誠意ある態度でかかわっていくことが大切である。けがをしている場合は適切な処置をし、けがをした経過を丁寧に説明し、その後も家庭で様子をみてもらうように伝える。園と家庭が連携して子どもを見守っていくことで、保護者の信頼も得ることができるであろう。

　幼児期にふさわしい生活とは何かを園全体で共通理解をしたうえで、家庭にも確実に理解してもらい、園と家庭で協力して子どもの園生活を安定させていく。このことが子どもの安定につながり、さらに豊かな成長につながるのである。

　また、日本語の理解が困難な外国籍の親子に対しての配慮も大切である。園要覧や手紙類を外国語に訳したり、外国語に堪能な保護者やALT（外国語指導助手）等の協力を得たりする努力も惜しんではならない。これから国際社会のなかで心優しく力強く生きていく子どもたちの未来を見通した手立てや支えを、積極的に園が工夫していくべきであろう。

　育児にかかわる保護者は喜びの一方で悩むことも多く、わが子が集団生活に入ることで多様な不安をもつ。園としては、保護者の表情や子どもの不安定さなどに常に気をつけていくことが大切である。変化が感じられた場合は、さりげなく声をかけていくなどからはじめて、信頼関係をつくりながら、話をよく聴き一人で抱え込ませないようにし、園と家庭で一緒に解決の糸口をみつけていくようにしたい。できるだけ日常から信頼関係を築いておくことで、保護者の不安を大きくしないようにしていきたい。

2 ｜ 地域との連携

　幼稚園や保育所は、まず、「地域のなかにいさせていただくことに感謝して地域とかかわっていく」という姿勢が大切であろう。そして、園が何を目指し、何を行っていくのかを地域の人々に伝える努力をすることである。園の教育方針が地域に伝わることで、親しみもわき、協力したいと思う気持ちも出てくるだろう。

自然のなかの園庭

　地域に子どもたちが野原や公園などで遊ぶ元気な声がたくさん聞かれた時代は、とりわけ園と地域のかかわりを意識しなくても豊かなつながりが自然に存在したかもしれない。しかし、少子化、都市化、核家族化が進み、子どもたちの人とのかかわりも希薄にならざるをえなかった。だからこそ今、地域とのかかわり方を工夫し、子どもたちにとってより豊かなかかわりをもたらすようにしていく努力が必要なのである。具体的には、園から地域に出て行ってさまざまな環境にかかわっていくことと、地域環境を園のなかに取り込んでいくことの両面から考えていくことができる。

① 地域に出かけよう

　地域に出かける前に保育者が押さえておきたいことを具体的に挙げてみる。
- 保育者自身が地域に親しみをもつ。
- 地域に何があり、子どもにとって興味深いものは何かなどを調べる。
- 実際に地域を回って下調べをする。
- 危険なところはないか確認をする（交通事情、不審者対策）。

例：郵便局、スーパーマーケット、消防署、交番、美術館、図書館、博物館、水族館、動物園、自然など。

大きな木のまわりで

② 地域の環境を園に取り込もう

地域には、調べてみるといろいろな人々が住んでいることがわかる。

花づくりが得意な人、竹とんぼなどの手づくりおもちゃが得意な人、ボランティアで読み聞かせをしている人、草花や虫の名前に詳しい人、サツマイモやジャガイモをつくっている農家の人、料理が得意で近所の方々を集めて教えている人など、実にさまざまな人々が地域には生活している。

これらの人々との交流が少しずつ自然にできていけば、やがて園にも来ていただいて子どもたちの生活をともに豊かにしてくれることがあるであろう。一方的にお任せして教えてもらうのではなく、地域にはいろいろな人々が暮らしていることに気づくとともに、その方々への尊敬と感謝の念を忘れないことを、体験を通して、自然に実感していくことが大切である。やがて子どもたちが大人になった時に、今度は自分たちが地域に少しでも役立っていこうという気持ちがふくらみ、地域の人々と協働していくことを学んでいくことであろう。

また、地域の環境には、前述したようなさまざまな施設や豊かな自然環境などがある。それらに出かけていってかかわるのみではなく、そこで体験したことを園にもち帰って、より深めていくことで確かな経験としていける。

3　小学校との連携　—できることから一歩ずつ—

幼稚園・保育所・小学校との連携というと、やらなければならないとの思いが先に立って義務感で進めてしまうことがあるかもしれない。しかし、連携をしていくことの必要性を感じ、納得をしたうえで交流や連携をしていくことがまずは大切なことである。日々の忙しさはどの学校・園も同様であろう。しかし、各々の状況のなかで、それぞれができることから一歩ずつ進めていけばよいのである。そこから糸口が見出せて、連携に対する興味・関心が生まれ、次第に連携の仕方を創意工夫していくようになるであろう。

① 事前打ち合わせ、共通理解を十分にしたうえで子ども同士の交流を

交流は、いきなり幼児・児童を活動させればよいというのではない。子どもたちが自主的にかかわる場合でも、無計画に交流をしたのでは、成果が薄いだけでなく、危険を伴うこともある。子ども同士のびのびとかかわれるようにするためにも、大人たちの事前の共通理解や打ち合わせが必要である。むしろそれらの時間の方を交流時間より多く取るくらいの考えで取り組んでほしい。

② 交流後の反省・評価を幼小で一緒に

活動の後は、必ず反省と評価を行い、次の活動をよりよいものにしていく。その際、できれば幼保小で一緒に協議して、疑問点などを率直に出し合って解決させたり、情報を交換したりして共通理解をしておくことが大切である。

③ 保育者・教師間の研修、話し合いが重要

まずは、年長児の担任と小学校の担任数人とで、短い時間で話し合うことから始めるのもいい。現在の子どもたちの様子を伝え合うことからスタートして、困っていること、おもしろいと思ったことなどをざっくばらんに話していく。そうすることで、それぞれの考えの違いや共通点などがみえてくるだろう。そういうなかで、やがて1年生の担任だけではなく、他学年の教員も関心をもっていくであろう。教員が、他者からの強制ではなく、自分から学ぼうとするところに成果がある。

④ 子ども同士の交流は日常的に少しずつ

子ども同士の交流においては、その園がおかれている状況にもよるが、できるだけ日常の生活に近い形で交流がなされるとよいであろう。学年全部、あるいは全校挙げての交流などもあるが、もっと素朴に小学校の長めの休み時間を活用して幼保小の子どもたちが思い思いに遊んでみるのもよい。

高校生のおねえさんと一緒に

そのなかでこま回しをみたりすれば、幼児から「教えて！」という要求が出てくることもあるし、小学生がわかりやすく教えたり一緒に遊んだりすることで、やがて競争に発展することもあるかもしれない。こま回しや鉄棒、縄跳びなどを小学生がみごとに行う姿をみて、幼児たちはあこがれをもち、小学校に行くことに期待をもつであろう。また、小学生は幼児と遊ぶなかで、年下の子どもに対して思いやりの心をもつようになることもある。少子化で失われがちな、子ども同士の自然な交流を深めることは、人とのかかわりにおいてとても重要なこととなる。

⑤ 保護者同士の連携も

子どもが幼稚園や保育所から小学校に進学することは、保護者にとっては喜びでもあり不安でもある。現在、少子化や都市化などによる地域の教育力の減少や、保護者同士のかかわりの希薄さがみられる。少しでも不安を解消

し、安心して子育てができるようになるために、幼保小の保護者同士の連携が大切になる。連携の機会や場をつくっていくのは、幼稚園、保育所、小学校の現代の役目の一つと考えて、保護者と共に積極的に進めてほしい。そして、保護者の精神的安定が、やがて子どもの安心感につながり、健やかな成長をもたらすことにつながっていくであろう。

★演習課題 ― ダイアログ

　「シャボン玉」と聞いて想像するのはどんな道具だろう。気温の高い天気のよい日に「シャボン玉」遊びを展開するとしたら、どのような遊びが想像できるか、みんなで対話してみよう。

第6章 0歳児の保育内容

生後4か月の赤ちゃん。応答してくれる大人に笑いかける

　0歳児は生まれながらにさまざまな能力をもち、発達とともにできることの質が変化していく。著しく発達する0歳児の健やかな育ちを支えるには、どのような視点をもち関わるとよいのだろうか。

第1節　0歳児の発達の特徴・子どもの姿

生後1か月の赤ちゃん

生まれたばかりの赤ちゃんを思い浮かべた時に、どんな姿がイメージされるだろうか。泣いていたり寝ていたりすることが多く、何もできない姿が連想されるかもしれない。たしかに、人間の赤ちゃんは、他の哺乳動物と比べて特に未熟な状態で生まれる[*1]。しかし、実際には生まれたばかりでもできることも多々あり、出生から1歳になるまでの間に驚くべきスピードで発達する。もちろん、0歳児でもできることがあるからといって、大人が何もしなくても育つわけではない。やさしげなまなざしや温かく応答的に関わり育ててくれる養育者と、信頼関係を育み情緒的な絆を形成し基盤にすることで、身の回りのものに関心をもち刺激を吸収し学びながら成長していくのである。

[*1] 生物学者のポルトマン（1897－1982）は、鳥類、哺乳類、海産動物を比較研究し、人間の子どもが未熟な状態で生まれることを指摘した。これを「生理的早産」と呼ぶ。ヒトは未熟であるからこそ他の動物にはない可能性を秘めているのである。

1　6か月未満の子どもの発達の特徴・子どもの姿

子どもは胎内から外界へ誕生したことによる大きな環境の変化に体を馴染ませ適応していく。特に6か月未満は身長や体重が急激に増加し、視力や聴覚がめざましく発達し、運動機能や社会性の発達の芽生えがみられる時期である。一人の人間として育っていく子どもたちは本能的に生きようとする力にあふれ、可能性に満ちている。

① 運動面の発達

生後1～2か月には「反射」と呼ばれ、外界への刺激に体が反応して動く力が備わっている（表6－1）。生後4か月までに首がすわり、5か月頃から自分の手を口にもっていったり、目の前のものをつかもうとする姿がみられるようになる。また、個人差があるが寝返りや腹ばいができるようになる。刺激に対して自動的に動いていた姿から、こうして自分の意志で体を動かせるようになる。

② 認知面の発達

視覚と聴覚が著しく発達することで、子どもは自分を取り巻く世界を認識し始める。授乳中に養育者の顔がぼんやりとみえる程度だった視力も、2か月後半になると焦点がしっかりと合うようになる。それによってものをじっ

表6-1　生後にみられる反射の一例

モロー反射	新生児の首を支えて後方に急に動かした時、両手を広げ何かに抱きつこうとする行動。
口唇探索反射	新生児の口唇や頬など指でつついて刺激すると、口を大きく開けてつついた方向に顔を向け口に入れようとする。
吸啜反射	新生児の口中に小指などを入れると、すぐに吸い付き、規則的な吸啜運動がみられる。
把握反射（手・足）	手のひらに触れたものそれを強く握りしめ、なかなか離そうとしない行為。足の裏を刺激すると指を曲げる。
自動歩行（歩行）	わきの下を支えて乳児の足裏が床につくように立たせると、刺激によって歩いているかのように片足ずつ交互に前へ出す。

とみつめたり、動くものを目で追ったりする[*2]。また、周りの物音や大人が話す声に反応して音のする方向をみようとする。

　誕生してから6か月までで、自動的に反応する動きから自分の意志をもって体を動かすように成長し、感情を訴える泣き方に変わったり、声を出すことから大人と視線をあわせて喃語を発するようになったりと、行動の意味が社会的なものに変わっていく。子どものサインに対し大人は生活のなかで応答的に関わっていくことで、情緒的な絆からアタッチメント（愛着）が育まれていく。子どもが特定の大人とアタッチメント（愛着）を形成することは、外界への関心を広げたり、自己を肯定して安心しながら生活できたりと人生を歩むうえで非常に重要なものとなる。子どもが安心してアタッチメント（愛着）を培えるように、やさしいまなざしでほほえんだりやわらかい表情で接したり、抱きしめたりくっついたり、肌に触れる時間をたっぷりととりながら成長や発達を見守ることが大事である。

[*2] 焦点が合うようになり、ものをじっとみつめることを「注視」といい、目でものを追うことを「追視」という。

2　6か月以上の子どもの発達の特徴・子どもの姿

① 体の発達

　生後から6か月までの間に、自分の意志で動く能力を獲得してきたが、6か月以降は体が急激に発達し、人間らしい生活を営むために必要な能力を獲得していく。「座る」「はう」「立つ」などの粗大運動[*3]ができるようになり、より活発に探索活動が行えるようになる。また、手指の扱いも巧みになり、親指を使って手のひら全体に包み込んで握ることや両手から片手でもったり、左右でもちかえたりする。「つまむ」「つかむ」「たたく」「ひっぱる」など[*3]手や指を使い、手にしたものへの関心を探求するような遊びも好むようになる。

[*3] 全身を使う大きな動きを「粗大運動」、手や指先を使う動きを「微細運動」という。

② 認知や社会性の発達

　生後6か月頃になると、「ダアダア」など子音＋母音の繰り返しのある喃語を盛んに発する。外を眺めて喃語を話す子どもに対し、「今日はお天気できもちいいね」「ブーブー（車）があったね」と応答的に声をかけることで気持ちも満たされていく。

　9か月～10か月頃には「三項関係」といい、子どもと他者の二者の関係に加えてものを含めたコミュニケーションが可能になる。これは、子どもと大人と同じものをみているという気づきが子どもに生まれるということである。

　また、大人の顔をみて知っている人か知らない人か区別できるようになり、6か月までの間に芽生えた特定の大人とのアタッチメント（愛着）が強まる。アタッチメント（愛着）を築いた大人とのやり取りや触れ合いを楽しみ、自分の視線や身振り、喃語に対し、受容的で応答的に関わってくれることを喜ぶ。

> **エピソード　0歳児の姿**
>
> 写真のように大人と子どもが同じ対象をみて子どもに気づきが生まれている*4。保育者が対象を示しながら、やわらかい表情で声をかけており、対象をみている子どもは、驚いているようでもありおもしろそうにみているようにもみえる。子どもが対象に関心をもってみていることは十分に伝わってくる。

＊4
　大人と同じもの（対象）をみて子どもに気づきが生まれることを「共同注視」という。じっとみつめることから、ものへの気づきに発展していくと、さらに大人の表情をみて情報を読み取ることができるようになる。表情からも情報を読み取ることができるようになったことを「社会的参照」という。

　養育してくれる大人とアタッチメント（愛着）が形成されると、不安や恐れを抱いた時に安心できる大人に避難してくる。「人見知り」や「場所見知り」がある時期だが、養育者とのアタッチメント（愛着）があることで安心して過ごせる。

0歳児の言葉から

喃語の発達

（生後4か月頃）
「アーアー」（母音）

（生後5～6か月頃）
「ダダダ」「ババババ」
（母音+子音）

（生後6～7か月頃）「マンマン」「バブババ」
（いろいろな音を組み合わせて反復するようになる）

第2節 保育内容のポイント

1 6か月未満の子どもの保育内容のポイント

　2018（平成30）年度に施行された保育所保育指針では、3歳未満児の保育の充実を図るため新たに乳児、1歳以上3歳未満児の保育内容について明記されている。乳児保育は従来の「5領域」で発達をみるには発達が未分化な状況にあることから、「3つの視点」が示され、保育内容の整理・充実を図った（p.34の図2－1、p.35の表2－3参照）。

> 身体的発達に関する視点である「健やかに伸び伸びと育つ」
> 社会的発達に関する視点である「身近な人と気持ちが通じ合う」
> 精神的発達に関する視点である「身近なものと関わり感性が育つ」

　これらは乳児の発達の特徴を踏まえたうえで養護における「生命の保持」「情緒の安定」の保育内容が一体となって展開されるものである。

① 養護のポイント
　6か月未満児にとっては、「生命の保持」「情緒の安定」が特に重要である。
1）生命の保持

　6か月未満児にとって快適に生活できる環境を整え、生理的欲求が十分に満たされるようにする。この時期は体温調節がまだできないため、温度や湿度・風向きを調整し、衣服の着脱によって快適に過ごせるように配慮しよう。室内の環境としては、乳児の表情がはっきりみえるくらいに採光を少し暗くするなど乳児の過ごしやすい環境に整えるとよい。睡眠時は乳幼児突然死症候群（SIDS）[*5]を防ぐため、うつぶせ寝や締めつけのある服を避け、室温を暑めにしすぎないように留意する。抵抗力が弱く疾病に感染し悪化しやすいため、日々の体調観察が重要である。授乳・排泄・睡眠などリズムを把握し、一人一人の子どもにあった生活を整えていきたい。

2）情緒の安定
　生理的な不快を感じると子どもは泣き、大人が気づくきっかけをつくる。

---

*5
乳幼児突然死症候群（SIDS）は原因不明であるが、乳児期に多い。10～15分ごとに子どもが呼吸をしているか確認し記録するなどして未然に防ぐ配慮が必要である。

子どもは、不快さを取り除いて心地よい環境を与えてくれる大人がいることを、授乳や排泄・睡眠などの関わりから感じ取っている。つまり、乳児の生活の一つ一つの営みに、温かく応答的に接することが重要なのである。

たとえば、排泄して「不快」を感じ泣いた時には、「気持ち悪かったね」「きれいにしようね」「さっぱりしたね」等と子どもと視線を合わせて声をかけながらおむつを替える。このように応答的な関わりで世話をしてくれる人に対して信頼感が生まれ、情緒的な絆が生まれる。大人の都合がよい時間に合わせて先取りして授乳をしたりするのではなく、子どもの要求に合わせることが大事である。また、抱っこをしたりなでたり体がくっつくことで安心感を得るため、スキンシップを意識して行うようにしよう。保育所などの養育施設では、一人一人の子どもがより安定するために担当制や少人数グループにすることが望ましい。

② 教育のポイント

この時期は生活と遊びの区分がない分、個々の発達に合わせた応答的な関わりやその時期にできることを十分に経験すると、子どもは心地よく過ごせる。子どもがものをじっくりみたり目で追うことを楽しむ時期には、保育者が目の前でものをゆっくりと動かしたり、姿勢を支えてみえる場所を変えたり、動くものを吊り下げたりしてあげよう。徐々に手や足を自分の意志で動かせるようになる時期には、なでたり抱っこするほかに、子どもの手を動かす遊びや足に触れて膝を屈伸する遊びなどをする。横抱きから縦抱きにして視線を合わせて歌ったり、支えながら横向きやうつ伏せの姿勢を経験できるようにすることもこの時期の子どもに楽しい経験である。

寝返りをうつようになると、手を伸ばしてほしいものをつかんだり、握ってふったり、ひっぱったり、口に運びなめて遊ぶなど、遊べることも増えるため、適切な大きさの玩具を子どもの手が届く場所に用意する。できることやできそうなことを十分に経験できるように考え工夫しよう。

2 ｜ 6か月以上の子どもの保育内容のポイント

① 養護のポイント

先に示したようにSIDSを防ぐ配慮や体温調節に関する配慮、清潔に保ち快適に過ごせる配慮は、引き続き行っていく。

離乳食がはじまり子どもが食べられる食材が増えていくので、さまざまな食材が味わえたり、感触を楽しめたりできるように工夫していく。はじめは

手でつかんで食べたり、よくこぼしたりするが、「食べたい」という気持ちを尊重し自分で食べる経験を十分にとれるように環境を整えておく。汚れることを防ぐために養育者や保育者がすべて食べさせると、子どもの自発的な気持ちに歯止めをかけてしまうことにもなりかねない。また、食物アレルギーがおこる可能性も十分に理解しておき、新しい食材を試す時には食事を与えてから子どもの様子に変化がないかよく観察をする。

② **教育のポイント**

　安全に探索活動を行える環境になるように配慮しよう。誤飲や誤嚥にならないように、口に入る大きさのものや危険なものは手が届かない場所に置いておく。また、動いても大きなけがをしないよう家具の角にクッション材をあらかじめ貼っておくのもいいだろう。しかし、危ないからといって探索活動を必要以上に大人が制限してしまうことは避けたい。また、離乳がはじまると食事場面で探索を行う様子もかなりみられる。食具を落としてひろう保育者をみて、また落としてみたり、おしぼりをかんでみたりする。子どもにとって探索活動と生活は区切られているものではないことを踏まえて保育をしていく。探索活動が十分に行えることで、心も満たされていくのである。

「ん？これなんだ？」（生後10か月）

第3節　実践事例

　0歳児の子どもは保育施設でどのような姿をみせてくれているのか、事例を挙げながら紹介したい。保育者は、食事や排泄・睡眠など、安定した生活を送れるように配慮するだけではなく、「アー」「アウアウ」と声を出す子どもに「これがほしかったね」「びっくりしたの？」「ころころ転がるね」など、気持ちを汲み取った声かけをしたり共感を示したりする。また、子どもの表情としぐさから"伝えたいことは何か"を読み取ろうとしている。子どもと保育者の関係性の変化に着目しながらみてほしい。

事例 ❶

「一緒にいてね」（8か月）

8か月を過ぎ少しずつ玩具をもち遊ぶ姿も長くなってきた。座りながら玩具をもっているMちゃんは、声を出したり玩具をなめたりしながら遊んでいる。一緒に遊んでいた保育者が絵本をもってこようとして立ち上がると、「アー」と強い声を出し、もっていた玩具を離して、保育者をじっと、みつめる。保育者はMちゃんに「今、絵本をとってくるからね。すぐに戻ってくるよ」と話し、側を離れた。保育者はものがあって少しみえないところに行ってしまうと、先ほどより大きく「アー」と声を上げ手足をばたつかせるMちゃん。いろいろなところをみて、両手両足でバンバンと床をたたいていた。保育者は「まっててくれてありがとうね」と言いながら絵本をもって戻る。するとニコニコしながら、両手を出して抱っこをせがむ。保育者がぎゅっと抱きしめると、さらに笑顔になった。

事例 ❷

「おいしい！」（11か月）

Aちゃんは鼻水がでて食欲がない日が続いていたが、この日は食欲があり食べる量が増えた。保育者が「おいしいね」と声をかけた時に、頬に手をポンポンと当ててにっこりと微笑む。保育者は、「おいしい」ということを自分に伝えたい動作なのではないかと思い、もう一口食べた時に「大根おいしいね」と再び声をかけた。Aちゃんはまた頬に手をポンポンと当てて微笑む。おいしいを伝えたい動作をしていると確信をもった保育者は、ほかの保育者に伝えて職員同士で喜び合った。Aちゃんはもっと食べたいと催促するように食具をもってカンカンならしていた。

事例に対する解説

事例1の実践事例を通してみえてくること

・Mちゃんは握る力も育ってきており、一人で遊び機嫌よく過ごしているが、これは保育者が側にいてくれる心地よさを感じているからこそである。保育者との信頼関係が構築されているため、Mちゃんは保育者が離れようとすると声を出していなくなることへの不安を示している。「アー」と声を出した時の表情や声色、目線、体の動きから保育者は「Mちゃんが寂しいと思っているだろう」と予測し、安心できるように話しかける。0歳だから何も話さずに離れても構わないだろう、どうせわからないだろうという態度ではない。保育者はMちゃんに側から離れる理由を話し、長い時間離れることはないと見通しも伝えている。

・保育者は子どもが必要以上に不安を感じたりしないよう安心できる声かけをしたり、戻った時に抱きしめて「大丈夫だよ」というメッセージを伝えている。子どもが一つ一つの動作や視線から情報を読み取っていることを理解して、受容的な雰囲気をつくり応答的に関わっている。

事例2の実践事例を通してみえてくること

・保育者と一緒に食べる食事が心地よいと感じている雰囲気のなか、生活していたことがうかがえる。これは保育者が日々の食事でかむ・飲むことを味わえる環境のなかで「もぐもぐおいしいね。」と声をかけたり、頬に手を当てたりと声かけや応答的な関わりを積み重ねてきたからだと考えられる。Aちゃんが食べておいしいと感じることと保育者のいう「おいしい」という言葉が一致したことで、Aちゃんは頬に手をポンポンと当てたのだろう。保育者も「このサインでおいしいと思っていることが伝わる」と感じたと読み取っている。保育者同士が子どもの成長を喜び合っている様子をみて、子どもながらにさらに食べる意欲がわいたりもっと喜んでほしいと思っている。

> **エピソード** ０歳児の姿
>
> Ｎちゃんとｙちゃんは、同じ保育者に愛着をもっている。Ｎちゃんを保育者が抱っこするとｙちゃんが泣き、ｙちゃんを保育者が抱っこするとＮちゃんが泣く。そのような日が続いたある日、ＮちゃんはＹちゃんの顔をみてにっこり。Ｙちゃんもにっこり。二人が互いの顔をみて微笑んでいる。二人の間に気づきがあったようである。

第4節　実践へのヒント

> **実践で使える保育のヒント　登園で泣く０歳児。長時間続く時は？**
>
> 　保護者となかなか離れない子どももなかにはいるだろう。入園からしばらく経っても園に行くことを渋ったりする姿がみられると、一体何が原因で泣いたり渋ったりするのかわからない場面もある。そんな時には、保護者にも園に預ける不安がないか聞いてみてほしい。保護者は保育者が忙しいことに気兼ねして聞きたいことが聞けなかったり、保育内容や保育者に対して不安に感じることを飲み込んでいるかもしれない。小さな不安や不満が積み重なった状態では０歳児でも保護者の不安を感じ取って泣いてしまうことがある。保護者が抱えている不安を解消したり、小さな不明点でも少しずつなくしていき安心できることで、子どもも安心して園で過ごせるようになるのである。"保育者と保護者は協力して子どもを育てていくチーム"であることを理解してもらい信頼関係を築けるように、対応していこう。

0歳児の感じていることを受け止め共感し温かい言葉がけを

「立ちたかったね」

つかまり立ちができるようになったHちゃんは、両手に玩具をもったまま「たてる」と思ったようで、一生懸命立とうとしている。しかし、イメージとは違い、なかなか立てないHちゃん。すると顔をしかめて「あ゛ーー！ん゛ーー！」と大きく声を出す。言葉をかけようと思った時に、もっていた玩具も落としてしまい、また「んあ゛」と言い、怒った表情をする。

子どもが何かを「しようとする姿」は、たくさんみられる。保育者は、まずは、「立ちたかったね」「玩具も落ちちゃったよね」と受容や共感する言葉がけをしてあげよう。「わかってもらえた」「うれしい」という気持ちになり保育者への信頼感が増すと、保育者に見守られているなかでまたやってみようという気持ちになるのである。

★演習課題 — ダイアログ

0歳児の発達に合わせた応答的な関わりは、どのようなものがあげられるだろうか。1日の場面（子どもの受け入れ、排泄、食事、遊びなど）に合わせて考えてみよう。

●参考文献

厚生労働省『保育所保育指針』フレーベル館　2017年

厚生労働省「保育所保育指針の改定に関するとりまとめ」　2016年
　http://www.mhlw.go.jp/stf/shingi2/0000146738.html

民秋言編『幼稚園教育要領・保育所保育指針・幼保連携型認定こども園教育・保育要領の成立と変遷』萌文書林　2017年

田中真介監修『発達がわかれば子どもが見える　−0歳から就学までの目からウロコの保育実践−』ぎょうせい　2009年

大橋喜美子編『新時代の保育双書　乳児保育　第3版』みらい　2016年

・写真提供：社会福祉法人 申孝福祉会 申孝保育園ほか

第7章 1歳児の保育内容

器用につまんだり、ひっくり返したり

　乳児期の保育は、その後の成長や生活習慣の形成、非認知能力の獲得にも大きな影響を与える。そのためには、子どもの主体性を育みながら保育を行うことが重要である。子どものサインを適切に受け取り、子どもの自己選択を促しつつ、温かく応答的に関わっていくにはどうすればよいだろう。

第1節 1歳児の発達の特徴・子どもの姿

　1歳児[*1]の育ちを学ぶにあたって、成長・発達の道筋を学ぶことは大切である。発達の道筋を学ぶことは、これからのために今何を育てるべきかを考えながら、見通しをもった保育ができる手がかりを与えてくれる。

　個人差はあるが、歩行の始まりから完成、言葉の獲得が見られる時期であり、人や物への興味・関わりをさらに広げ、気づいたり、考えたり、主張することを繰り返しながら自己を形成していく。簡単な言葉なども用いた子ども同士の関わりのなかで、他者と関わる力の基礎も育まれていく。1歳児は全身運動が活発になり、さまざまな運動能力が発達する。さらに指先の筋肉も発達してくるため、次々に興味のある場所へ自ら積極的に動き、行動範囲も広がる。ものや人に関わろうとする姿がみられ、何でも自分で試そうとする[*2]。

1　対人関係と自己認識の発達

　歩けるようになって行動範囲が拡大すると、ほかの子どもたちと出会う機会が多くなり、子どもたちに関心を示すようになる。親との関係のなかでは、親が離れそうになると大声で泣くなど、強い分離不安を表す。また、自己認識が明確になり、まさに生活の主人公として、自分の手で食べようとする欲求が強くなる。友だちへの興味にも導かれて、食べ物を口に入れるばかりでなく、おもちゃをかごに片づけ、運んでいって大人に渡すことにも挑戦するだろう。そして、足を靴やパンツに入れることにも挑戦する姿が見られるだろう。「入れる、渡す、運ぶ」ことなどがこの頃の子どもの活動を特徴づける時期である。子どもは、その一つ一つに気持ちを込めて、共に喜んでくれる大人と共感しながら、達成感を積み重ねていく。

　たとえば、1歳6か月の子どもが、積み木を積んでいる時の姿を想像してみよう。失敗して積み木が崩れてしまうと、この時期の子どもたちは悔しくてイライラするものである。しかし、その気持ちに負けないで、もう一度積み直そうとするような感情の立ち直りや自己調整も見られるようになっている。「もっと、もっと」と自分を励ましているようだ。この力は、自らの「つもり」＝「目的をもって生活する力」でもあり、それゆえに大人や友だちという他者の「つもり」と必然的なぶつかり合いを招くことになるが、その自他のぶつかり合いを自ら調整しようとするようなしなやかさも芽生えはじめ

[*1] 児童福祉法では乳児とは0歳児（月齢で12か月まで）を指す。しかし、保育所（園）の現場では3歳児未満の子どもの保育を乳児保育ということが多い。

[*2] こうした発達の道筋はあるが、その成長の早さは、個人差がある。そのため保育所保育指針では、発達の差や個人差に応じた保育が必要であることが明記されている。

てくる。このような立ち直りや自己調整力は、大人と共感しながら、蓄積してきた達成感のなかから生まれてくる。

2 | 運動の発達

① 全身運動（粗大運動）の発達

1歳3か月頃になると、自分で歩くことが可能となり、次第に行動範囲が広がっていく。好奇心を満たす環境が準備されていると、歩くことが楽しくなり、遊びのなかでその行動を繰り返す。そのたびに身近な大人に視線を送り、共感を求める。その時はかならず受け止めて応答し、共感してあげると良いだろう。それが励みになって伝い歩き、ひとり立ち、歩くという道筋をたどっていく。また、歩くという以外には、押す・投げる・階段を上る・跳ぶ・くぐる・引っ張るというような発達も見られる。

② 手・指（微細運動）の発達

歩くことが安定すると、自由に手を使えるようになり、さまざまなものを手に取り、指先を使いながら、つまんだり・拾ったり・握ったり・引っ張ったり・押したり・物の出し入れや操作を何度も繰り返す。

1歳を過ぎると、スプーンやクレヨンなどの生活用具を使用するようになり、次第に巧緻性は高まり、積み木を重ねたり、絵本をめくったり、なぐり描きができるようになっていく。

3 | 言語と認知の発達

1歳前後には、言葉をしゃべりはじめる。はじめは、1つの単語で意味を伝えようとする一語文（一語発話）である。1歳児後半になってくると、二語文、三語文になっていく[*3]。子どもは、応答的な大人との関わりによって、自ら呼びかけたり、拒否を表す片言や一語文を言ったり、言葉で言い表せないことは、指差しや身振りなどで示し、親しい大人に自分の気持ちを伝えようとする。子どもの一語文や指差すものを言葉にして返していくなどの関わりにより、子どもは「マンマほしい」などの二語文を獲得していく。

子どもは、体を使って遊びながらさまざまな場面や物へのイメージを膨らませ、そのイメージしたものを遊具などで"見立て"て遊ぶようになる。このように、実際に目の前にはない場面や事物を頭のなかでイメージして、遊具などで見立てるという象徴機能の発達は、言葉を習得していくことと重要

*3 このような姿は、何もしなくても発達してくる姿ではない。信頼できる保育者や大人との関わりやコミュニケーションによって、受け止められる経験があるからこそ言葉の育ちが促されていくのである。

な関わりがある。この時期には、友だちや周囲への興味や関心が高まる。近くでほかの子どもがおもちゃで遊んでいたり、大人と楽しそうにやり取りをしていたりすると、近づいて行こうする。

また、ほかの子どものしぐさや行動を真似たり、同じおもちゃを欲しがったりする。特に日常的に接している子ども同士では、同じことをして楽しむ関わりや、追いかけっこをする姿などが見られる。そのなかで、おもちゃの取り合いをしたり、相手に対し拒否したり、簡単な言葉で不満を訴えたりすることもあるが、こうした経験を通して、大人との関わりとは異なる子ども同士の関わりが育まれていく。

1歳児の言葉から

(1歳前半)
「ワンワン」「ニャンニャン」「バイバイ」

(1歳後半)「○○チャンモ」「○○チャンノ」「イヤ！」(自分なりの"つもり"［意図］の強まり)

第2節 保育内容のポイント

1 養護のポイント

保育者は、子どもの心身の機能の未熟性を理解し、家庭との連携を密にしながら、保健・安全に十分配慮し、個人差に応じて欲求を満たし、健康な生活リズムをつくっていくことが求められる。

また、特定の保育者の愛情深い関わりが、基本的な信頼関係の形成に重要であることを認識し、「担当制」を取り入れるなど保育者の協力体制を工夫して保育することが必要である。子どもは身近な人を識別し、安定して関われる大人を求める。特定の保育者との関わりを基盤にして、歩行や言葉の獲得に向けて発達していくのである。一人一人の欲求に応え、愛情を込めて応答的に関わるようにしたい。また、家庭との連携を密にし、1日24時間を視野に入れた保育を心がけ、生活が安定するようにすることが大切である。

保育所保育指針（第1章 総則 2 養護に関する基本的事項）の「養護に

関わるねらい及び内容」には、「生命の保持」と「情緒の安定」の2つの側面から記載されている。「生命の保持」から説明していこう。

① 「生命の保持」
　保育所保育指針では、「生命の保持」について4つのねらいを示している。
　①「一人一人の子どもが、快適に生活できるようにする」
　②「一人一人の子どもが、健康で安全に過ごせるようにする」
　③「一人一人の子どもの生理的欲求が十分に満たされるようにする」
　④「一人一人の子どもの健康増進が、積極的に図られるようにする」
　たとえば、①では「マットやカーペット、おもちゃなどを清潔に保ち、寝転んだり座ったり這うことが十分にできる環境を整える」ことや、②では「探索遊びが十分に楽しめるように、安全に遊べる遊具を用意し、室内の危険なスペースがないかしっかり点検しておく」「安全な場所で、寝返り、ハイハイ、お座り、伝い歩きなど個々の活動を十分に行う」などが必要である。
　③の「生理的欲求」については、「理解しておくべきこと」と「関わる時に注意すべきこと」を表7-1にまとめた。

② 「情緒の安定」
　次に、保育所保育指針の「情緒の安定のねらい」の4つをみてみよう。
　①「一人一人の子どもが、安定感をもって過ごせるようにする」
　②「一人一人の子どもが、自分の気持ちを安心して表すことができるようにする」
　③「一人一人の子どもが、周囲から主体として受け止められ、主体として育ち、自分を肯定する気持ちが育まれていくようにする」
　④「一人一人の子どもがくつろいで共に過ごし、心身の疲れが癒されるようにする」
　そのためのポイントは次の通りである（表7-2）。

　保育者は子どもの生活の安定を図りながら、子どもが自分でしようとする気持ちを尊重する。自分の気持ちをうまく言葉で表現できないことや、思い通りにいかないことで、時には大人が困るようなことをすることも発育・発達の過程であると理解して対応する必要がある。歩行の確立により、盛んになる探索活動が十分できるように環境を整え、応答的に関わることが重要である。

表7-1 「生命の保持」における生理的欲求についてのポイント

場面	理解しておくべきこと	関わる時に注意すべきこと
食事	3未満児における食事は、特に月齢差や個人差が大きいため一人一人の食事のあり方を細かく考えていかなければならない。 　食事は、離乳から幼児食に移行する大切な時期である。子どもの食事は、保護者と保育者・看護師・栄養職員の緊密な連携のもとにすすめることが必須である。必要な栄養と食行動の発達を知り、子どもの食事に十分配慮した食生活を考えることが大切である。	食事は、生命を保持するための栄養素の摂取や乳児の満足感を満たすだけでなく、食事を通して、生活の仕方や人との関わりを身につける場でもある。 　食事場面での保育者の関わりの一つ一つに細やかな配慮が求められる。
排泄	排尿・排便ともに神経系統の発達に関係がある。赤ちゃんは排泄してもそれを感じることはなく、月齢を重ねるごとに少しずつ排尿や排便を知らせる表情や行動がみられるようになってくる。子どものサインを見逃さないようにすることが必要である。	おむつをはずす時期・タイミング・方法は、子どもの育ちや生活の姿から保護者とともに考える。排泄の自立は、訓練より生理的成熟を待つことが大切である。発達に即した保育をすすめる必要がでてくる。 　子どものサインを見逃さず、「オシッコでたのね」「ウンチしたいのね」と子どもが排泄時に体感していること、保育者にもそれが伝わっていることを丁寧に伝える。 　おむつがぬれてから教えてくれることも多くあるが、その場合は「よく教えてくれたね」と受け止める。子どもは、はじめての経験のなかで生じる戸惑いや不安を大人に察してもらいながら丁寧に受け止められ、支えられ励まされて、ようやくトイレでできるようになっていく。
睡眠	睡眠は子どもの成長・発達を促す重要な営みである。目覚めている時に、気持ちよく起きているためには、気持ちのよい眠り、いわゆる良質の睡眠とすっきりした目覚めが必要である。 　きちんと目覚め、遊び、食べることが子どもの生活の基本となる。	子どもの月齢や個人差によって時間的ズレがある睡眠を一人一人の欲求に応じて保障し、目覚めてからの遊びが充実したものとなるように配慮することが求められる。 　保育者の援助が、子どもの昼と夜とのリズムを定着させることにつながる。
清潔	健康に生活していくためには、子ども自身の身体や身につけるものを清潔にするだけでなく、生活する空間も清潔にしていくことが必要である。 　集団保育のなかでは、一人が風邪等に感染すると次々に伝染してしまう。保育室、トイレ、遊具、おもちゃ、園庭などの生活環境を常に清潔にしておくことが大切である。	子どもは新陳代謝が激しく、汗やよだれ、鼻水などが出ても、自分で清潔にすることができないので、保育者が清潔にすることを心がけていく。 　給食を食べ終えたら「ごちそうさま」のあいさつをし、顔や手を拭き、歯磨き（うがい）をする。そして、おむつを取り替えてもらったり、トイレで排泄したり、汚れた服を取り替えてもらったりして、さっぱりと気持ちのよい状態にできるように援助していく。
健康・安全	抵抗力が弱いため感染しやすく、病状が急変することもある。 　子どもの病気の発見には、子どもの正常な生理や症状を熟知し、常日頃とはどこか様子が異なるところがあるかどうかの観察と気配りが必要である。専門機関との密な連携も大切である。	感染症にかかりやすい時期であるので、身体の状態、機嫌、食欲などの日常の状態の観察を十分に行うとともに、適切な判断に基づく保健的な対応を心がけるようにする。 　登園時の視診、健康状態の観察をする。保護者に昨日から今朝までの状態を聞き取り、薬が必要な場合は何のための薬か、服用の時間などを聞いておく。 　子どもの状態により、給食内容も変える必要があるため、下痢をしていないか等の聞き取りもしておくとよい。 　歩行の確立により、盛んになる探索活動が十分できるように、事故防止に努めながら活動しやすい環境を整え、全身を使う遊びなどさまざまな遊びを取り入れるようにする。

表7-2 「情緒の安定」におけるポイント

①②	・個々の子どもの生活リズムを尊重して、生理的欲求や甘え等の依存的欲求を受け止め、快適に生活できるようにする。 ・保育者との一対一の安定した関係を築けるようにする。 ・喜びや悲しみに共感してもらうことで子どもの心が安定できるようにする。 ・触れ合い遊びや生活のなかでの援助を通して大人との親密な関わりを深める。 ・一人一人の子どものサインを読み取り、適切に受け止め、子ども自身が受け止められ理解してもらえた満足感をもてるようにする。 ・自我が芽生えてくる時期なので、保育者に依存したい気持ちはしっかり受け止めながら、安心して自分の気持ちを出していけるようにする。 ・担当の保育者が替わる場合には、子どものそれまでの経験や発達過程に留意し、職員間で協力して対応できるようにする。
③	・生活のなかでの援助（特に食事・排泄）はできるだけ同じ保育者が関わり、人見知り、不安、甘え、怒りなどの感情をしっかり受け止め、特定の人への愛着心や親しみが深まるようにする。 ・担当保育者が欲求を十分受け止めることで、徐々に周囲に目が向くようにする。 ・自我が形成され、子どもが自分の感情や気持ちに気づくようになる重要な時期であることを鑑み、情緒の安定を図りながら、子どもの自発的な活動を尊重するとともに促していくようにする。
④	・清潔で安全な環境を作り、身体の状態を細かく観察し、疾病や異常の発見に努め快適な生活ができるようにする。 ・保健的で安全な環境を整え身体の異常を観察し、快適に生活できるようにする。

2 教育のポイント

① 学びの芽生え

　子どもは、生活や遊びのさまざまな場面で、主体的に周囲の人や物に興味をもち、直接関わっていこうとする。このような姿は「学びの芽生え」といえるものであり、生涯の学びの出発点にも結びつくものである。

　保育者にとって、子どもに対して知識を教えることが教育なのではなく、子どもが生涯幸せに生きる力の獲得を助けることが保育者の役割である。そして、子ども自身が喜びを生み出せるように支援することが重要である。1歳児から2歳児にかけては、歩行の始まり、言葉の獲得が見られる時期であり、人や物への興味・関わりをさらに広げ、気づいたり、考えたり、主張することを繰り返しながら自己を形成していく。簡単な言葉なども用いた子ども同士の関わりのなかで、他者と関わる力の基礎も育っていく。

② 1歳以上〜3歳未満児の保育に関わる5領域のねらい

　保育所保育指針では、1歳以上3歳未満児の保育に関わる5領域のねらいが下記のように記載されている。

「健康」
　健康な心と体を育て、自ら健康で安全な生活をつくり出す力を養う。
ねらい
　①明るく伸び伸びと生活し、自分から体を動かすことを楽しむ。
　②自分の体を十分に動かし、様々な動きをしようとする。
　③健康・安全な生活に必要な習慣に気付き、自分でしてみようとする気持ちが育つ。

「人間関係」
　他の人々と親しみ、支え合って生活するために、自立心を育て、人と関わる力を養う。
ねらい
　①保育所で生活を楽しみ、身近な人と関わる心地良さを感じる。
　②周囲の子ども等への興味や関心が高まり、関わりをもとうとする。
　③保育所の生活の仕方に慣れ、きまりの大切さに気付く。

「環境」
　周囲の様々な環境に好奇心や探究心をもって関わり、それらを生活に取り入れていこうとする力を養う。
ねらい
　①身近な環境に親しみ、触れ合う中で、様々なものに興味や関心をもつ。
　②様々なものに関わる中で、発見を楽しんだり、考えたりしようとする。
　③見る、聞く、触るなどの経験を通して、感覚の働きを豊かにする。

「言葉」
　経験したことや考えたことなどを自分なりの言葉で表現し、相手の話す言葉を聞こうとする意欲や態度を育て、言葉に対する感覚や言葉で表現する力を養う。
ねらい
　①言葉遊びや言葉で表現する楽しさを感じる。
　②人の言葉や話などを聞き、自分で思ったことを伝えようとする。
　③絵本や物語等に親しむとともに、言葉のやり取りを通じて身近な人と気持ちを通わせる。

> 「表現」
>   感じたことや考えたことを自分なりに表現することを通して、豊かな感性や表現する力を養い、創造性を豊かにする。
> ねらい
>   ①身体の諸感覚の経験を豊かにし、様々な感覚を味わう。
>   ②感じたことや考えたことなどを自分なりに表現しようとする。
>   ③生活や遊びの様々な体験を通して、イメージや感性が豊かになる。

③ 具体的な例（領域　健康の場合）

　1歳を過ぎて段差を渡る能力を獲得しようとしている子どもにとっては、段差を渡ること自体がとても挑戦的で楽しい遊びである。その子どもは、段差の性質を理解し、段差に合わせた身体の動かし方を学習していく。保育においては、子どもの身体運動の発達を豊かに支えるのが教育的意味となる。

　また、高いところに登りたがる子どもの姿がみられた場合、遊び環境を準備することが必要になる。平坦な場所だと簡単すぎるが、広い幅のある机だと能力の獲得と定着を促すには良いかもしれない。階段など幅の狭い場所だと挑戦的に楽しんで、遊びに取り組む姿がみられるかもしれない。しかし、高すぎる机や平均台だと難しすぎるといったように子どもの姿から遊び環境を準備することも保育者に求められる。

　1歳頃のものを投げる行為に関していえば、「ものを投げてはダメ」と言うだけではなく、保育者として子どもの姿をとらえる場合、子どもは粗大な動きを欲しており、腕や足が発達しているととらえ、適切な環境を準備することが必要になってくる。子どもの姿をよくみて、その子どもに合った環境を構成することに保育者の専門性が試される。子どもが身近な環境に自分から関わり、発見を楽しんだり、考えたりし、それを生活に取り入れようとする姿を援助することが必要である。保育の内容は、子どもの生活や遊びを通して相互に関連をもちながら、総合的に展開されるものである。そのためには、身体運動発達の活動の豊かな展開を支えていく長期と短期の保育の計画が必要である。

1）粗大運動

　歩きはじめた子どもにとって世界はいままで以上に輝いてみえている。はじめは不安定で、何度も手をついたり、尻もちをついたりするが、めげずに繰り返し挑戦していく。楽しみに向かって心や身体が動くからであろう。こ

の時期は、自分で歩く散歩を多く体験し、身近な自然のなかで過ごすことを大切にしていきたい。

2）微細運動

指先を使う遊びとしては、つまむ、入れる、はめる、ひっぱる、はずすなどの単純な操作で結果や終わりがはっきりしているおもちゃを身近な材料でつくってあげると、子どもは充実感を感じることができる。

子どもにとっては、どの活動も遊びの延長であるが、獲得した力をいろんな場面で活用させてあげることが大切である。好きな楽しい活動で、かつ褒めてもらえること、自立につながることを一人一人の力に合わせて促してあげよう。食べることもその大切な行為の1つである。さまざまな食品に出会い、食べる楽しさのなかで、子どもは手づかみで食べようとする。最初はうまく食べられないであろう。汚れるから、時間がかかるからなどという理由で、大人が一方的に食べさせることは、子どもから食べる楽しみを奪うことになる。うまくつかめなかったり、こぼしたりしながら、どうしたら一人でうまく食べられるようになるかを工夫し、やがてスプーンや箸を使って食べることを学んでいくのである。そして何よりも自分で好きなものを選んで食べるという楽しみを発見する。

第3節 実践事例

事例

「11月5日の保育日誌より」（1歳1か月）

歩くことが上手になったSちゃんは、それをみせてくれるかのように棚から絵本やおもちゃを一つずつ取り出し、保育者のところまで「どうぞ」と何度も繰り返しもってきてくれる姿がみられた。保育者もそのたびに「ありがとう。あんよが上手になったね」と言葉をかけると頭を下げてあいさつするしぐさをみせたり、褒められたとわかると拍手をしたりしていた。保育者の横にいたKちゃん（1歳2か月）がおもちゃを欲しそうに手を伸ばすと「どうぞ」とKちゃんにも渡していた。するとKちゃんも"ありがとう"のおじぎをして受け取っていた。

事例に対する解説

事例の実践事例を通してみえてくること
- 棚から絵本やおもちゃを「どうぞ」と何度も繰り返しもってきてくれる姿は、もってくること自体もおもしろいと感じているようだが、「ありがとう」と保育者が受け止めることによって、そのやり取りもおもしろく、うれしく感じているようである。
- また、「どうぞ」とKちゃんへも渡してあげる姿からは、Sちゃんと保育者だけの関係から、他者への意識も生まれてきていると考えられる。

保育者としては、Sちゃんだけでなく、クラスの子どもたち一人一人に、生活や遊びを通して、子どもの気持ちに寄り添うように努めてきた。子どもと保育者の間に信頼関係が芽生えてくると、子どもの情緒も少しずつ安定した。子どもは自然に友だちや保育者に関わっていきたいという気持ちが芽生え、保育者はそれを大切にしたいと"好き好き""よしよし"などを通して、伝えていくことにした。そのような関わりのなか、Sちゃんも園生活に慣れ、保育者との信頼関係ができて情緒が安定してきた。ありのままのSちゃんを保育者が見守るなか、主体的に遊べるようになってきたのである。

第4節 実践へのヒント

実践で使える保育のヒント　入園当初の「不安」に対して…

環境の変化にとても敏感な1歳児。入園当初は保護者と離れることに強い不安を感じ、泣き叫ぶ姿がよくみられる。受け入れる保育者は、常に落ち着いて対応し、「大丈夫ですよ。すぐに慣れますよ」と保護者に安心感を与える言葉をかけよう。泣いている子どもに対しては、不安な気持ちに寄り添いながら抱っこをしてお散歩をしたり、窓からの景色を一緒に眺めたりしながら視界を変え、別の物に興味を移すような働きかけをしてみよう。園内で飼育している小動物や生き物をみせることも効果的である。あらかじめ、好きなおもちゃや絵本を保護者から聞いておくこともよいだろう。

お迎えの時には、保護者から聞かれる前に、「大丈夫でしたよ。あの後、○○に興味を示して楽しそうに遊んでいました」などと離れた後の様子を具体的に伝えよう。不安な保護者の気持ちに常に寄り添った対応を心がけたい。

子どもを受け止めながら温かく見守る

　Ａちゃんは、探索活動がとても盛んな時期になり、みるものすべてに興味を示している。Ａちゃんは満面の笑みを浮かべながら、そばに置いてあったティッシュペーパーをひっぱっては出し、ひっぱっては出し、まわりがティッシュだらけになった。その様子をみて、あなたはどのような言葉がけや関わりをするだろうか？

　ひっぱればなかから次々に紙が出てくるティッシュの箱は、Ａちゃんにはとても魅力的なものである。「わぁ！いっぱい出てきたね。おもしろいね〜」とＡちゃんの興味・関心を受け止めながら（共感しながら）温かく見守りたい。さりげなく、「こんなものもあるね」とティッシュ箱にチラシや古新聞を入れたり、ミルク缶のなかにハンカチをつなげた手づくりおもちゃなど、好奇心を満たす楽しいおもちゃを準備するのも良い方法だろう。また、危ないものをそばに置かないように配慮し、Ａちゃんの旺盛な好奇心を受け止め関わっていくことが大切である。

★演習課題 — ダイアログ

　１歳児は、どんな遊びをするのだろうか。その理由についてみんなで対話してみよう。

　また、１歳児はどのようなおもちゃで遊ぶのだろうか。箇条書きで書き出してみよう。

●参考文献

厚生労働省『保育所保育指針解説』フレーベル館　2018年
厚生労働省『保育所保育指針＜平成29年告示＞』フレーベル館　2017年
田中真介監修『発達がわかれば　子どもが見える－０歳児から就学前までの目からウロコの保育実践－』ぎょうせい　2009年
社団法人全国ベビーシッター協会編『在宅保育の考え方と実際　改定　ベビーシッター講座Ⅱ　実践編［第二版］』中央法規出版　2007年
阿部和子編『演習　乳児保育の基本』萌文書林　2016年
阿部和子・大場幸夫編『新・保育講座⑭乳児保育［第２版］』ミネルヴァ書房　2008年
寺田清美『新米ママとパパのために赤ちゃんの気持ちがわかる本』株式会社KADOKAWA 2013年
近藤直子・白石正久・中村尚子編『保育者のためのテキスト障害児保育』全国障害者問題研究会出版部　2015年

第8章 2歳児の保育内容

ブロックを何かに見立てているのかな？

　2歳児の姿は頭に思い描けるだろうか。どのような発達段階にあるイメージだろう。大人が思っているよりも、いろいろなことができる姿も少なくはない。さまざまな姿から2歳児の保育内容について理解する。

第1節 2歳児の発達の特徴・子どもの姿

1 広がる行動範囲

　2歳児は、これまで乳児期に大人に守られてきた安心感を基本とし、自ら意欲的に外界とのかかわりを求めるようになる。身体の機能もめまぐるしく発達し、排泄や基本的な生活習慣も身についてくる。また、意欲的に自身の興味関心のままに行動範囲をどんどん広げていく時期である。それらは、大人の支えによって発揮されるものであり、そばにいること、見守られていることを実感できる安心感をもとにして可能とする。園生活のなかにおいては大人の仲立ちによって友だちと遊ぶこと、かかわることも楽しめるようになる。できること、やってみたいこと、甘えること、その時々でくるくると変化する様子も2歳児の発達段階そのものの姿である。

2 2歳児のさまざまな姿

①「できるよ。できる」

　運動機能や身体の機能がめまぐるしく発達する。歩く、走る、跳ぶなどの基本的な機能が発達し、身体を意欲的に動かすようになる。また指先も器用になり衣服の着脱、紙をちぎる、めくる、貼るなどができるようになる。

②「じぶんで！」

　自我が強くなり、なんでも自分でしようという気持ちを強くもつようになる。靴をはく、重いものをもって運ぶなど、自分でやってみないと気が済まない時もあり、できた時はとてもうれしく誇らしげな表情をみせる。

> **エピソード** 2歳児の姿
>
> 　お父さん、お母さん、Yくんの3人でつくった砂の山に、上から水をかける。水が砂に浸み込んでなくなっていく様子を「すくなった！すくなった！（少なくなった。少なくなった）」と表現する。お父さんとお母さんに見守られるなかで安心して遊びに没頭している。
>
>

③「やってー」「だっこしてー」
　感情の揺れが大きい時期で、気分にむらがみられることがある。眠くなったり、機嫌が悪くなると、さっきまでの姿とはうって変わり急になんでもやってもらいたくなったり、甘えたりする姿をみせる。

④「まねっこじょうず」
　周囲のことに興味関心をもち、非常によく観察し言動をとらえている。同時に大人の真似をして手伝ったり、年長児と同じように行動しようとする。みたものや生活と関連したごっこ遊びも楽しめるようになる。

⑤「おんなじ」「いっしょ」
　友だちへの意識も向けられるようになり、同じものをもちたがったりする。しかし、同じ種類であっても「それがいいー」と友だちが手にしている物じゃないと嫌だという場合もある。

⑥「これなに？　これは？」
　身の回りのものや絵本などからみたもの、聞こえたものに興味をもち、指をさしながら質問するようになる。「これは？これは？」と次から次へと聞いたことに対する応答も楽しんでいるといえる。

⑦「おしゃべりもすき」
　「ごはん　たべたよ」、「でんわ　した」などの二語文を話せるようになるが、まだまだ言い違いはあるため、ゆっくりと聞き、優しく丁寧に正しい言葉に置き換えることが必要となる[*1]。

＊1
　簡単な対話が成立するようになる。「ごはんたべた」に対し、大人が「○くんご飯食べたの？」と聞くと「うん」と答え、「何のご飯食べたの？」と聞いても「うん」と答えることもある。一部分を聞きとって返答する場合も多い。

❷ 歳児の言葉から

午睡の時間。
枕がほしくて言った言葉
「もっこら」

お散歩中。川に落ちていた流木をみて
「せんせい　ワニ　いるよ」

第2節 保育内容のポイント

1 養護のポイント

　安心感を十分に得られる環境のなかにおいて、一人一人が落ち着いて生活できることが重要である。クラスの集団としては、1歳児クラスより人数が多くなるが、個人差や月齢差が大きくみられる時期である。集団生活としての場であるとともに、個別への対応やかかわりも十分に必要とする時期である。長い時間過ごす生活の場としての基本的な生活習慣のなかから保育者のかかわりを整理する。

① 食事の場面において

　スプーンやフォークを使って一人で食べようとし、こぼしながらも食べられるようになる時期である。食器に手を添えることや食器の配置なども、保育者と一緒に行うことで次第に身についていく。嗜好もはっきりしてくるが、好き嫌いは、盛りつけやその日の気分によって左右されることもある。

　したがって、みんなで食べる楽しさを感じることや、保育者の言葉がけなどによる雰囲気づくりも重要である[*2]。保育者の「トマト、甘くておいしいね」という言葉がけなどから「たべてみようかな」という気持ちがもてることにもつながる。また、「〇〇くん、よく噛んでゴックン上手ねー」などと声をかけ、ゆっくり落ち着いて食べられるように心がける。しかしながら、咀嚼に時間のかかる子どもや少食の子どもなど、個人差も大きいため無理のないようかかわっていく[*3]。

② 排泄の場面において

　排泄のための身体の機能が整うようになり、トイレでできるようになる時期である。個々の排泄のサインを見逃さないよう、トイレに誘うようにする。しかし、遊びに夢中になり間に合わないことや、「でない！」といって嫌がる時もある。活動の合間にみんなでトイレに行くことや、排泄の間隔などの個人差を把握してトイレへ誘うことが必要になる。排泄の際の行動である、「パンツをおろす→排泄→拭く→流す→パンツをはく」等の順序は丁寧に伝えることが重要である。

*2
　たとえば給食室から調理中の香りが漂ってくることは、子どもの食への関心や食べる意欲につながる。「いいにおいだね」「今日は何かな」などの保育者の声かけは重要である。

*3
　アレルギーをもつ子どもに除去食などで対応し、慎重に行う必要がある。テーブルの配置や通常食の食後の空の食器などにも注意する。

③ 着脱の場面において

着脱のしやすいものは、自分でできるようになる時期である。脱ぐことからできるようになり、靴、パンツ、パジャマなど自分で着られることが徐々に増えてくる。また、着る服を選んだり、時間がかかっても「じぶんでー！」とやろうとする。そうかと思えば「やってー」と言って、できることもやってほしがったりするのもこの頃の特徴である。上着は絵柄やマークなどがあり前後がわかりやすいものが望ましい。ズボンは、おしりの部分がうまくあげられないことが多いので、さりげない手助けが必要となる。

④ 睡眠の場面において

午睡では、個々の子どもが安心して気持ちよく眠れるようにする。午睡前は、絵本を読んだり、お話したり静かな遊びで落ち着いた活動を心がける。また、寝る前の室内はカーテンなどで薄暗くし自然に眠れるような雰囲気をつくる。不安がる子どもには、毎日同じ場所に布団を敷いたり、保育者が身体を優しくさすったり、静かにお話するなど安心感をもてるようにする。午睡の際は、必ず保育者が子どもの様子を観察することが不可欠である。

⑤ 清潔への場面において

まずはブクブクうがい

食事や排泄の際の一連の流れのなかで、手を洗う場面が多くなる。石けんの使い方、洗い方など保育者が手本をみせながら一緒に行うようにする。歯みがきにも興味をもつが、仕上げ磨きは大人の手を必要とする。歯ブラシを口に入れたまま歩くことや衛生上の管理などの扱いには十分注意が必要である。歯みがきと同時にブクブクうがいもできるようになり、後にガラガラうがいにも挑戦するとよい。また、鼻水をふくことや、「フーンてして」という声かけとともに鼻をかむことも知らせる。

⑥ 安全について

何でも自分でしたい気持ちが強くなり、行動範囲も広がる時期である。運動機能もめまぐるしい発達をみせるが、まだまだ十分とはいえない。年長児の真似をして高いところから飛び降りたり、物をもちながら滑り台に上ったりするなど思わぬ行動をとることもあるため、固定遊具などには必ず保育者がつくようにする。また、子ども同士で突き飛ばしや髪の毛を引っ張るなど衝動的な行動も多くみられる。力の加減がつかないため、保育者がすぐに止められるような位置にいることも意識する。子どもの思いを受け止めながら、場面に応じて危険なことをその都度知らせていくことが大切である[*4]。

*4
保育中の事故やけがは、保育室、遊戯室、園外などどこでも起こりうる。異物の誤飲事故も多く、日頃より壊れかけのおもちゃや取れかけの衣服のボタンなどにも注意する。

2 　教育のポイント

　基本的な運動機能の発達とともに、指先の機能も発達する時期であり、行動範囲も広く、さまざまな素材とかかわる機会も多く取り入れることが必要となる[*5]。子どもは、生活のなかにおいて、あらゆるものとのかかわりのなかから、遊びを生みだす。素材に出合い、五感を駆使しながらかかわっていくことが重要である。したがって、遊びの素材は、身の回りにふんだんにあり、既成のおもちゃのみにとどまらず、さまざまな素材や自然物を用いることも意識したい。

　2歳児は語彙（ごい）も増加し、言葉を使うことに喜びを感じられるようになる。同時にイメージを膨らませ、大人と一緒に簡単なごっこ遊びも楽しめるようになる時期である。教育の視点から、2歳児の発達に伴ったさまざまな遊びを紹介する（表8-1）。

① 存分に体を動かして

　歩いたり、走ったり、跳んだりなど、自分の体を思うように動かすことができるようになる。ボールをところかまわず投げていたのが、的に向かって投げることができるようになり、蹴る、転がす、受けるといった動作もできるようになる。また、遊具に登ったり、少し高さのある所から飛び降りることもできるようになり、次第に行動範囲も広くなる。音楽に合わせて体操やダンスを楽しんだり、簡単なルールを理解し、わらべうたや鬼ごっこなど、みんなで一緒に同じことをして遊ぶ楽しさを味わうようになる。

　"魔の2歳児"と言われるこの時期[*6]は、「こうしたい」という思いと実際の行動がうまく伴わず、かんしゃくを起こしたり、反抗したり、何かとストレスがたまりやすい時期である。戸外で存分に体を動かし、解放感を味わいながら発散できる遊びを多く取り入れたい。

② 少しずつ手先が器用に

　指先の機能が発達し、新聞紙を丸めたり、ちぎったり破いたり、紙を飛ばして遊んだり、クレヨンや絵の具でなぐり描きをしたりなど、遊びが広がり、活動への意欲も増してくる。積み木を長くつなげたり、形の違う積み木を積んだり、また、同じ色、同じ形だけを並べるなど、こだわりをもって遊ぶ姿もみられる。手先が少しずつ器用になり、洗濯ばさみで画用紙をはさんだり、シールを貼ったり、セロハンテープで紙をつなげたりなど、じっくりと取り組む時間も長くなってくる。

---

*5　子どもの生活のなかでの体験が貴重となる。2歳児は生活のなかで、見たもの聞いたものをみるみるうちに吸収していく。家庭のなかにいる2歳児と保育所で過ごす2歳児では、これまで体験してきた内容も異なることはある。個人の体験の度合いによって、興味を示すもの、また、不安や恐怖につながるものがあるなど、個人差の大きい時期である。その子に応じて無理なく自然な形で体験できるようにしたい。

2歳児の雪あそび

*6　「イヤイヤ期」とも呼ばれ、子どもの自己意識の高まりとともに、「イヤ」「じぶんでやる」「これがいい」という自己主張が強くなる時期である。親から自立する第一歩といえる。発達心理学の言葉では「第一次反抗期」といい、1歳半頃にはじまり、2歳から3歳にかけて現れる。反抗期は自立に向けての節目にみられるもので、思春期になると「第二次反抗期」が現れる。親離れのはじまりである。

「自分で」しようとする姿を温かく見守り、できたことをともに喜び、認めていくことで自信につなげていきたい。

① 紙テープなど細い紙を輪にし、中心をのりなどでおさえ、8の字型をつくる。上から落とすだけでくるくる回転しながらきれいに落ちる。

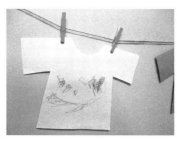

② クレヨンでぐるぐる自由に描くことも、画用紙の形を工夫して「季節のTシャツ」とすることなどによって、さらにイメージを膨らますことができる。季節の装飾としてもよい。

③ 見立て遊び、ふり遊びのはじまり

　大型積み木で囲んだスペースを家や乗り物に見立てたり、ままごとの食べ物を口の前にもっていき「モグモグ」と食べる「ふり」をしたりするようになる。おかあさんごっこ、回転寿司屋さんごっこ、お医者さんごっこなど、日常にかかわることを簡単なごっこ遊びのなかで再現して遊ぶ。また、スカートやエプロン、帽子など、いろいろな物を身につけてなりきって遊ぶ楽しさも味わうようになる。

　保育者も遊びに加わりながら、個々のイメージを受け止め、会話のやりとりを楽しんだり、役になりきって遊ぶおもしろさを伝えていくことが大切である。

③ 新聞紙でつくったかぶりものは、さまざまな形の展開ができる。なりきって遊ぶアイテムとなる。

④ さまざまな素材とのかかわりを通して

　子どもは、生活のなかにおいて、あらゆるものとのかかわりのなかから、遊びを生み出していく。水、泥、砂、粘土、小麦粉、片栗粉など、さわって感触を楽しんだり、木の実や花びらをつぶしてジュースづくりを楽しんだり、ペットボトルや牛乳パックなどの廃材も、いろいろな遊びに活用することができる。さまざまな素材に出合い、五感を駆使しながらかかわっていくことが「不思議」や「感動」の体験につながり、それが、豊かな感性を育む土台となっていく。遊びの素材は、身の回りにふんだんにあり、既成のおもちゃのみにとどまらず、さまざまな素材や自然物を保育のなかに取り入れることを意識したい。

⑤ 子どもとじっくりとふれあって

　段ボールやつい立てを使って、隠れて遊ぶ子どもを探したり、隙間からのぞいたり、一緒に園庭を走ったり、手をつないで踊ったり、また、膝の上に抱いて絵本を読み聞かせたりなど、日々の生活のなかで、子どもとゆったりとふれあう時間を大切にしたい。「自分は愛されている」と思える満足感と、信頼できる保育者が常に身近にいて愛情深くかかわってくれる安心感から、子どもは保育者に対して信頼感を抱いていく。保育者は、子どものよりどころになれるように一人一人と丁寧にかかわり、信頼関係をしっかりと築いていきたい。

④　隠れても危険のないちょっとした隠れスペースとして、ダンボールは扱いに優れている。ふたのないよう立てて使用し、家に見立てて遊んだりする（写真はダンボールの隠れ家）。

表8-1　2歳児のさまざまな遊び

感触で遊ぶ	水・泥・砂・粘土・小麦粉・片栗粉などを触って、感触を楽しんで遊ぶ。
紙で遊ぶ	新聞紙を丸めて遊ぶ。ちぎって遊ぶ。紙を飛ばして遊ぶ（p.112の写真①）。
ごっこ遊び・真似遊び	おかあさんごっこ。回転ずし屋さんごっこ。身につけて変身ごっこ。
ボールで遊ぶ	ボールを投げる。受ける。転がす。蹴る。上から落とす。入れる。
かぶって遊ぶ	新聞紙などの大きな紙をかぶって隠れる。新聞帽子をかぶる（p.112の写真③）。
つぶして遊ぶ	木の実をつぶして遊ぶ。しぼんだ花をつぶして遊ぶ。
積んで・崩して遊ぶ	積み木を積んで遊ぶ。形の違う箱を積んで遊ぶ。積んだ箱を崩して遊ぶ。
登って遊ぶ	遊具に登る。跳び箱の上にマットを敷いた上を登る。
吹いて遊ぶ	シャボン玉を吹く。ストローで袋を膨らませる。紙を吹く。
折って遊ぶ	折り紙を折って遊ぶ。硬い紙を折ってみる。ハンカチや布を折って遊ぶ。
描いて・塗って遊ぶ	クレヨンで描く（p.112の写真②）。絵の具のついた筆で描く。スタンプをおす。
貼って遊ぶ	シールを貼って遊ぶ。セロハンテープで紙をつなげる。のりで紙を貼る。
はさんで遊ぶ	洗濯ばさみで画用紙をはさむ。ハンカチや靴下を洗濯バサミで吊るす。
丸めて遊ぶ	粘土や紙を丸めてお団子づくり。折り紙を丸めてアイスクリームづくり。
のぞいて・隠れて遊ぶ	筒などをのぞいて遊ぶ。隙間からのぞいて遊ぶ。隠れて遊ぶ（p.113の写真④）。
走って遊ぶ	追いかけて遊ぶ。追いかけられて遊ぶ。逃げて遊ぶ。
跳んで遊ぶ	少し高いところから跳ぶ。ひもやフープを跳び越える。
音楽に合わせて遊ぶ	音楽に合わせて自ら動く。自ら踊る。振りなどを真似して動く。
絵本とともに[*7]	絵本をみる。自分でめくる。指をさして声に出す。

*7　2歳児が好む絵本の一例

『がちゃがちゃ どんどん』元永定正 作

『くだもの』平山和子 作

『おおきなかぶ』トルストイ 作・内田莉莎子 訳・佐藤忠良 画（上記の3冊はすべて福音館書店刊）

そのほかでは、『わたしのワンピース』（にしまきかやこ作　こぐま社）などがある。

第3節　実践事例

2歳児の遊びの一場面を挙げる。2歳児がかかわったもの・人を通して、さまざまな発見・気づきに遭遇する。この事例からは、子ども自身が感じたことをどのように表現しているのか。また、それを受け止める保育者のかかわりもとらえることができる。

事例 ❶

砂場の発見「くろー！」　男児Sくん（2歳児、6月）

　日中の良いお天気で、砂場は乾いており砂の表面はサラサラとしている。砂場の整備をした後だったため、前回の遊びの跡は残っておらず、砂場の凹凸はそれほどない平面に近い状態であった。そこで、2歳児数名が遊びはじめた。

　小さなシャベルで掘っては積み、掘っては積みと少しずつ砂の山を高くしていく子ども、プリンのカップで型抜きを楽しむ子ども、木の枝で砂をほじったりつついたりして、砂の感触を楽しむ子どもなどがいる。

　そんななかでSくんは、一人小さなバケツで少しずつ水を汲んで、まっさらな砂の部分に水をかける。水をかけた砂の部分をジーッとみつめ、指さしながら、「くろ」と声に出す。保育者は、Sくんが砂に水を含んで砂の色が変わった様子を「くろ」と表現したことに気づき、「あっ本当だ。黒くなったねー」と応答する。保育者がすぐに、「Sくん、じゃあこっちは？」と水のかかっていない砂を指さすと、「しろ」と指さしながら答える。保育者は「本当、こっちは白いのねー」と共感する。Sくんは同時に水のかかった部分とかかってない部分を見比べるよう視線を動かし、「こっちはくろ。こっちはしろ」と言いながら指さす。

　Sくんは小走りで、また小さなバケツで水を汲んできて砂に水をかける。色が変わったことを確認し、「くろー！」と今度は笑顔で大きな声を出し、保育者の顔をみる。そして、水がかかってない部分を指さして「しろ！」と発する。Sくんの大きな声に砂場にいたほかの2歳児も目を向けた。保育者は、「Sくんが水をかけたところ、黒くなったって」とみんなにも聞こえるように話す。近づいた子どもたちに、「黒のところ、ドロドロね」と砂をさわってみせる。「これなら、お団子もできるかな」と言いながら手のひらで砂をまるめた。2人の子どもが黒い砂の部分を触り、真似をして砂を手のひらにのせた。

　Sくんはこの後も水を汲みに行き、ダイナミックに砂場に水をかけた。

事例に対する解説

　まずは「環境構成」の視点からみていくことにする。砂場は創造的な遊びが繰り広げられる場である。先日の遊びの跡が残っていることから、翌日どんな遊びが生まれるのか、遊びの続きはどうなるのかということも興味深い点である。この事例では、砂の状態がサラサラとし、凹凸のない平面であっ

たことからみられたSくんの姿であり、偶発的に生まれた遊びであることが、事例の中盤から理解できる。

次に、子どもの「遊びの姿」からとらえてみる。2歳児の砂で山をつくる姿から、掘る・積む活動を楽しんでいることがわかる。さらに高く積み上げるために山の側面をペタペタ固めるなどの動きは、ここではみられていない。

Sくんの言動に注目してみると、砂に水をかけた後、水が砂に浸み込み砂の色が濃く変化したことに気がついた。この変化した喜びを自分自身でかみしめると共に、保育者へ伝えたことからさらなる喜びを感じることにつながる。その不思議さとおもしろさに興味・関心をもち、自らまた試すという行動につながっていく。

保育者は、Sくんの言動から何を伝えたいのかを瞬時にとらえ、応答している。また、色が変わるおもしろさや喜びを共感すると共に、変化していない箇所との対比についても興味が向けられるように声をかけている。さらに、Sくんの気づきをすぐに伝えるのではなく、Sくんの声によってほかの子どもたちが意識を向けた際に保育者の言葉で、ほかの子どもにも伝えている。保育者は、すぐにほかの子どもたちに伝えなかったのは、まずはSくん自身が、砂の色が変化することを十分に感じ、実感するまでの時間を有してもらうためである。

このように、環境とのかかわりから子ども自身が気づき、発見し、その喜びを表現していく。さらに保育者の応答や言葉がけ、かかわりを通して、子ども同士のかかわりや遊びの深まりにつながっていくのである。

第4節 実践へのヒント

> **実践で使える保育のヒント**
>
> ### 遊びのなかでの保育者の役割
>
> 保育者が一緒に遊ぶことにより、遊びの楽しさや友だちとのかかわりの楽しさを十分に感じられるようになる時期である。なかでも特に、単純で簡単なごっこ遊びを楽しめるようになる。生活体験と一致するもの、身近に日常的に起こることなどを取り入れることが重要である。一人一人のやってみたいという気持ちや思いを認め、保育者が仲立ちすることにより、友だちとイメージを共有しやすくなる。子どもの言葉に耳を傾けつつ、時には「○○○にするのかな」「○○○って言いたかったの？」など、ゆっくりと置き換えて表現することが必要な場面もある。保育者の仲立ちによって、繰り返しや真似をして順番に行うなど役を交代することもできるようになる。

遊びのなかでの保育者の役割
① 保育者が一緒に行う安心感
② 身近で日常的な生活体験を取り入れる
③ 子どものイメージを感じとる
④ やってみたいという思いを受け止める
⑤ 子どもの言葉を優しく正しく置き換える

あーぁおいしい。もう一杯ください

「どんな気持ちなのかな？」を大切にして言葉にしてみせる

　保育室内で、それぞれが思い思いの遊びをしている際、Kちゃんはままごとセットの湯飲みをもち、保育者にそっと近づいてきた。しかし、何も言わず黙っているだけである。保育者は瞬時にKちゃんはどうしたいのかな？どのような思いなのかな？と考えながら言葉をかける場面も多い。「あら、Kちゃん、湯飲みに何入っているのかな？　先生のどがかわいたから飲みたいな」。Kちゃんは、黙って保育者に湯飲みを差し出す。「あら、お茶かな、熱い（ふーふーと冷ましながら飲む）。あーぁおいしい。もう一杯ください」。Kちゃんは、ニコッとしてお茶を入れに急須を探した。
　2歳児は自分自身がしたいこと、思いのあることをそのまま言葉で表現できるとは限らない。保育者の言葉がけにより遊びに入り込めるような場面も多々みられるのである。

★演習課題 ─ ダイアログ

　絵本にはさまざまな種類がある。絵本の内容以外にも、大きさ、素材、色、形など、種類は豊富である。2歳児と一緒に楽しみたい絵本はどんな絵本だろう。みんなで対話してみよう。

●参考文献
厚生労働省『保育所保育指針解説』フレーベル館　2018年
網野武博・迫田圭子『四訂 保育所運営マニュアル』中央法規出版　2011年
森上史朗・柏女霊峰編『保育用語辞典 第8版』ミネルヴァ書房　2015年
帆足英一監修『実習保育学』日本小児医事出版社　2011年
加藤繁美・神田英雄監修『子どもとつくる2歳児保育』ひとなる書房　2012年

第9章 3歳児の保育内容

食の姿からもさまざまなことが読み取れる

　「自我」をしっかりと発揮し、"甘え"と"強がり"の間を行ったり来たりしながら、思いや欲求をストレートに表現しようとする3歳児。まさに子どもらしさに満ちあふれた時期と言ってよいだろう。その姿を理解し、丸ごと受け止められる保育者の存在が、3歳児の保育では、特に重要になってくる。

第1節 3歳児の発達の特徴・子どもの姿

　3歳児は、1年間の時間差、発達の個人差がとても大きい。2歳児に近い"甘えん坊"な姿がみられる一方で、言葉や運動能力の急激な発達、生活面の自立によって、4歳児と同じことができてしまうこともある。2歳児や4歳児とはまた異なる3歳児特有の姿や発達の特徴を理解しながらも、個人差を考慮し、一人一人の実態に応じて接していくことが大切である。ここでは、3歳児の発達の特徴を運動面、生活面、知的発達、友だちとの関わり、それぞれの側面からみていきたい。

1　運動面の発達

　基礎的な運動能力が育ち、歩く、走る、跳ぶ、押す、引っ張る、投げる、転がる、ぶらさがる、またぐ、蹴るなどの基本的な動作が一通りできるようになる[1]。また、ゆっくり歩いたり、速く走ったりと、スピードを自由に調整することもできるようになる。

　簡単な折り紙、はさみで紙を切る、のりをつける、積み木や粘土など、手指を使った活動や遊びを楽しむこともできるようになるが、手先の器用さや能力に個人差があり、保育者の手助けを必要とする子どももいる。

三輪車は人気の遊具
「三輪車たのしいね」

はさみとのりを使った製作活動
「はさみでチョキチョキ」

2　生活面の自立

　食事・排泄・衣類の着脱など基本的な生活習慣は、保育者が声をかけたり、手伝ったりしていくことで、次第に自分でできるようになる。食事については、「いただきます」「ごちそうさま」のあいさつができるようになり、不完全ながらも箸を使って食べることができるようになる。排泄に関しては、個人差が大きく、尿意を感じて自分からトイレに行ける子どもがいる一方で、

> **エピソード　3歳児の姿**
>
> はじめてのお弁当の日、Hくんはうれしくてうれしくて仕方がない様子で、はりきって登園してきた。
> 「先生、今日、お弁当もって来たよ〜！」といつもより重いカバンを得意気にみせるHくん。その数分後、Hくんはロッカーにカバンを置きに…と思ったら、ロッカーの前に正座してもって来たお弁当をおいしそうに食べていた。
> 待ちきれなかったようだ。

＊1
「幼稚園の3歳児」と「保育所の3歳児」の年度当初の違いをくらべてみよう。

幼稚園の3歳児にとって、4月ははじめて保護者と離れて集団生活をスタートさせる月である。新しい環境に不安や緊張を感じ、登園時、母親と離れることをいやがったり、泣きながら園生活を過ごす子どもがいたりする光景は決して珍しくない。保育者は、不安な気持ちをしっかりと受け止め、子どもが安心感をもって園生活を送ることができるように、まずは子どもとの1対1の関係を大切にしながら一人一人と丁寧にかかわっていくことが求められる。

一方、保育所の3歳児は、未満児クラスから憧れの以上児クラスへ進級し、「一つお兄さん、お姉さんになった」という自信と喜びに満ちている子どもが多い。未満児クラスの世話や保育者の手伝いといった当番活動にも意欲的に取り組む姿がみられる。基本的な生活習慣もある程度身についているため、比較的スムーズに新年度のスタートが切れる。保育者は、進級の喜びに共感しながら、さらに自信をもって保育所生活を送ることができるよう、頑張っている姿、できるようになったことを十分に認めていく必要がある。

まだおむつをしている子どももいる。手指が器用になってくるので、衣服の上下左右や裏表を理解して、自分で着脱をしたり、たたんだりすることができるようになってくる。この時期は、「何でも自分でできる」という意識が育ち、大人の手助けを拒むことが多くなる[1]。保育者に頼まれたことを喜んでしようとしたり、未満児クラスの世話、動植物のえさやりや水やり、職員室への出欠報告など、簡単な当番活動ができるようになる＊1。

3 　知的発達

語彙数が急激に増加し、日常生活での言葉のやりとりが不自由なくできるようになったり、自分の経験を言葉で伝えたりすることができるようになる。指をさしながら「これは？」と質問する2歳児に対して、3歳児はより知的好奇心が高まり、「なぜ？」「どうして？」といった質問が多くなる。そして、それらに対する答えを聞いたり、さらに質問をしたりすることで、大人との会話のやりとりを楽しむ姿がみられる。簡単なストーリーがわかるようになり、絵本に登場する人物や動物と自分を同化して考え、想像を膨らませていく[1]。また、数や色、形などの違いに気づき、興味をもつようになる。

4 　友だちとの関わり・遊び

同じ場所にいながら、それぞれが別のことをして遊ぶ「平行遊び」（表9－1）がみられる。友だちと同じものを身につけてごっこ遊びをしたり、友だちの言葉をまねたりなど「同じ」「一緒に」ということに喜びを感じるようになる。年度当初は遊具や道具の取り合いによるトラブルが多くみられるが、「貸して」「まぜて」「いいよ」などといったやりとりを通して、次第に貸し借りや順番、交代などができるようになる。後半になると、友だちの存在

に気づき、「ぼくが」「わたしの」といった自己主張がみられるようになる。イメージを広げながらごっこ遊びを楽しむようになり、身の回りの大人の行動や日常の経験を取り入れて再現するようになる。また、このような遊びを繰り返しながら、保育者や友だちとの会話のやりとりを楽しみ、さまざまな人やものへの理解を深め、社会性を育んでいく[1]。

表9−1　パーテン（Parten, M.B.）の社会的関係からみた遊びの分類

社会的な関係	遊びの具体的な内容
何もしていない行動	何かで遊ぶということはない。興味を引くものがあれば、それをぼんやりとみている。
ひとり遊び	他の子どもに関心をもたず、自分の遊びに専念している。他の子どもとは別の遊具でそれぞれに遊ぶ。子ども同士の交渉はなく、自分の遊びに専念している。
傍　　観	他の子どもに関心があるが、加わらず一人でじっとみている。他の子どもが遊んでいるのをみているが、特定の子どもたちをみている点で、「何もしていない行動」とは区別される。
平行遊び	同じ種類の遊具で遊ぶが、他の子どもへの干渉はしない。気にもしない。それぞれに遊んでいる。
連合遊び	他の子どもと一緒に遊び、話し合う。遊具の貸し借りが現れる。一緒に遊ぶ相手を選びはじめる。遊びのなかでの分業はみられない。
協同遊び	何かを作るといった特定の目的のために一緒に遊び、役割分担が行われる。指示を出す子どもと、それにより動く子どもが現れはじめる。

（Parten, 1932[2]；小林, 2003[3]）を一部改変

3歳児の言葉から

子ども「先生、ここカニにさされた！」
保育者「えっ？カニ？！ どれどれ…」
（カニではなく蚊にさされていた）

お弁当の時の会話
子ども「先生、ぼくのお弁当、カラオケ入ってるよ」
保育者「うん？（弁当箱をのぞいて…）あ〜、カラアゲね」
子ども「そう」（しばらくして）
保育者「Tちゃん、お弁当のおかず何だったっけ？」
子ども「うんとね…卵焼きとおにぎりとカラオケ」

第2節 保育内容のポイント

1 養護のポイント

　保育者との信頼関係を基盤として、安心して園生活を送ることができるように、保育者には一人一人との丁寧なかかわりが求められる。また、個人差を考慮しながら、必要に応じて手助けをしたり、自分でできるところは励ましながら見守ったりすることで、少しずつ生活面の自立を促していくことが必要である。

① 保育者との1対1の関係を大切に

　入園・進級当初は、新しい環境への戸惑いや緊張感から、気持ちが不安定になる子どもが多い。保育者は一人一人の気持ちを丁寧に受け止め、子どもが安心感をもって園生活を送ることができるよう配慮する必要がある。
　（p.130の「言葉がけのポイント」参照）
　また、遊びのなかで保育者とのかかわりを強く求めてくる子どもも多い。「先生と遊ぶと楽しいな」「先生、大好き」といった子どもの気持ちをしっかりと受け止め、十分に触れ合いながらともに遊びを楽しむ姿勢が大切である。不安な気持ちで園生活を送っている子どもに対しては、「困った時はいつでも先生に知らせてね」などと、保育者が常に傍で見守っていることが伝わるような言葉がけをすることが、不安感を取り除くために大切な援助である。
　3歳児は、大好きな保育者との信頼関係を基盤に、そこを安全基地として少しずつ自分の世界を広げ、やがて、安心して自分を出し、満足感や充実感を味わいながら生活していくようになる。

大好きな保育者が安全基地「先生、大好き」

② 自分でできたことを十分に認める

衣服や靴の着脱を自分でしたり、たたむことを覚えたり、ボタンのつけ外しができるようになったりなど、3歳児は身の回りのことが少しずつ自分でできるようになり、そのことに大きな喜びを感じる時期である。

保育者は、「すごいね～」「一人でできたね～」などと、できるようになったことを十分に認め、自信につなげていきたい。個人差が大きい時期なので、

自分でしようとしない子どもに対しては、やり方を丁寧に教え、励ましながら少しでも自分でできたところは認めていく。

3歳児は生活面において、できるようになったことを保育者に認めてもらったり、できた喜びに共感してもらったりすることで自信をもち、それが次への意欲につながっていく。生活のなかのいろいろな場面で、保育者の力が必要とされる。

脱いだ服をたためるように…
「上手にたためるよ」

「ボタンのつけ外し、がんばってるよ」

③ 生活のルールやマナーはわかりやすく伝える

ルールやマナーを図や絵にして伝えると、情報が視覚的に入り、理解しやすい。手洗いやうがい、食事のマナーは一度ではなかなか身につかないため、繰り返し伝えていくことが必要である。

また、後片づけの際には、どこに何を置くのか、絵や写真などで示しておくなど、「片づけしやすい環境」を作ることが大切である（次頁の写真参照）。保育者も一緒に片づけながら、「○○ちゃん、お片づけ上手だね～」「○○くん、がんばって片づけてるね」「きれいになって気持ちいいね」など、一生懸命片づけている子どもを認め、他児にも広めたり、きれいになった気持ち良さを共感していくようにする。

生活の構造化の一例

写真と文字で整理された
砂場の道具

ロッカーや道具箱の使い方

給食の後に行うこと
（おしぼりをしまう→
手洗い→いすの片づけ
→歯磨き→着替え）

2 教育のポイント

　友だちの存在を意識しはじめ、園生活のいろいろな場面で友だちとの関わりがみられるようになる。保育者は友だちと一緒に遊んでいる姿を温かいまなざしで見守り、その楽しさやうれしさに共感したり、お互いの存在を意識できるような言葉がけをしたりしながら、友だちとかかわって遊ぶ楽しさや具体的な場面での関わり方を知らせていきたい。また、保育者も共に遊ぶなかで、遊びの楽しさを伝えたり、個々のイメージを受け止め、共感していく姿勢が大切である。

① "一緒"がうれしい

　仲良しの友だちと同じ色のシャベルを使っていたり、服装や髪形が同じだったりすると、「○○ちゃんと一緒」「わたしも今日、三つ編みして来たよ。おんなじだね」などと喜ぶ姿がみられる。
　ひとり遊びの世界から、次第に周囲の友だちを意識しはじめ、たまたま同じ場所に居て、同じ玩具や道具を使っていたり身につけていたりする友だち

に対して親近感を覚え、それが友だちとの関わりのきっかけになる。やがて、同じ遊びを楽しんだり、同じ遊具を一緒に使ったりすることが楽しくて仕方ない時期が来る。

　保育者はこのようなつながりを見逃さないようにし、「○○ちゃんと○○ちゃん、一緒だね」「仲良しでいいね」「一緒でうれしいね」と子どもたちが意識できる言葉をかけ、"一緒"であることの喜びにしっかりと共感していくことが大切である。

「ぼくたち仲良し」

お友だちと「一緒…楽しいね」

② 年度当初は我慢させるよりも実現させて

　新しい環境への不安や緊張が徐々に和らぎ、自分のしたい遊びに目が向きはじめた時に、使いたい遊具を友だちが使っていたり、なかなか譲ってもらえなかったりすると、子どもは「幼稚園（保育所）＝楽しくない」といったイメージを抱いてしまう。しかし、譲ってあげるように働きかけても、自分のしたい遊びを中断してまで友だちに貸してあげることは、この時期かなり難しい。

　年度当初は、我慢させるのではなく、できるだけ、個々の思いが実現できるように、砂場やままごとの道具などの遊具やおもちゃは多めに準備し、自分のしたい遊びがいつでもできる環境を整えることが大切である。また、使いたいものが手に入らない時は、保育者が一緒に探してあげたり、友だちに頼んであげたりすることで、保育者に対する信頼感が増し、気持ちが安定していくことがある。園生活に慣れ、安心して好きな遊びに取り組めるようになれば、「待つ」「譲る」「順番」「交代」といったやりとりを徐々に知らせていきたい。

③ 体をいっぱい動かす遊びを

　かけっこでは、保育者がゴールの所で両手を広げて待ち、ゴールした子ど

もからギュッと抱きしめたり、鬼ごっこでは保育者が鬼になり、「つかまえた」と抱きかかえたりなど、3歳児は、早い遅いではなく、ただ走ることを楽しみ、保育者とのスキンシップを喜ぶ。また、「しっぽとり」では、子どもがしっぽをつけてネズミになりきり、保育者がネコやオオカミなどのお面をつけて、「待て待て〜」と、なりきって追いかけると、よりイメージが広がり遊びが楽しくなる。保育者も共に体を動かしながら、楽しさを伝えたり共感したりすることが大切である。

④ 見立てやイメージを受け止めて

　想像力がめざましく発達し、身の回りの大人の行動や日常の経験を取り入れて再現したり、絵本に登場する人物や動物になりきってごっこ遊びを楽しんだりする姿がみられる。

　保育者は、子どもがよりイメージを膨らませながら遊びを展開していくことができるように、冠(かんむり)やお面、スカート、剣など、なりきって遊べる小道具を準備したり、段ボールの家や車など、友だちと共有しながらイメージを広げられるような道具を設定したりしながら、よりごっこ遊びの世界に浸ることができるように援助する。

⑤ トラブルの際は保育者が仲立ちを

　大好きな友だちと一緒に遊ぶ楽しさを十分に経験し、イメージを共有しながら遊びを進めていけるようになる反面、互いのイメージが合わなかったり、思いが食い違うことによるトラブルも頻繁に起こる。

　保育者には、一人一人の思いを丁寧に受け止めながら、双方の気持ちを伝え合うような橋渡しの役割が求められる。お互いにしっかりと自己主張しながら相手の気持ちや痛みに気づいていけるような働きかけをしていく。

　また、「悲しかったね」「悔しかったね」などと子どもの気持ちを受け止め、心の痛みに寄り添い、共感することも大切である。

第3節 実践事例

3歳児の遊びの場面を2つ紹介する。以下の事例は、「友だちと一緒」であることにうれしさを感じている姿、想像を膨らませながら遊びを楽しむ姿など、3歳児らしい姿が現れた事例である。保育者はこのような3歳児の姿をどのように受け止めればよいか、子どもに対してどのように関わればよいのかをこれらの事例を通して考えてみたい。

事例 ①

「いいこと考えた」（3歳児、5月）

Aちゃん、Bちゃん、Cちゃんがフープを一つずつもって遊んでいた。Aちゃんが「そうだ、いいこと考えた。みてみて」と言い、フープを床に置いてくぐってみせた。それをみていたBちゃんも「わたしもいいこと考えた」と同じようにフープをくぐってみせた。Cちゃんも「わたしもいいこと考えたよ」と言い、フープを頭から体に通してみせた。3人がそれぞれ自分の考えた「いいこと」をみせ合っていた。

「みてみて。いいこと考えたよ」

事例に対する解説

この事例は、仲の良い3人の女児がそれぞれフープをもって遊んでいる場面である。1人がフープをもつと、あとの2人も同じようにフープを取りに行き、色や大きさは違っていても「同じ」フープを使って「一緒に」遊ぶことがうれしい様子だ。

Aちゃんの「いいこと考えた」という言葉に対して、Bちゃん、Cちゃんも同じように「いいこと考えた」と続けている。しかし、お互いの「いいこと」にはそれほど関心はなく、むしろ、同じように「いいこと考えた」と言ってみたいという気持ちの方が強く感じられる。それぞれの「いいこと」を出し合って一つのアイデアを生み出す5歳児とは異なり、3歳児は、友だちと同じものを使って、同じように「いいこと考えた」と言ってみる「同じである」ことに喜びを感じている。

事例 ❷

「うさぎさん、おなかすいたって言ってるよ」（3歳児、10月）

運動会後、玉入れに興味をもつ子どもが多かったので、3歳児でも楽しめるように、それぞれ高さの違う動物（うさぎ・くま・きりん）の口のなかに紙ボールを入れる手づくり玉入れ台を準備した。

「先生、これ、なに？」と数人の子どもが興味を示した。保育者が「うさぎさんとくまさんときりんさんがね、『おなかすいた〜、ごはんほしいよ〜』って言ってるからみんなで食べさせてあげよう」と知らせ、新聞紙でつくった紙ボールを一つ投げてみせた。「これがごはんだよ。ほら、うさぎさん、『おいしいおいしい』って言ってるよ」という保育者の言葉がけに対して、「ぼくもやりたい」「わたしも」と次々に興味を示し、紙ボールを投げる姿がみられた。

保育者が「くまさんも『おなかすいたよ〜』って言ってるよ」と知らせると、Mちゃんがくまの口のなかに玉を投げ入れ、入ると「くまさん食べた〜」と跳びはねて喜んだ。保育者が「（一番高い）きりんさんは難しいかな。なかなかごはんがもらえないね」と働きかけると、「大変。きりんさんがおなかすいたって言ってるよ」とYちゃんがきりんの口に玉を入れようと何度も挑戦していた。玉が入ると、保育者が「きりんさんが、『Yちゃん、ありがとう、おいしかったよ』だって」とYちゃんに言葉をかけた。すると、Hくん、Mちゃんも「ぼくも入ったよ」「わたしは？」「先生、みてて」と次々に玉を入れていた。保育者は、その都度、「きりんさん、今度は『Hくん、ありがとう。もっと食べたいよ』って言ってるよ」「Mちゃんにも『おいしい、おいしい』って言ってるね」などと言葉をかけた。

事例に対する解説

玉入れ台を実際の動物に見立て、新聞紙でできた玉をえさに見立てて、「おなかをすかせた動物たちが口を開けて待っている」という共通のイメージをもって子どもたちが意欲的に玉入れに取り組んだ事例である。

前述したように、3歳児は想像力がめざましく発達し、イメージを広げながらさまざまなごっこ遊びを楽しむようになる。保育者の「おなかすいたよ」

「もっと食べたいよ」などといった言葉がけによって、動物たちと自分を同化させ、「ごはんを食べさせてあげよう」という気持ちになっている。それによって、はじめての遊びに対しても「やってみたい」と興味をもったり、「もっとやりたい」と意欲が高まったりしている。

また、保育者が、一つ一つの動物になりきって、「おなかすいたよ～」「おいしい」「ありがとう」「もっと食べたい」と言ってみせたことによって、子どもはよりイメージを膨らませ、それらの動物の気持ちを想像しながら玉を投げ入れたり、「もっと食べさせてあげたい」という意欲につながったりしている。3歳児にとって、イメージを膨らませる見立てや言葉がけが、遊びに対する意欲や興味を高め、遊びをより楽しくする大切な要因の一つになる。

さらに、玉が入るごとに、保育者に「おいしい」と言ってもらうことを繰り返し楽しんでいる場面もみられた。常に自分（だけ）に言ってほしいという思いが強いため、「わたしは？」「先生、みてて」などという言葉がよく聞かれる。集団で遊んでいても1対1の丁寧な関わりを大切にし、一人一人に対して、「先生がみていてくれた（ほめてくれた）」という安心感や喜びを与える援助も必要である。

第4節 実践へのヒント

実践で使える保育のヒント　どうやって「時間」を知らせる？

園生活のなかで、時計をみる回数は数多くあり、さまざまな場面で「何時まで…」「何時から…」といった時間を知らせる必要がある。3歳児の場合は、1から12までの数字への理解がまだ難しい。まして、時計をみて「今、何時何分」や「あと何分」などといった時間的な概念もまだ十分に発達していない。

そこで、数字の横にそれぞれ異なる動物の顔を貼っておき、「長い針がおさるさんのところに来たら、お片づけをするよ」と知らせると、3歳児でも容易に理解できる。数字のところにビニールテープを貼って印をつけてもよい。数字や文字をわかりやすいように絵で置き換えて示す工夫は、3歳児の保育環境には必要不可欠である。

時間を知らせるさまざまな工夫（3歳児クラス）

　　　　　　　　　　　ここにいるから大丈夫だよ

入園（進級）当初はとにかく安心感を与える言葉がけを
　3歳児は、保育者に温かいまなざしで見守られることによって安心して自分の好きな遊びをみつけ、楽しむことができるようになる。年度当初は、新しい環境への不安や緊張を抱いている子どもが多いため、保育者は一人一人の気持ちを受け止めながら、安心感を与えるような言葉を頻繁にかけていくことが必要である。「先生、ここにいるから大丈夫だよ」「ここでみてるね」と保育者が常に側で見守っていることが伝わる言葉がけや、その場を離れる際には、「○○に行ってくるね。また戻って来るから待っててね」など、保育者の所在がわかるような言葉がけが、この時期の不安感を取り除くための大切な援助である。

★演習課題 — ダイアログ
　幼稚園での3歳児の新入園児と満3歳児からの進級児との違いはあるだろうか？あるとしたらどんなところだろう。みんなで対話してみよう。

●引用文献
1）厚生労働省『保育所保育指針解説書』フレーベル館　2008年　pp.46-48
2）Parten,M.B. : Social Participation among pre-school children, *Journal of Abnormal and social psychology*, 27, 1932, pp.243-269
3）小林芳郎監修・寺見陽子編著『子どもと保育の心理学 －発達臨床と保育実践－』保育出版社　2003年　p.112

第10章 4歳児の保育内容

大切なことは、「何でもみんなで分けあうこと」

　4歳児は、幼児期はもとより、人間の一生のなかでも言葉に表現することが大変難しい時期と言われることもある。同時に、人生のなかで最も大切な時間であることを意味する。ロバート・フルガムが「人生に必要な知恵はすべて幼稚園の砂場で学んだ」と述べているが、まさに4歳児の生活が重要な意味をもってくる。

第1節 4歳児の発達の特徴・子どもの姿

1 関わりの原風景

　入園した子どもたちは、それぞれの年齢での生活をはじめる。そのなかでも未満児から3歳児生活の様子をみて、その姿を「宇宙人」にたとえる保育者が少なくない。3歳児までの生活は、保育者と子どもの密接な関係性をもって、安心して生活を過ごしていく。友だちとの関わりを中心にした生活ではなく、自分がひかれたものや素材にひたすら向かう姿がみられる。土や水、砂など五感を働かせじっくり関わり、同じことを繰り返す。

　よく、保護者が「うちの子は友だちがいないみたいで心配です」と心配する姿も見受けられるが、それは当然の姿で、まずは人ではなく、自分が気に入った「もの」との対話をはじめるのである。その対話を通して関わり合う力を育んでいく。これが4歳児以降の人と関わり合う姿の原風景になってくるのである。こうした、「宇宙人」的な存在であった子どもが4歳児になると、どんな姿をみせてくるのか述べていく。

2 4歳児の3つの特徴

　4歳児の特徴は大きく挙げて3つある。
- 「目的に向かって力を惜しまない」姿
- 「イメージで遊びを広げていく」姿
- 「ゆれ・ズレ・葛藤などを通して自分や友だちを知っていく」姿

　以下に順にみていこう。

①「目的に向かって力を惜しまない」姿

　自分がやりたいことに存分にのめり込んでいき、自分がやろうとしていることを実現するためには、時間や方法を気にしないで突き進んでいく姿である。

　砂場での遊びをみると、これまでは砂や水の感触を確かめ、一人で何度も繰り返すような姿であった。ところが4歳児になると、一気にダイナミックな活動となり、「大きな山をつくりたい」「川をつくりたい」という個々の目的に向かい、十分な相談もないまま、それぞれのやり方でダイナミックに遊んでいく。一見すると1つの目的に向かってみんなが協力しているようにみ

えるが、協同的な活動とはほど遠い。やりたい気持ちが強いため、時間に区切りをつけられなかったり、全身どろんこになったりするなど、まさに全力を出しきって遊びに没頭する姿である。

② 「イメージで遊びを広げていく」姿

　素材や材料などの良さにひかれながらも、その活動を自分なりに意味づけし、遊びを膨らませていく姿である。

　園庭には、遊具や砂場、雑草が生えた場所などさまざまな環境が存在する。それぞれの特徴を活かしたうえで、子どもたちは想像力を発揮し、たとえば「バーベキューごっこ」をする。雑草が生い茂った場所はまさに「バーベキュー場」となり、ジャングルジムなどの遊具は「ゲームセンター」になる。さらに、砂場は「海辺」となり、トンネルが掘られている石の山は、その冷たい質感から、食料を保存しておくための「冷蔵庫」となる。このように、子どもたちの生活経験と、目の前に現れてくる環境の特徴をうまく融合させ、感性をフル稼働させて遊びをどんどん膨らませていくのである。

③ 「ゆれ・ズレ・葛藤などを通して自分や友だちを知っていく」姿

　自分の思い通りにいかないことが増え、他者に対してのズレを感じ、ゆれたり葛藤したりしつつ、そこでどのように行動したらいいのか戸惑いながらも向き合っていく姿である。そうした経験を積み重ねることにより、自分自身の言動を考えたり、友だちの存在を強く意識したりすることにつながる。

> **エピソード　4歳児の姿**
>
> 　電車ごっこで遊んでいる子どもたちが、線路に見立てたテープを保育室に貼っていた。片づけの時間が来たが、明日も遊びたいのでこのまま残しておきたいと願う。ところが、そのテープをはがしはじめる子どもたちが出てきた。

　「片づけだから」「はがしたいから」というその思いではじめたのであるが、当然「はがさないでほしい」という願いもある。それぞれの立場からだけでなく、こうした違う思いや願いに触れ、自分の思いと他者の思いに触れ、どうしたらいいのか考えていく。こうした経験を積み重ねることによって、友だちの思いに気づき、自分自身がどのように行動したらいいのか律しはじめていくのである。

こうした3つの特徴から、保育者はこれまでの「私だけの先生」というような、安心できる1対1の関係性から、「先生と私、それから友だち」というように、これまでの保育者との安心できる関係性は継続しながらも、友だちの思いや願いに気づいていけるようなつながりを意識しなくてはならない。すなわち、保育者とのつながりが基盤となって、友だちとのつながりができはじめる時期なのである。

4歳児の言葉から

> どうしてトマトは赤いのか
> たずねてみると…
> 「しってるよ。あかがにあう
> からだよ！」

> 手づくりの指輪をしている女の子が
> 「これ、Bちゃんにもらったの。かれ、
> わたしのことすきなんだよ。
> もちろんわたしも！」

第2節　保育内容のポイント

1　養護のポイント

① 4歳児の特徴

> 　<u>全身のバランスを取る能力が発達</u>し、体の動きが巧みになる。<u>自然など身近な環境に積極的に関わり</u>、さまざまな物の特性を知り、それらとの関わり方や遊び方を体得していく。想像力が豊かになり、目的を持って行動し、つくったり、かいたり、試したりするようになるが、<u>自分の行動やその結果を予測して不安になるなどの葛藤も経験する</u>。仲間とのつながりが強くなる中で、<u>けんかも増えてくる</u>。その一方で、決まりの大切さに気づき、守ろうとするようになる。感情が豊かになり、身近な人の気持ちを察し、少しずつ自分の気持ちを抑えられたり、我慢ができるようになってくる[1]。（下線筆者）

　これらの姿は、第1節で述べた発達の特徴と重なる部分が多い。こうした4歳児独特の姿から、保育者が留意するポイントを2つ挙げる（下線部）。

(1) 発達体験に向けて

「全身のバランスを取る能力が発達」「身近な環境に積極的に関わり」

これは、遊びにおいて「目的に向かって力を惜しまない」姿であり、存分に随意筋肉運動＊1を調整していく場面である。大人からみると、無意味で無秩序にみえる遊びが展開されていたとしても、随意筋肉運動の調整という視点で行為の意味をとらえ直すと、体の動きを巧みにしていく大切な体験であることがみえてくる。

さらに、運動能力の発達だけでなく、「見方によってはとるにたらない小さなできごとであるけれども、子ども自身にとっては、その体験の前と後とでは自分自身が変化したことを感じるような重要なできごと」2)、いわゆる発達体験を経験することにもなるのである。このように、子ども

＊1
随意筋肉運動とは、自分の意志で動かす随意筋を、自分の目的に沿って使えるようにすることである。例として、「投げる」「打つ」「走る」「跳ぶ」などの全身運動のほか、「握る」「つまむ」など指先など緻密な動きなどもある。

園庭にて

もたちに現れてくる姿は、時には時間や約束を守れなかったり、無駄遣いをしたりするものではあるが、4歳児にとってはとても大切な経験である。

保育者は大人の価値観や社会規範の定着と遵守だけで子どもに対するのではなく、その行為に込められた意味を理解することは重要である。時には、時間が守られていなくとも、その行為のもつ価値観を見据え、見守ることも必要となってくることもある。また、無駄遣いをしていると思う場合でも、発達体験という観点から止めたり制限を加えたりすることが逆に子どもにとって利益につながらない場合もあることを留意しなければならない。

(2) 社会性の発達へ

「自分の行動やその結果を予測して不安になるなどの葛藤も経験」「けんかも増えてくる」

これは、「ゆれ・ズレ・葛藤などを通して自分や友だちを知っていく」姿であり、こうした葛藤やけんかなどのいざこざを通して自分を知り、友だちを知り、我慢したり相手の気持ちを考えたりできるようになり仲間とつながっていくことにつながるのである。

保育者は、まずいざこざが起こることを「悪」と考えることは避けなければならない。ズレること、ぶつかり合うこと、揺れること、葛藤することは自分とは違う思いや考えがあることに気づけることである。それは、1回だけ経験すれば気づけるものでもない。何回も繰り返し、試行錯誤を繰り返し

ながら前よりもうまくいけるように少しずつ成長していくものである。保育者は、子どもたちのぶつかり合うことを避けたり、けんかを保育者主導で仲裁したりすることは慎まなければならない。こうした経験が5歳児になった時に、互いの思いや考えを受け止め、友だちはもちろん自分の良さを知り友だち関係を深めていき、協同的な学びの姿へとつながっていくのである。

② 保護者への啓発

　以上、4歳児の子どもの育ちについてポイントを述べてきたが、こうしたポイントを保育実践上配慮することはもちろんであるが、常に保護者にも啓発を行っていくことが求められる。一般的に無駄遣いは良くないことであり、けんかについてもしなくていいものなら避けたい事象である。しかし、4歳児においては、これまでも述べてきたように、子どもの成長においてどれも必要な体験となっている。保護者はその意味について専門的な見方をすることは少なく、大人の常識や世間の価値観で判断することが少なくない。発達の過程において、4歳児のこうした行為が貴重な体験となっていくことの理解を、年度当初だけではなく、日常的に伝えていくことが大切である。

2　教育のポイント

① 主体性を大切に

　4歳児の生活は友だち同士が思いをぶつけ合ったり、約束やルールを遵守するよりも、自分がやりたいことを存分にやりきろうとしたりするダイナミックな時期である。一見するとだらしなくまとまりのないようにみえるが、子ども同士がぶつかり合うことで、互いの思いを知り、相手の意見を受け入れていくことで関わり方を学んでいるのである。自分の意思で思い通りにやってみたいという意識も強く、約束やルールが守れなくても、子ども自身がその必要性や意味を自分で理解できるように成長していく過程なのである。こうした子どもの心が動く経験の蓄積が、5歳児への協同的な学びにつながっていくことを保育者は理解しておくことが大切である。遊びにおいても、保育者が強制的にやめさせたり守らせたりするなど、表面上を整えることや結果を第一義的にめざすのではなく、子どもの主体的な姿を大切にしなければならない。

② 援助の3つのポイント

援助者としてのポイントは3つある。
・子どものイメージをありのまま受け止めること
・遊びそのものや素材に対する感性の鋭さをもち、環境のもつ良さや魅力を保育者自身が十分に理解しているということ
・保育者自身が生活者の一員となり遊び込むということ

第1のポイントは、子どものイメージをありのまま受け止めることである。保育者はこうあってほしいという願いや思いを抱くことは当然のことではあるが、保育者の思いをそのまま子どもに実現させることではない。子どものイメージをありのまま受け止め、そのイメージを実現する過程を子どもが楽しむことを援助することが大切なのである。

「つぎはどうしようかな」

たとえば、空き箱を使って船をつくろうとしている子どもがいた時、子どもがイメージもしていないのに、「魚を捕まえる網をつくってみたら」や「魚の保管場所をつくってみたら」など、大人が思い描く「船」という既成の概念を与えることがある。しかし、あくまでも子どものもつイメージを最大限優先し、そのイメージを実現するために必要な技術や材料の助言は行っても、子どもへのイメージの介入は行わないことが重要である。

第2に、遊びそのものや素材に対する感性の鋭さをもち、環境のもつ良さや魅力を保育者自身が十分に理解しているということである。

たとえば、床に落ちている紙切れ1つにしても、保育者がその素材をどうとらえるかによって、子どもへの援助は変わってくる。落ちている紙の形や色合い、質感などからこの素材はこういう使い方がおもしろいとか、これならこういうものができるなど、素材のもつさまざまな可能性に瞬時に保育者が気づく。こうした保育者の存在は、子どもの環境への働きかけをより多様に豊かにしていくことにつながる。

第3に、保育者自身が生活者の一員となり遊び込むということである。これは子どもをほったらかしにすることではなく、保育者自身が子どもと同じ生活者として自らも環境に働きかける存在となることを意味している。

たとえば、製作活動において、保育者は子どもになにかを「つくらせる」「かかせる」ための存在ではない。保育者は子どもにとってのあこがれであり、やってみたい遊びのおもしろさに気づかせてくれる存在でなければなら

ない。そのためにも、保育者自身が自らのイメージで素材と向き合い、その素材のおもしろさや可能性を感じつつ製作活動を楽しむことで、モデルとしての人的環境になり得るのである。

③ 保育者の果たす役割

こうした保育者の存在は、4歳児の子どもの発達の過程からみて2つの重要な意味をもつ。

1つは、子どもの主体的な自己活動をさらに育んでいくことにある。周りの子どもに意識を集中させながらも保育者自身が遊び込む姿は、子どもたちのモデル的存在となる。その保育者のもっている材料はもちろん、使い方や工夫、遊び方など実に多くのことを子どもはみとり、まねをしていく。こうした子どもの姿は、3歳児までの先生と子どもがじっくりと関わり、安心して遊びを展開していた頃とは違う。子どものイメージの再構築や自分なりのこだわりを出すなど、主体的な遊びの展開を促す。同時に、子ども自らが働きかけた環境のなかにちりばめられている、多様な情報や素材の本質などを獲得していく。

もう1つは、子ども同士の関係性の広がりを育むことである。保育者と子どもの二者の関係から、保育者をモデルとして、さらにその周辺の子ども同士がイメージを交換し合ったり、助け合ったりする姿がみられるようになる。自己活動のさらなる展開は、さらに複雑で高度な遊びへと展開していくことになる。そうなると、友だち同士が相談したり役割を分担したりしながら進めていくことが、子どもの生活の必要感から自然と生まれてくることになる。4歳児の時期ではまだまだ未成熟な関係性だが、こうした経験の積み重ねが、5歳児の協同的な学びへとつながっていくのである。

第3節 実践事例

これまでにも述べてきたとおり、4歳児はぶつかり合いながらも友だちとかかわり、イメージをお互いに出し合いながら遊びをより楽しくするために目的をもちながら遊びを展開する。心を動かし何度も繰り返す過程で、多様な経験を蓄積していく。その経験は、この時期ではまだまだ未分化で融合的であるが、こうした経験の蓄積は、5歳児はもちろん小学校以降の学びにつながっていく要素がたくさんある。ここでは遊びのなかに存在する学びの様相についてみていくことにする。

事例

「つぎは、○○えき～」（4歳児、12月）

　AくんとBくんは、今まで繰り返し遊んでいる電車ごっこを今日もしようと決めていた。朝登園してくると、2人で相談しながら新聞紙をもってきて数字を書きはじめた。たくさんの数字を書き終えると2人で話し合っている。

時刻表

Aくん「ぼくのおとうさん、これのるんだ」
Bくん「へぇ、ぼくのおとうさんはこれかな」

　数字を指さしながら熱心に書き込んだ数字を指さしている。どうやら電車の時刻表らしい。

　その話が終わると、2人で白い紙を用意し、今度は文字を書きはじめた。どうやら駅をつくって、電車を走らせるつもりだ。その駅の標識には、駅名はもちろん、次の駅はどこか、前の駅はどこかまで書き込まれている。その紙を数枚書き上げると、2人で園舎中にガムテープを使い貼り出した。その下には、ベンチに見立てた椅子や踏み台などを置き、駅を完成させていた。駅が完成すると、車庫となっている保育室から電車の運転士と車掌になって乗り込み電車を走らせる。

Aくん「しゅっぱつしまーす」
Bくん「ごじょうしゃありがとうございます。
　　つぎは○○えき、○○えき～」

　2人で運転士と車掌を交代しながら何度も何度も電車ごっこを楽しんでいた。

2人でつくった駅の標識

事例に対する解説

　電車ごっこを楽しむ２人の姿は、電車ごっこに心を動かされている子どもの「やりたい」という興味や関心など主体的な気持ちに支えられている。その心の動きがあるからこそ、継続的に遊びを展開することができるのである。４歳児に限らず、こうした心の動きが学びの出発となる。さらに、大人からみると「電車ごっこばかりして」ととらえてしまいがちであるが、この遊びの体験を通して子どもたちは多くのことを得ている。この電車ごっこでみられる特徴を４つ挙げてみる。

① **環境からの情報を忠実にとらえようとしている**
　これまで使用してきた電車をみても、電車の構造やペイントの模様、運転席のレバーなど自分がこれまで体験した情報をできるだけ詳しく再現しようとしている。さらに、駅の標識においても、駅名だけでなく、次の駅や前の駅を表示するなどしている。また、時刻表をつくったのも、この日は実際鉄道の時刻表改正の日で、こうした情報に敏感に反応して遊びに取り込もうとしている姿が見受けられる。

② **文字や数字を主体的に獲得しようしている**
　時刻表や駅の標識はもちろん、時刻表に書かれる数字、駅の標識に表示される駅名の文字など、この遊びを通して子どもたちは獲得している。これは、文字や数字を教えるという大人からの一方向的な営みではない。子どもたちが遊びをもっとおもしろくするための必要感に迫られて獲得していった主体的な行為である。

③ **役割を分担していこうとしている**
　この日は運転士と車掌が実にうまく決まっているが、こうなるまでにはいろいろといざこざがあった。ＡくんもＢくんも運転士がやりたくて、はじめはどちらも運転士になり逆方向に発車することで、電車がちぎれたりする経験をしている。そんなことを繰り返し、「駅で交代」や「一周走ったら交代」など子ども同士で相談して解決している。

④ **順序性・整合性をとらえようとしている**
　電車にはいくつかの駅があり、標識が用意されている。その標識には次の駅はどこか明記されている。その次の駅が、遊びのなかにおいても正しく表記されているのである。単なるイメージで最初はつくっていた駅の標識であるが、遊びを繰り返す過程で、より実際の駅の順番を忠実に再現していくことで遊びをおもしろくしようとしている。遊びの実際では、筆者がみた時「お

いわけ」駅はなかった。しかし、これらの関係性を追求している子どもたちである。この標識は存在したのであろう。何より、ガムテープ一か所の止め方は、風で吹き飛ばされても不思議ではない。このあたりが「目的に向かって力を惜しまない」4歳児らしい姿でもある。

　以上これらの4つの特徴は、まだまだ未分化であり、融合的である。しかし、学びで得たこれらの体験の積み重ねは、5歳児の学びへとつながり、小学校以降の教科という分化された世界での学びの原風景となっていくものなのである。

第4節　実践へのヒント

実践で使える保育のヒント

ときには"出さない"環境構成も

にゅういんちゅう

　子どもの心が動いた遊びを支えていくことは、保育者の大切な援助であることは間違いない。しかし、保育者として「こればっかり遊んでいていいの？」と考え込んでしまう場面によく出会うのが4歳児の遊びである。

　4歳児の5月頃、生活にも慣れてきた時、ブランコばかりを繰り返す数人の子どもの姿が担任は気になった。担任は、心動いて繰り返している姿とはどうしても思えず、思い切ってブランコを撤去した。その日は「にゅういんちゅう」の張り紙をして子どもたちを迎えた。最初子どもたちは「ブランコは？」と言ったが、その後、新しい環境に働きかけて心を動かし、今まで以上に友だち関係を深めながら遊びを展開していった。

　子どもが心を動かす遊びは何より大切である。4歳児は特に園生活にも慣れてくると、新たな環境に目を向けようとしないで、今まで経験してきた安心できる遊びに閉じこもることもある。子どもが新しい生活にも慣れてきて、新たな遊びをつくり出す力があるとみとり、加えて、今の遊びでは惰性でその遊びを繰り返していると判断した時は、思い切って今までの環境を撤去する、すなわち"出さない"環境構成も必要な時がある。そのことで、子どもたちの周りにある環境の多様性に自ら目を向けていくことができ、新たに心動く経験がはじまることもある。

言葉がけのポイント

口癖に気をつけてみよう

　目的に向かって力を惜しまない4歳児にとって、その姿を褒めて認めていく保育者の姿はとても大切になる。その時の具体的な言葉の例として「すごいね」がある。

　子ども「せんせい、こんなふねができたよ」
　保育者「すごいね！」
　…
　子ども「みてみて、こんなにあわがでたよ」
　保育者「すごいや、すごい！」

など、何とも便利な言葉である。しかし、この言葉が癖になってしまうと、こんなことも起こることがある。

　子ども「せんせい、みてみて、このごちそう」
　保育者「わぁ、すごいね！」
　子ども「……」(不安そうに保育者の顔をみて)
　保育者「どうしたの？」
　子ども「せんせい、どこがすごいかわかっているの？」

　ここには、「すごいね」が口癖となり、多忙な保育に追われて言葉だけを投げかけてしまっている保育者の姿がある。その姿に接した子どもが、本当に私ががんばったところをわかってもらえているのか不安になって出た一言なのである。褒めることは大切である。「すごいね」はそれを認める適切な言葉でもある。しかし、子どもががんばったところや認めてほしいものは何であるのか、その意味をしっかりと受け止めたうえでの「すごいね」でなければならない。

★演習課題 — ダイアログ

　4歳児が5歳児クラスに進級するときの気持ちを想像してみよう。その気持ちに寄りそう活動にはどんなものがあるだろう。みんなで対話してみよう。

●引用文献
1）厚生労働省『保育所保育指針解説書』フレーベル館　2008年　p.48
2）津守真『子ども学のはじまり』フレーベル館　1979年　p.15
●参考文献
厚生労働省『保育所保育指針解説』フレーベル館　2018年

ロバート・フルガム（池央耿訳）『人生に必要な知恵はすべて幼稚園の砂場で学んだ』
　河出書房新社　1996年
滋賀大学教育学部附属幼稚園『遊びのなかの「学びの過程」』明治図書　2006年
西川正晃『学級通信で綴る四歳児の十二ヶ月-幼児教育の学びと援助-』明治図書　2008年

第11章 5歳児の保育内容

仲間と共に楽しみ、新たな成長の芽が開く

　園生活でのさまざまな経験によってこれまで得た力を総合的に発揮するようになる5歳児。多くの仲間と分担や協力などして共通のめあてをもっていろいろなことに取り組もうとする姿もみられる。5歳児の育ちを保障する保育内容について考えてみよう。

第1節 5歳児の発達の特徴・子どもの姿

1 運動機能の高まりが自信や意欲へ

　5歳児になると、身体の成熟や発達に相まって運動機能も高まり、ボールをつきながら（または蹴りながら）走ったり、跳び箱を跳んだり、短縄跳びをしたりなど全身運動が滑らかになる。また、筋力もついて大きな道具を自ら運んで構成しながらのダイナミックな遊びもみられるようになる。さらには、イメージ通りに絵や図や線などを描いたり、文字を書いたり、指編みや縫い物などを行ったりすることも可能となり、手や指の微細運動も巧みでほかの部分との協応も上手になってくる。

　このような運動機能の発達が、さまざまな活動への興味を示し、「してみたい」という欲求となって多様な経験につながっていくのである。

> **エピソード　5歳児の姿**
>
> 　毎朝登園するとすぐに短縄跳びに取り組んでいたAくん。ようやく短縄跳びでスムーズに跳べるようになると、これまで苦手として進んで行わなかった絵を描こうとするようになり、自分が縄跳びを跳んでいる姿を好んで描くようになった。
>
> 　
>
> 「跳べるようになったよ」　　　「ぼくも描いてみようかな」

　短縄跳びで得た充実感や有能感が自信となって、自ら絵を描くといった次への意欲や挑戦につながっていった事例である。さまざまな活動を経験することによって、「今度は別のルールに替えるともっと楽しくなる」「次はこの順番でするともっとうまくいく」と予想したり見通しをもったり、遊びや活動を主体的に繰り広げるおもしろさを実感する時期でもある。

2 仲間意識の高まりが自主性や協調性へ

　自ら目的意識をもって主体的に行動することが可能となる5歳児は、集団での行動も多くなり、仲間と共同する大切さを経験し、社会性を営むために

必要な自主性や協調性を身につけていく時期でもある。

　たとえば、「砂場に水を流したい」と思った時に、必要な道具をあらかじめそろえたり、雨どいや塩化ビニール管のつなぎ目を考えて組み合わせたり、雨どいなどの高低差を考えて砂山を高くしたり、さらに高さを求めてコンテナケースを用いたりするなど、子ども自身が自由な発想で主体的に、しかも分担しながら共通のめあてに向かって協力するなどの姿がみられる。

　そこでは、語彙も豊富になっているため、時には口げんかをしたり、折り合いをつけたりしながら、言葉で思いを伝え合う関係が生まれ、仲間を大事にし、仲間のために我慢や譲歩するなどの協調性が培われ、人と関わる力が高まっていくのである。

3 ｜ 思考力・認識力の高まりが主体的な活動へ

　これまでの活動や経験を通して、5歳児は、達成感や充実感、自分への自信が育まれていくと、さまざまなことに興味を示すようになり、意欲的に周囲の環境、もの、こと、人、に関わるようになっていく。そのようななかで、言葉が豊かになり、文字を読んだり書いたりし、数量にも関心を示し、自然事象や社会事象の認識も高まる。たとえば、虫が大好きな子どもは、虫捕りに熱中し、その虫の特徴や飼育の仕方などを図鑑で調べてみたり、幼虫やさなぎから実際に育ててみる。また、飼育している虫の数を数えたり、絵で表してみたり、粘土でジオラマをつくってみる。さらに虫の出てくる物語が好きになったり、虫について友だちにいろいろと語ったりなど、興味・関心のあることからさまざまな活動に発展するといった姿である。

　時には思うようにことが運ばなかったり、失敗や葛藤といった経験をしたりなどしながら、予測や見通しをもって物事に取り組む姿もみられるようになる。このようにして、思考力や認識力といった知的な側面の著しい発達が、子ども自身の主体的活動を生み出していくのである。

5歳児の言葉から

お昼寝から起きたと同時におならをしたRくんがひと言…
「おならもおきた」

園庭で、風に吹かれて木の葉が舞う様子をみて…
「大きい葉っぱはお父さんの葉っぱだね」
「仲よしだから一緒に落ちてきたんだね」
「葉っぱのおまつりみたい！」

自分とは異なる身近な人の存在やその良さに気づいて人間関係を広げていく5歳児は、時には身近な大人にも甘えて気持ちを休めながらも、自立心が高まっていくのである。

第2節 保育内容のポイント

1 養護のポイント

① 「年長児」であることへの自覚と自信を

基本的な生活習慣が確立し、生活に必要な行動のほとんどを一人でできるようになる。園生活の流れを見通し、状況によってとるべき行動がわかるため、大人に指示されなくとも手洗い、食事、排泄、着替えなどを進んで行おうとする。また、後片付けの必要性を理解し、積極的に行ったり、喜んで大人の手伝いや年下の子どもの世話をしたりする姿も見られる。さまざまな場面で「年長児らしさ」が見られるため、保育者は、「さすがお兄さん（お姉さん）だね」「ありがとう、助かったよ」などと、その姿を十分に認め、年長児であることへの自覚と自信をもてるように働きかけていくことが大切である。ただし、子どもが不安定になった際には、必要に応じて甘えられるよう配慮し、子ども一人一人が安心感や自信をもって困難に向かっていくうえで心のよりどころとなるように留意する。

② 自分のことは自分で

5歳児には自立性や自主性が高まるような援助が必要である。たとえば、子ども自ら自分の健康状態を大人に伝えられるようにするために、保育者は平素の健康状態を常に把握し、異常があれば子ども自身に問いかけ、子どもが自分で心身の状態を言葉や身ぶり等の適切な方法で伝えることができるような働きかけが大切である。また、自分のことを自分で伝え、自力で生活を繰り広げていけるよう援助するとともに、適切に伝えられたことを十分に認めることも重要である。

さらに、この時期は、思考力が高まり、さまざまなことへ意欲的に挑戦したり、仲間を意識しながら活動したりすることも多くなる。それゆえ、自身が考えていたよりもできずにいたり、友だちといざこざが起きたりするなど、さまざまな問題や課題が生じてくる。このような場合、安定した情緒のもとで自己発揮が十分できるように保育者の援助や配慮が求められる。

2　教育のポイント

① 積極的に外遊びを

　5歳児になると運動機能はますます伸び、大人が行う動きのほとんどができるようになる。天気の良い日は積極的に戸外での遊びに誘い、十分に体を動かす楽しさを味わえるようにしたい。縄跳びや鉄棒、うんていなど、難しいことにも挑戦し、目標に向かって努力することを前向きにとらえる感覚をもてる年齢である。保育者は側で励まし、できた時には心から喜びを表現することが大切である。また、鬼ごっこやドッジボール、サッカーなど、集団での運動遊びにも意欲的に取り組む。自分たちで話し合って遊びを進めたり、ルールを考えたりする姿も見られるようになる。保育者は、ルールを守りながら遊ぶ姿を見守り、時には、遊びに加わって楽しさを共感したり、応援することで雰囲気を盛り上げたりするなどの援助が必要である。

② 自主と協調の態度を育てよう

　5歳を過ぎると、みんなで一緒に行動するなど、集団生活が充実してくる。仲間意識が高まり、目的に向かって楽しく活動するためには、それぞれが自分の役割を果たし、仲間と協力しながら進めることが大切であることを理解していく。少人数のグループ活動から、クラス全体といった大きな集団での活動を通して、みんなで協力していくことの楽しさや難しさを経験できるようにしたい。そのために、保育者は「話し合い」の機会を積極的に保育のなかに取り入れ、自分の思いや考えを伝える力や相手の主張に耳を傾け、共感する力を身に付けていけるようにしたい。劇や合奏、共同製作など、自分たちでアイデアを出し合い、役割を決めて、試行錯誤を繰り返しながら共通の目的に向かって取り組む5歳児ならではの姿を十分に認める。そして、「みんなで力を合わせるとすごいものができる」ことを子どもたちが体験的に学べるよう援助し、仲間と協同していく喜びや達成感を保育者も共に味わうことが大切である。

③ 動植物との関わりから

　植物や小動物、虫など、命あるものと関わることで、「生命の尊さ」を感じ、いたわる気持ちや大切に思う心を育てたい。植物に水をあげたり、生き物の世話をしたりして、直接触れ合う経験ができるように、当番活動の一つに取り入れたり、すぐ目につく場所に飼育ケースを置いたりするなど、環境を整えることが必要である。そして、生き物の「死」に直面した時には、な

ぜ死んでしまったのか原因を考えたり、子どもと一緒にお墓をつくってあげたりするなど、子どもと共に保育者もその死を大切に受け止めてほしい。保育者の丁寧な関わりと感性が子どもに大きな影響を与えることを忘れてはいけない。

アオムシ早くチョウチョウにならないかな…？

また、科学的な視点や思考も少しずつ芽生えてくる時期なので、知的好奇心を育てるために、図鑑や関連する絵本、虫めがね等の物的環境を整え、子どもが自ら調べ、調べたことを保育者や友だちと共有し、興味や関心をさらに深めることができるようにすることも大切な援助である。

④ トラブルの解決は自分たちで

　友だちと集団で行動すれば、自分の気持ちをコントロールする力も必要になってくる。自分の思いや考えを言葉で伝え、相手の意見も受け入れるという双方向のコミュニケーションを大切にしたい。「こんなふうにされたら（言われたら）どんな気持ちかな？」「自分だったら悲しいよね」と、他人の気持ちになって考え、理解できるように促すことも大切である。言葉が達者になり、口げんかも多くなるが、自分なりに考えて判断することができるようになるため、すぐに保育者に頼らず、自分たちで解決しようする姿が見られるようになる。人と関わる力の発達において、トラブルはきわめて重要な役割をもっているととらえ、保育者は、すぐには介入せず、互いに相手を許したり、異なる思いや考えを認めたりしながら仲直りしていく過程を見守ることも必要である。

⑤ 就学に向けて

　これまでの遊びや生活のなかで得た充実感や達成感から自分に自信をもつようになり、さまざまなことに興味を示し、さらに意欲的に環境に関わっていこうとする。社会事象や自然事象に対する認識も高まり、文字への関心も強くなる。文字や数量、図形については、「教え込む」のではなく、園生活のなかで自然に興味をもてるように環境を整えたり、遊びのなかで触れる機会を増やしたりして「親しむ」体験を重ねていけるようにする。

　さまざまな経験や対人関係の広がりから自立心、思考力、認識力が高まり、生きる力がついていくこの時期は園生活の集大成でもある。小学校就学へ向

けて、自信をもてるような言葉がけを大切にし、期待に胸を弾ませて巣立つことができるよう援助したい。

3　5歳児の1年間の発達の過程をふまえる

　保育の内容を考える際には、5つの領域の側面が発達することをふまえるのは大事なことではあるが、子どもの発達はさまざまな側面が絡み合って相互に影響を与え合いながら遂げられていくものであるため、5つの各領域が独立して発達するわけではない。そこで、年齢や育ちの期ごとの特徴を十分に理解することも必要となってくる。

　それぞれの園では、各園の教育・保育の目的や目標に向かってどのような道筋をたどって教育を進めていくのかという教育・保育の全体計画である教育課程や全体的な計画を作成している。そこには、育ちの期ごとに、その特徴的な育ちの姿と、期ごとのねらいと内容が記載されている。

　表11-1は、Y幼稚園の5歳児の育ちの期を4期に分け、その特徴的な姿をとらえて表したものである。こうした5歳児の1年間の育ちの過程を踏まえながら、保育の内容を吟味しなければならない。

表11-1　5歳児の1年間の育ちの過程（Y幼稚園）

5歳児の育ちの期	特徴的な育ちの姿
友だちとの遊びの経験を広げる時期（4〜6月）	年長児としての自覚をもち、さまざまな環境に積極的に働きかけ、意欲的に園生活を送る。
自己発揮しながら友だちと遊ぶ時期（7〜9月）	気の合う友だち関係のなかで、自分の考えや要求を伝え合う。
見通しやめあてをもって取り組む時期（10〜12月）	見通しやめあてをもちながら友だちと考えを出し合って創意工夫した遊びを展開する。
協力し合ってじっくり取り組む時期（1〜3月）	挑戦したり工夫したりしながらじっくり取り組む。相談したり協力したりしながら目的に向かってともに活動を進める。

　たとえば、お化け屋敷ごっこを行うにしても、「自己発揮しながら友だちと遊ぶ時期」と「協力してじっくり取り組む時期」では、その遊びのねらいがまったく違ってくる。自己発揮しながら友だちと遊ぶ時期は、気の合う友だちとの遊びであり、多少言葉が足りなくても意思疎通が可能で、多少のいざこざがあってもすぐに修復する関係なので、まずは、一人一人がそれぞれの個性を出してそのお化け屋敷ごっこを思う存分楽しむことに主眼が置かれる。しかも、つくるお化けもまちまちで、一人一人個性的なお化けづくりが

主な活動になることが多い。

　しかし、協力してじっくり取り組む時期では、気の合ういつもの友だちだけではなく、より多くの友だちと目的を同じにするなどといった、仲間との協力や協同に主眼が置かれる。そこでは、言葉で思いを伝え合い、時には言い合いをしていざこざが起こったり、それを修復しようと試みたりする。また、道具づくりを分担して大きなものをつくるために仲間と協力することも増える。さらには、微細運動も発達して細かな作業も可能になるため、アイデアを出し合って工夫し合う姿もみられ、製作するものも大胆かつ細やかなものになっていく。

　このように、同じ名前の遊びや活動であっても、育ちの期が異なれば、子どものねらいや内容までもが変わってくるのである（表11-2）。

表11-2　育ちの時期の違いによるねらいや内容の違い

期	自己発揮しながら友だちと遊ぶ時期 （5歳児　7～9月）	協力してじっくり取り組む時期 （5歳児　1～3月）
ねらい	○お化け屋敷ごっこを通して、さまざまな素材や材料の特性を活かしてお面や衣装をつくり、<u>気の合う友だちと一緒にお化けのイメージを共有して遊ぶ楽しさを味わう</u>。	○お化け屋敷ごっこを通して、<u>仲間とイメージを共有しながら共通の目的に向かって相談し、役割分担しながら遊びを進める楽しさや大切さに気づく</u>。
内容	・気の合う友だちと一緒に楽しんで取り組む ・友だちと考えを出し合い受け止め合って親しみを感じる ・素材や材料の特性を活かして自分なりに試したり工夫したりする ・絵本や物語に親しみ、想像力を膨らませる ・考えたことを動きで表す 　　　　　　　　　　　　　　　　　など	・多くの仲間と一緒に楽しんで取り組む ・友だちと共通の目的に向かい互いの思いを出し合って遊びを進める ・身近にある道具や用具、さまざまな素材を用いて試したり工夫したりする ・自分の考えを言葉で相手にわかるように自ら伝える ・さまざまな方法でイメージしたことを表す 　　　　　　　　　　　　　　　　　など

（下線筆者）

4　小学校との連携　－円滑な接続のために－

① 小学校以降の生活や学習の基礎を培う

　幼児期の教育においては、その後の小学校以降の学校教育の生活や学習の基礎を培わなければならない。改訂された幼稚園教育要領解説においては「幼稚園教育が、小学校以降の生活や学習の基盤の育成につながることに配慮し、幼児期にふさわしい生活を通して、創造的な思考や主体的な生活態度

などの基礎を培うようにするものとする」とある[1]。また、保育所保育指針解説にも、同様の記述が見られる[2]。

　幼稚園や保育所等においては、小学校への移行を円滑にするために、幼児期の発達の特性を踏まえながら、幼児期にふさわしい遊びや生活の充実、発展を援助していくことが求められる。そして、特に、子どもの自発的な活動としての「遊び」を幼児期特有の「学習」としてとらえ、教育課程や全体的な計画を作成し、環境を通して意図的で計画的な教育を行うことが求められている。そのような保育を通して育まれた資質・能力が小学校以降の学習意欲や学習態度の基礎となる好奇心や探究心を培い、学習の芽生えを育む基盤となる。

②　創造的な思考・主体的な生活態度などの基礎を培う

　創造的な思考の基礎として重要なことは、子どもが出会うさまざまな事柄に対して、たとえうまくいかなくても、あきらめず、「こうしてみよう」と考え、工夫し、自分の発想を実現できるようにしていくことである。また、主体的な態度の基本は、物事に積極的に取り組む姿勢であり、そこから自分なりに生活をつくっていくことができることである。それらの基礎が育ってきているか、それが小学校の生活や学習の基盤へと結び付く方向に向かおうとしているかをとらえる必要がある。

　さらに、仲間と共通の目標に向かって協力することは、幼児期の保育から小学校教育へつながっていくため、5歳児の後半は協同性を活かした保育を展開し、一人一人の自発性を育むことが大切である。

③　小学校教師との連携を図る

　小学校との円滑な接続を図るために、保育者と小学校の教師が「幼児期の終わりまでに育ってほしい姿」を共有し、幼児期から児童期への発達の流れを共通理解することが大切である。互いの教育内容や指導方法について、共通点や相違点を話し合ったり、子どもの見方などについて事例をもち寄って意見交換を行ったりなどの合同の研究会や研修会、保育参観や授業参観などの機会を設けることも重要である。

④　子ども同士の交流の機会を設ける

　幼児と児童の交流の機会や保育（授業）を参観・参加する場を設けることも円滑な接続を図るうえで大切である。特に、5歳児が小学校就学に向けて自信や期待を高め、不安を感じないよう小学校を訪問し、活動に参加するな

どの交流も意義のある活動である。

第3節 実践事例

事例

「ぼくはコンテナケースをもってくるよ」（5歳児、10月）

　自分たちの背丈ほどもある砂山をつくっていた子どもたちが「この山の向こう側をダムにしよう」「この山にトンネルを掘ってそのダムに水を流そうよ」とイメージを膨らませ、塩ビ管を用いてトンネルをつくった。すると、「もっと高いところから水を流してみない？」とある女児が提案した。「じゃあぼくは、コンテナケースをもってくるよ」「わたしは、雨どいをもってくるよ」「タイヤも使うかな」「大きいペットボトルもいるよね」などと必要なものを分担してもってくる。次々に人が加わり10人で大がかりな装置をつくりはじめた。

　塩ビ管と雨どいのつなぎや傾斜している雨どいの固定などがうまくいかず試行錯誤していたが、やがて大人の背丈ほどある高さで、長さが3メートル以上もある装置が完成した。「じゃあ水を流すよ」とリーダー格の子がコンテナケースに登り、声をかけると「OK！」とほかの子どもたちが応答する。ダムに水が流れ出すと、自然にみんなから拍手が起きた。

「水を流すよ」「OK！」

事例に対する解説

　この事例を5領域と「幼児期の終わりまでに育ってほしい姿」を窓口にして考察してみると次のようになる。

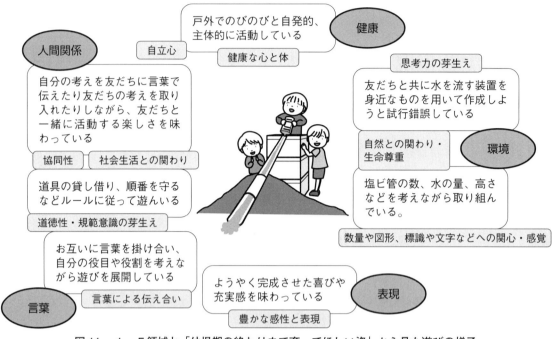

図11−1　5領域と「幼児期の終わりまで育ってほしい姿」から見た遊びの様子
出典：筆者作成

　仲間と協力し合い、試行錯誤を繰り返しながらダイナミックなダムづくりを展開している事例である。この遊びの一連の流れのなかに、5領域及び幼児期の終わりまでに育ってほしい10の姿がすべて含まれていることがわかる。

　まさに幼児期の「遊び」が小学校以降の「学習」につながる例である。

　この事例のように、子ども自身が自発的、主体的に活動するためには、保育者の直接的な援助がなくても、砂場の道具のみならず、コンテナケース、塩ビ管、雨どいなど、子どもが興味・関心をもつようなものを計画的に準備し、遊びの環境に潜ませておくことが重要となってくる。また、保育者は、直接関わりはしないが、近くにいても遠くにいても、子どもたちの気持ちを察しながら温かいまなざしで見守ることが重要である。この援助があるからこそ、自信や意欲が育まれるのである。

第4節 実践へのヒント

実践で使える保育のヒント

5歳児におすすめの一冊

　5歳児になると、言葉の理解もさらに進み、想像力も豊かになるため、園生活の中で絵本や紙芝居等の児童文化財に触れる機会をできるだけ多くもちたい。少し長めのストーリーにも集中できるようになり、「続きは明日ね」と途中で終わっても、翌日にはその続きを楽しみに待つ子どもが多い。

　『エルマーのぼうけん』は、竜の子どもを助けるために、「どうぶつ島」に渡ったエルマーが、知恵を働かせてさまざまな危機を切り抜けていく冒険物語である。子どもたちは想像を膨らませながら、エルマーと自身を同化させ、物語の世界に引き込まれていく。「どうぶつ島」の地図を保育室に貼っておくと、冒険の足跡がよく分かり、その後の展開への見通しももてるため、より物語を楽しめる。困難に遭っても自分で考え、自分で乗り越えていくエルマーはまさに5歳児の憧れであり、「生きる力」そのものである。エルマーや動物たちになりきって動いてみたり、エルマーと動物たちのやりとりを実際にやってみたりすることで、劇遊びに発展させていくこともできる。小道具を作り、遊びの中に取り入れる子どももいるかもしれない。さまざまな保育の展開が可能なため、5歳児にはぜひ読み聞かせたいおすすめの一冊である。

『エルマーのぼうけん』（福音館書店　1963年）
作　ルース・スタイルス・ガネット
絵　ルース・クリスマン・ガネット
訳　渡辺茂男

　続編を含めた3部作は15の言語に翻訳され、日本では累計725万部発行されている。世界中で愛されている児童書。

トラブルの際は相手の立場に立って考えられるように

　子ども同士のトラブルに対する保育者の対応の仕方は年齢によって異なる。自分の思いをうまく言葉で伝えることが難しい未満児の場合は、保育者が両者の気持ちを代弁し、伝える橋渡しの役割をすることが必要である。

　一方、5歳児の場合は、自分たちで話し合い、解決することができるように、保育者は時には介入せず、見守る援助が必要になってくる。また、相手の話を聞くこと、相手の気持ちを理解することができるようになるために、「○○くん、こんな気持ちだったんだよ」と保育者が相手の思いをすべて伝える（代弁する）のではなく、「～されると○○くんはどんな気持ちだったかな？」「どう思うかな？」と相手の気持ちを考えたり、「同じことを言われたらどう思うかな？」と相手の立場に立って考えたりする機会を与えることが大切である。トラブルの経験を通して、お互いの気持ちを理解し、思いやることのできる関係を築いていきたい。

★演習課題 ― ダイアログ

　保育者が仲立ちにならなくても、子どもが共通のめあてをもって、仲間と好きな遊びを進められるような保育環境はどうあればよいか。みんなで対話してみよう。

●引用文献
1）文部科学省『幼稚園教育要領解説』フレーベル館　2018年　p.90
2）厚生労働省『保育所保育指針解説』フレーベル館　2018年　p.288

●参考文献
厚生労働省『保育所保育指針解説』フレーベル館　2018年
文部科学省『幼稚園教育要領解説』フレーベル館　2018年
厚生労働省『保育所保育指針解説書』フレーベル館　2008年

第12章 保育の計画と観察・記録と評価

保育内容を記録し、評価を行い、これからへつなげる

　保育を実践するうえで、計画と観察・記録と評価は欠かせないものである。これらには一連の流れがあり、子ども一人一人に寄り添う保育を総合的に展開するための重要な役割を担っている。「保育の質」を高めるためには、どのようなことが求められているのだろう。

第1節 保育における計画の意義

保育を行ううえで、計画は欠かすことができない。なぜなら、保育は、子どもにとって家庭を離れた初めての社会生活の場であり、個人の発達と集団のなかでの発達を助長する場でもある。単に預かっている時間を一緒に過ごすのではなく、計画的・組織的に援助・支援するのである。そのため、子どもの活動が意識的であっても無意識的であっても、保育者には、意図的な関わりが必要となってくる。

一つ一つの関わりや活動内容において、環境を通して子どもの感覚を刺激し、どのようなことを経験できるか、また集団の相互作用から何を目指すのか、計画を基に保育していくことが求められる。したがって、保育・幼児教育には、法令に基づいた理念や計画があるのである。

保育所保育指針では、保育の目標を達成するために、保育の基本方針となる「全体的な計画[*1]」を編成するとともに、これを具体化した「指導計画」を作成しなければならないと記されている。保育所では、保育期間や利用時間が異なる。このような状況をかんがみて、育ちや発達を見通し、一貫した支援でもって体系的に構成し、保育を運営していくことが重要である。

幼稚園教育要領では、幼稚園教育の目標を達成するために、創意工夫を生かし、幼児の心身の発達と幼稚園及び地域の実態に即応した適切な「教育課程[*2]」を編成することが示されている。幼稚園では、子どもの今の姿と「幼児期の終わりまでに育ってほしい姿」の差を考慮して、それぞれの発達の時期にふさわしい教育・生活が展開できるよう指導計画を作成する必要がある。

幼保連携型認定こども園教育・保育要領でも、教育と保育の内容や子育て支援等に関する「全体的な計画」を作成することになっている。

このように、保育所保育指針、幼稚園教育要領、幼保連携型認定こども園教育・保育要領のいずれにも、子どもの育ち・発達を考え、各園の理念や保

[*1] 幼稚園における全体的な計画と保育所における全体的な計画は、おおむね同じ内容ではあるものの、保育時間の違いなどから表現が若干異なっている。
　幼稚園では、教育課程と教育課程に係る教育時間の終了後等に行う教育活動（預かり保育等）の計画、学校保健計画、学校安全計画などが含まれ相互に重なりをもつよう計画される。
　保育所では、保育所保育の全体像を包括的に示すものとして、保育の目標達成、各保育所の理念や保育方針に基づき、子どもの発達過程を踏まえて、保育内容が組織的・計画的(指導計画、保健計画、食育計画等)に構成され、保育所の生活の全体を通して、総合的に展開されるよう、全体的な計画を作成している。保育時間だけでなく、家庭の状況や地域の実態、保育時間など個別なニーズを子どもの最善の利益を考慮し、子どもの育ちに関する長期的な見通しをもち作成されている。

図12-1　保育・教育計画の種類と過程
出典：筆者作成

育（教育）目標をもとに計画を立てていくことが必要となっている。

そして、教育課程や全体的な計画は、入園から卒園までの育ちを連続的にとらえたものということができる。さらにその計画を基に、長期的な年間計画、中期的な期別・月間（月案）計画、短期的な週（週案）・日（日案）の

*2　教育課程は幼稚園教育において育みたい資質・能力を踏まえ、園の教育目標を明確に表したものである。編成には家庭や地域とも共有することが求められる。

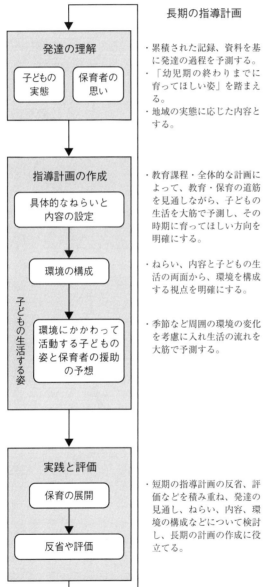

図12-2　指導計画の作成の手順の例

出典：文部科学省『幼稚園教育指導資料第1集　指導計画の作成と保育の展開』フレーベル館　2014年　p.29を一部改変

計画がある（図12-1・2）。また、乳児期の発達は、特に成長が著しいことと個人内の成長を個別に評価することから、個別指導（支援）計画を立てることもある。

　これらの計画を日々実践し、積み重ねていくなかで、日常の子どもの姿や成長を観察し、評価・反省をしていくこととなる。この流れには一貫性があり、計画と実践の差異に基づき、振り返りや評価を行い、また次の計画を立案していく。すなわち長期的な展望を見通し、短期的な計画を組み立てることで、その場しのぎではない、保育が日々の生活の営みとなり、連続性をもっていく。このように保育を包括的に考え、循環していく流れをPDCAサイクルと呼ぶ。幼稚園教育要領、幼保連携型認定こども園教育・保育要領では、この一連の流れを「カリキュラム・マネジメント[*3]」という。教育内容の質の向上に向けて、教育課程を編成、実施、評価、改善を図っていく。保育でいうPDCAとは、PをPlan（保育の計画）、DをDo（実践、保育内容）、CをCheck（反省、評価）、AをAction（課題の発見、計画の改善）のことであり、保育を計画的に取り組む過程を表すものである（図12-3）。

[*3] 子ども一人一人の資質や個性を育み、教育の質の向上に向け、環境を通して行う教育のもと、「幼児期の終わりまでに育ってほしい姿」や小学校以降の学びを想定し、園の教育を実現するための組織的かつ計画的な教育と支援の取り組み。また、就学後の学びを踏まえた縦断的な教育の見通し、現在の子どもの興味・関心、保護者や地域での生活を考えた横断的な支援の両方の側面から、園全体でつなぎ、紡いでいく。

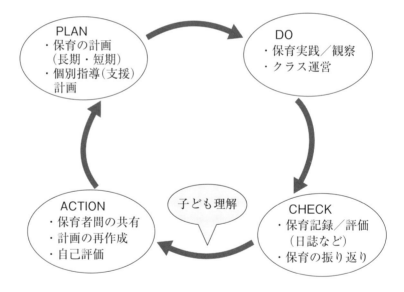

図12-3　保育におけるPDCAサイクル
出典：筆者作成

　このように、保育にはたえず一連の流れがあり、計画的な援助・支援によって行われる。計画・実践／観察・記録・評価のPDCAが円滑に循環することは、保育の質の向上につながり、子どもの豊かな発育と発達、そして成長へと導くことになる。

第2節 保育における観察

1 観察とは

　保育は人と人、人とものとの応答的な関わりである。そのため、意図的であってもなくても、一つ一つの働きかけに対して何らかの反応がみえる、もしくは内面の変化として現れている。このように考えると、保育は、目にみえることと、その反応の背景にある行動を瞬時に感じ取り、子どもの姿として絶えず、とらえていかなくてはならない。このみえるものだけでなく、みえないものをも洞察するという視点が観察ということになる。

　一般的に、観察とはありのままの姿を注意深くみることであり、保育における観察とは、森上ら（2010）によると、「対象の外面にあらわれるありのままの行動を観察、記録し、対象者の内側までも洞察する」[1]とされている。

　すなわち、保育の対象である子どもたちの姿や様子を単に把握する、みることだけが観察ではなく、場面を特に限定せず、目にみえる子どもの行動と内面の心のありよう、行動の意味や前後の背景をも読み取る洞察力こそが観察なのである。そして観察したことを記録することでのちに保育を振り返り、見つめ直すことへとつながっていく。

　また、観察とは子どもの行動を理解する技法であり、日常的な子どもの様子やいつもと違う子どもの様子を、保育者は常に意識的に観察しておかなければならない。そこではできる限り、観察する保育者の価値基準や固定観念が含まれないようにし、客観的でありのままの姿をとらえるとともに、合わせて記録しておく必要もある。

　観察する保育者は、子どもを支援する実践者としての主観的な視点と自分自身も含めた保育を展開する環境を全体的にとらえた客観的な視点をもつことが求められる。子どもの行動や活動には何らかの意味があり、その背景には何があるのか（興味・関心など）を読みとり、次の環境構成に生かしていく。たとえば、保育で遊びといえば、最も重要な子どもの活動である。その遊びを一緒に楽しむだけでは良い保育ということはできない。子どもが今何に興味をもっているのか、それはなぜなのかを注意深く子どもの内面を感じ取らなければならない。それらの視点をもとに、観察し、記録を取り、保育を振り返り（評価）、次へとつなげていくことは保育者の大変重要な専門力の一つである。

　すなわち、観察は保育に携わるすべての保育者に必要な力であり、経験と

知識によってできる限り差異が出るものであってはならない。目の前で行われる子どもの成長を、客観的事実のもとに新任保育者であっても経験豊富な保育者であってもおおよそ同様の観察に対する視点をもつ必要がある。

　保育のなかで子どもの動きやクラスの活動を観察することは、朝の登園時の視診からはじまり、日中の保育活動の姿をともに遊ぶこと・見守ることやみること、降園時の見送りまで絶えず注視していることとなる。目にみえる健康状態や一つ一つの行動の裏側にある子どもの心模様をくみ取り、次の保育へと活かしていくことが必要である。このように保育の1日は、絶えず観察を繰り返し、子どもの育ちを支え、子どもの活動を助長する適切な言葉がけや環境を提供しなければならない。保育における計画の多くの書式には「子どもの姿」が最初に記されている。それは、計画を作成するうえで、まず子どもの姿・実態を観察し、その様子をもとに計画を組み立てていくからである。

2　観察の方法

　保育における観察の具体的方法としては、観察法と呼ばれるものがある。観察法は、保育実践のなかでは最もわかりやすく効果的な子どもを理解する方法である。この観察法では、客観性や信頼性がいかに高められるかが重要である。保育者によって子どもの言動や姿のとらえ方が、極端に変わらないようにすることが求められ、そのためには、何のために何を記録するかについて、あらかじめ視点や対象を定めておくことが大切である。観察法には以下のようなものが挙げられる。

①　自然観察法

　自然観察法とは実際の保育場面の日常生活が自然な状態で、ありのままを観察する方法である。保育者は、一人一人の子どもを日々の保育のなかで観察することができ、長期的な子どもの様子を継続的に記録することができるため、成長や発達の視点から評価としても重要な役割をもつ。特に乳児を担当する場合など複数の保育者で観察することが多いため、同じ子どもに対して一人の主観に左右されることが少なく、複数の保育者の視点により客観性が伴い有効となる。逆に言うと、一人でクラスを担当する場合など個人的視点に陥りやすいため、注意が必要である。

② **実験的観察法**

　自然観察法ではさまざまな複合した要素が重なる場合がある。そこで、ある条件をできる限り統制して実験的にみていくやり方が、実験的観察法である。研究者が多く用いる方法で、目的のために特定の視点から観察項目を組織的に設定し、その範囲における子どもたちの行動を観察する方法である。

　たとえば、砂場遊びの場面を限定して仲間関係をみたい時などに用いて結果を考察する時に便利である。

　どちらにも特性があり、欠点もある。保育は、長期的で連続性のある関わりであるため、自然観察法はいつも行っている。しかし、長い保育のなかで一方の観察法だけでなく、複数の観察法により正しく子どもの行動を理解する必要がある。また、後述するが、一人の保育者が観察したことをどのように計画に反映し、記録するかも重要である。計画や記録をみることによって、ほかの保育者も子どもの課題や成長を共有することができ、一人では気づかなかった目にみえない学びや隠れた気づき、育ちを可視化することができるのである。

3　事例を通して

事例 ①

何気ない行動

　ある日、3歳児担当の保育者が園内の廊下を歩いていると1歳児クラスからガラスのドアをたたく音がした。ふとみると、ガラス越しに1歳10か月の子どもが保育者に対して何かを働きかけているようである。保育者が子どもの目線に合わせてしゃがんだところ指文字のようにガラスをなぞり、何か伝えようとしている。何か言いたいのだと思い保育者は、すぐにクラスに入りその子どもに声をかけ一緒に遊んだ。

　この観察記録をみると日常の何気ない光景である。子どもに声をかけた保育者は、子どもに寄り添ったことはごく自然な行為といえる。しかし、実は子どもの行動には奥深いものがあり、この記録をみた1歳児クラスの担任は、この行動を観察し記録した3歳児担当の保育者に声をかけた。「ガラス越しに指でなぞる遊びは、いつも夕方の降園時にお母さんが来られた時に遊んでるのよ。お母さんがお迎えに来た時、すぐに部屋へ入らずにガラス越しに遊

んでいるの」

　そう、つまり目にみえているだけでない子どもの心情が詰まった姿であった。そして一見何気ない行動を書きとめ、記録していたことで、ほかの保育者とのつながりと何より一人ではみえなかった子どもの思いを感じることができたのである。観察することは、まさに記録することへとつながり、記録は何をしていたのかという行動を書くだけではなく、何を伝えたかったのか、何を感じているのかを記録する必要がある。

　次の事例は、深刻な社会問題となっている児童虐待[*4]を疑わせるものである。保育者の子どもを観察する力と、些細な気づきを組織内だけでなく関係機関と共有したことが子どもの安全を守り、大事に至らずに済んだ。

> **事例❷**
>
> 「あれ？　土曜日と同じ服？」
>
> 　休み明けの月曜日、2歳児のAくんが土曜日の降園時と同じ服装で登園していることに保育者が気づいた。朝の視診の時からAくんはいつもと比べ、どことなく元気がなく、疲れた様子であった。母親は登園後、急いで仕事へと向かい、話は聞けていない。連絡帳にも週末の様子は特に記載されていなかった。担任はすぐに主任保育士に相談し、園内で対応を検討した。
>
> 　実はこのようなことが以前からしばしばあった。虐待の疑いも考えられたため、記録を取り、通告義務にもとづき関係機関へ情報提供した。結果は、行政の保健師の面談と家庭訪問により保護者の育児疲れによるネグレクト傾向があると所見された。その後、関係機関の支援により週末には子育て短期支援事業や子育て援助活動支援事業[*5]を利用するなど、育児の負担を軽減し、子どもも母親も元気に過ごしている。

　この事例では、保育者が休み前から服装が変わっていないこと、子どもの様子がいつもと違うことに気がつき、素早く行動したことにより、早期発見につながり大事には至らなかった。このように、日々観察するということは保育の充実や子どもの育ちを支えるだけでなく、子ども一人一人の安全を守るうえでも非常に重要である。

[*4] 児童虐待には、身体的虐待・心理的虐待・性的虐待・ネグレクト（保護の怠慢・拒否）があり、子どもの心身に大きな影響を及ぼす、養育者による不適切なかかわりである。

[*5] 子育て短期支援事業は、一定の事由により子どもの養育が一時的に困難になった場合に乳児院や児童養護施設等において宿泊を行うショートステイ事業と夜間の養護を行うトワイライトステイ事業である。
　子育て援助活動事業は、ファミリー・サポート・センターと呼ばれ、アドバイザーが地域の援助を行いたい登録会員と、援助を受けたい子育て家庭を連絡・調整する相互援助組織である。

第3節 保育における記録

1 記録とは

　「記録」というと学生のみなさんからは苦手だという声が聞こえてきそうだ。筆者も学生時代や実習の際には、苦手意識をもっていたことを思い出す。もちろん記録も保育の重要な一部である。

　本来、記録はすでに述べた観察をもとに客観的でわかりやすく書くことが重要である。つまり、格段難しく考えて記述する必要はない。

　何故、何のために記録するか、それは、計画した保育が子どもの育ちにつながっているか、興味・関心を踏まえた環境を通した保育と調和しているか、子どもの姿や成長、日々の出来事、保育者の思いを忘れないため、また時間をおいて振り返り、見直すためである。保育者の記憶だけでなく、正確な記録のもと、子どもの育ちが説明できる保育の証拠（エビデンス）である。また、子どもの感じること・考えることが記録を通してみえるように努めなければならない。時には記録を振り返ることで観察した際に、感じたことを超えてさらなる気づきになることも事実である。

　また記録の使いみちは、自分自身の保育を見つめ直すだけでなく、別の保育者や管理職である園長、外部関係機関との連携、保育内容の共有、保育研究に役立てることも大事である。

　日々の保育は、保育所保育指針や幼稚園教育要領、幼保連携型認定こども園教育・保育要領にもとづき、園の理念、地域の実態のもと保育の計画がつくられている。つまり保育は行き当たりばったりで子どもと過ごすものではなく、子どもの可能性や興味・関心を引き出す意図的で計画的な営みである。そしてそれらを記録し、評価・反省することが保育の質を高めることにもつながる。これこそ、保育者の専門性の1つといえる。

2 記録の種類

　日々の保育を連続的なものとしていくための記録としては、「全体的な計画」や「教育課程」、年間・月間・週間・日の「指導計画」など保育目標達成のための記録、期別の「経過記録」、「児童票」、「保育所児童保育要録」（以下、保育要録）や「幼稚園幼児指導要録」（以下、指導要録）「幼保連携型認定こども園園児指導要録」（以下、園児指導要録）など子どもの育ちを支え、

小学校と連携するための記録、日々の保育実践を記録する「保育日誌」などが代表的なものである。

全体的な計画や教育課程、指導計画などは保育期間全体や年・期・月など長期間の保育の経過を概観できるように記録するものといえるが、1日の指導計画や保育日誌などは、毎日の指導・保育の経過や結果を詳細に記録するものである。児童票・保育要録や指導要録、園児指導要録は、この日々の記録の集積のうえに成り立っている。

これらの記録を取る方法は大きく分けて2つあり、1つには保育中に気づいたことをメモか何かに書きとめて1日の保育活動を振り返る方法である。もう1つに映像(ビデオ機器)による記録という方法がある。映像に残るというと大層に感じるかもしれないが、ふだん自分ではみえないものに気づくことができたり、別の保育者と同じ情報のもと、保育を振り返ることができるので効果的である。しかし映像の記録が残っているからといって、保育中の観察を怠ってはいけない。あくまでも、みえにくかったものをみえるようになることやその場にいなかった保育者と共有することで自己研鑽（けんさん）と保育の振り返りに活用してほしい。

① 日々の記録と個人記録

児童票・保育要録は保育所に入所している乳幼児の、また、指導要録は幼稚園に在籍している幼児の指導を適切なものとするために、成育歴、家族関係、健康状態、性格の概要など子どもの状況とともに、保育期間全体を通し

表12-1　保育所の日誌（例／A4サイズの縮小版）

日　誌　　　月　　日（　）天気		園長	主任
ねらい	生活	記入者	
	保育	欠席者	
		重要伝達事項	
子どもの姿			
1日の流れ	省察	評価・反省	

た保育の経過を記録する公的な文書である。保育所、幼稚園、認定こども園それぞれ「要録」を作成することは日々の記録についての蓄積を振り返ることで成しえるいわば"保育の集大成"である。表12－1に示したのは、筆者が従事した保育所で用いる日々の日誌である。

　保育所によって日誌の様式もさまざまである。上記の日誌は、項目を細かくすることで書きやすくし、ほかの保育者が読んだ時にわかりやすくなるように園独自で作成したものである。毎日の記録は、時系列に沿って一日の全体を記した「流れ記録」と具体的な子どもの出来事を記した「エピソード記録」がある。この日々の日誌の集積が翌月の計画につながり、経過記録や保育要録を書く重要な材料となってくる。

② **保育所児童保育要録**

　保育所保育指針では保育所が幼児教育の施設としての機能を担うこととなり、環境を通した保育を小学校以降の生活や学習につなげていくことの重要性が強調され、保育所と小学校との積極的な連携強化が明記されている。そのための方法として保育要録の作成と送付、小学校教師との意見交換や合同の研究など小学校との連携の視点が明確に位置づけられている。

　保育要録の内容としては、「入所に関する記録」及び「保育に関する記録」を記載することになっている。入所から就学に至るまでの保育の過程と子どもの育ちを振り返り、5領域と幼児期の終わりまでに育ってほしい姿を踏まえ、わかりやすく簡潔に記録する必要がある。厚生労働省から示された様式例（p.230の巻末資料参照）をみてもわかるように、現在の子どもの状況と今後の可能性を小学校教育との円滑な接続へつなげるということを理解し、子どもの最善の利益を踏まえ、個人情報として適切に取り扱わなければならない。

　作成の手順としては最終年度の担当保育者が中心となり、保育者みんなで協力してつくりあげ、園長を通して小学校へと送られていく。そして小学校との積極的な連携の資料として、さらに情報交換を深めたり、顔のみえる交流と相互理解に努めることが目的となる。

③ **幼稚園幼児指導要録**

　幼稚園には指導要録があり、学校教育法施行規則により幼稚園に作成と保存及び小学校への送付が義務づけられている公簿である。それぞれの園で記入の様式を創意工夫し作成することとなっている。

　指導要録の内容としては、「学籍に関する記録」と「指導に関する記録」

で構成されている。

学籍に関する記録は「外部に対する証明等の原簿としての性格をもつものとし、原則として、入園時及び異動の生じた時に記入する」とされ、①幼児の氏名、性別、生年月日及び現住所、③学籍の記録（入園年月日／転入園年月日／転・退園年月日／修了年月日）、④入園前の状況（保育園などでの集団生活の経験の有無などの記入）、⑤進学先など（進学した学校や転園した幼稚園などの名称及び所在地などの記入）、⑥園名及び所在地、⑦各年度の入園（転入園）・進級時の幼児の年齢、園長の氏名及び学級担任の氏名を記入する。

指導に関する記録は年間の成長と指導の過程が集約され、次年度への適切な指導に資するつながりをもつ性質となっている。

また、認定こども園においても書式に若干の違いはあるものの、「幼保連携型認定こども園園児指導要録」がある。

以上のように、「要録」は保育所と幼稚園、認定こども園で様式は異なるものの、小学校教育における子どもの育ちの姿を理解するための資料として、5領域の視点と幼児期の終わりまでに育ってほしい姿を踏まえて一人一人の個性や強み、全体像がわかるように工夫して簡潔に書かなければならない。加えて、個人情報保護の観点も決して忘れてはいけない。この「要録」をもって小学校での成長や学びへとつながり、子どもの育ちを次の過程へと引き継ぐ、連携・接続の大きな意味あるものとなる。

第4節　保育における評価

1　評価とは

評価というと、子どもたちへの指導の成果や保育内容を測定されるというマイナスのイメージをもつ風潮が広く浸透してきた。しかし、前節までで述べたように計画的で意図的な保育実践であればこそ、保育の内容、計画の妥当性を点検・評価する振り返りが必要だということがわかるだろう。長期指導計画や短期指導計画の評価・反省をするのである。評価することで、自分たちが行う保育がソーシャルアクション*6として説明責任を果たすのである。

評価を行うことで保育の質の向上のため、保育士の固有の専門性、保育所・幼稚園の子ども観や魅力、強みが伝えられるのである。

*6
対象者の権利擁護を主体とし、社会資源の創出、社会参加の促進、社会環境の改善、政策形成等、ソーシャルワークにおける重要な援助および支援方法の1つである。社会福祉活動法または社会活動法と呼ばれる。ここでは、評価(振り返り)し、第三者評価等で公表することは、専門職として子どもの最善の利益のための保育の実際を、保育施設の現状や課題として発信するこ

2 | 保育所における評価

　2008（平成20）年の保育所保育指針には、「保育所の役割」及び「保育所の社会的責任」（いずれも第1章 総則）が新たに書き加えられ、保育所に求められる内容が明確になった。それと同時に保育所での保育の質の向上の必要性も強調されるようになった。なかでも保育の質を高める取り組みとして新たに盛り込まれたことの1つに「自己評価」がある。それは保育者としての得手不得手や保育内容のでき栄えを評価するものではなく、複数の視点から自分たちの保育実践について評価することや保育所全体の保育内容を客観的に評価し自らの保育を見直していくことが必要になってくるからである。現在の自分たちの専門性や到達度を知るいい機会とし、園が今後の目標設定のために利用したい。また近年、福祉サービス第三者評価に関する評価基準が示され、保育所も第三者評価により、客観的尺度のうえで情報開示し、利用する保護者や地域住民に向けた開かれた園づくりの一助となっている。

3 | 幼稚園における評価

　幼稚園については、2007（平成19）年6月に改正された学校教育法のなかで、学校評価を行い、その結果にもとづき学校運営の改善を図り、教育水準の向上に努めることについての規定（第42条）、及び学校の情報提供に関する規定（第43条）が、新たに加えられた。これにより、2008（平成20）年3月に「幼稚園における学校評価ガイドライン」が作成され、そのなかに「学校評価の定義」として、自己評価・学校関係者評価・第三者評価が示されている。自己評価は、幼稚園が教育機能をどの程度果たしているかについて、教育活動の実施主体である幼稚園自らが、総合的・客観的に評価するものである。自己評価の内容は、教育目標や指導の内容・方法など、教育課程の編成とその実施に関する評価を中心に据えながら、教育活動が円滑に行われるための園内の組織・運営や施設・設備など、教育課程の編成と実施を支える諸条件を含めて点検し、総合的に評価する必要がある。

4 | 保育所・幼稚園における第三者評価

　第三者評価とは、事業者の提供するサービスを当事者（事業者及び利用者）以外の第三者機関が評価することをいう。その目的は、個々の保育所・幼稚園が事業運営における具体的な問題を把握し、サービスの質の向上に結びつ

とにより、保育の社会とのつながり、社会環境の改善につなげるという意味からソーシャルアクションと表現している。また、補助金等で運営することの説明責任（アカウンタビリティ）の一助となっている。

けることと共に、利用者が適切なサービスの選択ができるような情報となることである。また、公費で運営されている事業の公共性を確保するための手段でもある。保育所や幼稚園においても利用する保護者や子ども、地域への説明責任を果たすため、第三者評価が行われるようになってきた。

　保育所において評価の意義として、1つは組織運営や保育の質を見直すことによって新たな気づきが得られ、より良い保育を目指す契機となる。

　2つ目は、措置施設ではなく利用施設である保育所が、利用する保護者等のために保育サービスの内容を開示することで、個別のニーズに応じた選択につながることとなる。また今後多様な専門性が求められる保育所の独自性や子育て支援をアピールする機会となり、より一層保育の質の向上が求められる。

　幼稚園においては、幼稚園教諭の資質の向上や地域社会に開かれた学校づくりといった観点から学校評議員制度を活用した評価が行われていた。さらに2007（平成19）年、学校教育法及び同法施行規則の改正により、自己評価・学校関係者評価の実施・公表、評価結果の設置者への報告に関する規定が設けられた。「幼稚園における学校評価ガイドライン」では、「幼稚園において、幼児がより良い教育活動を享受できるよう、学校運営の改善と発展を目指し、教育の水準の保証と向上を図る」ことを目的とし、学校評価を実施することが明記されている。学校評価には、自己評価、学校関係者評価、第三者評価があり、第三者評価を活用した園評価のあり方については、今後さらなる検討が必要と記されている[2]。

　保育・幼児教育が社会的に求められている役割を果たすためには、従来の経験や、子どもが可愛いという感覚だけで使命を果たせるものではなくなったのである。外部による保育評価を行うこと・受けることで、保育の質を向上させるということ、またその評価は利用者が園を選ぶ際に参考にするために活用されるということを理解しておきたい。

5 ｜ 自己評価の意義

　保育所・幼稚園の質の向上が問題とされ、保育者の高い資質が求められるようになっている。自己評価から、抽出される課題は2つあり、1つは保育者個人を振り返り・見つめ直すことができることである。保育者は、保育の計画や保育の記録を通して、自らの保育実践を振り返り、その専門性の向上や保育実践の改善に努めなければならない。その方法として自己評価は最も重要である。観察し、記録されたことが検証されなければ、保育の質は向上

していかない。日々の保育実践から週・月・年に至るまで多様な保育実践を展開してきたことを、記録を頼りに自己評価していかなければならない。しかしながら、個人が一人一人で自己を見つめ直すことは容易ではない。

　そのため、2つ目として組織的な課題に対する取り組みが必要である。自己評価は個人の取り組みからチームや組織全体での議論を経て、その課題が共有化されることが重要である。共有化された問題に対して、改善に向け組織全体でどのように取り組むかの基礎となる。自己評価を自己責任として任せておくのではなく、組織的な位置づけによって進めていくことが必要となり、会議や研修会などを開いて園全体で共に育ち合い・学び合い、保育を磨き合ってこそ園の力となり、保育者の力となる。

　このように自己評価は、自らの保育のための自己研鑽であり、利用する保護者や子どもの最善の利益のためには欠かせない役割なのである。

6　まとめ

　本章で学んだように、保育における計画と観察・記録と評価は切り離せないものであり、保育の向上のためPDCAサイクル（図12-3）で示したように一体のものである。毎日目の前で繰り広げられる子どもの発達の姿を観察していると、予想していたものとは誤差が生じるので、絶えず今の子どもの姿に合わせて計画は修正されることにつながる。

　日々の子どもの発達の姿をとらえ、中・長期的なねらいを検討しながら保育するのである。そのように考えてつくり上げられていく日常は、子どもの姿を的確にとらえ、ねらいに沿った内容であったかを評価することになる。評価することをなしにしては、日々の保育の見直しがなされない。

　日々新たな経験であっても、時間の経過とともにその記憶は薄れていくものである。記録を通して保育実践を振り返り、そこでの発見や問題、課題など、思索した結果を修正していくことは意味のあることである。その時点における実践を記憶にとどめることに役立つばかりでなく、意図的な保育実践を継続するうえでは、目標に即して実践の適否を評価し、引き続き実践への見通しをもつことにつながるからである。もちろん、記録として残すために思索する過程で、保育者が自分自身を見つめ直し、練り直す契機ともなる。こうした自己点検と同時に、さらに記録を媒介として、他者の目を通しての実践の点検が可能となり、長期的、多角的な視野から保育をとらえる視点が生まれ、保育者自身も育つのである。すなわち、保育の計画と観察・記録と評価は、実践者と第三者が同じ情報で問題点を共有し、保育を多角的、長期的に

検討する材料にもなる。延いては、保育にかかわる者の思索が深まり、視野が拡げられたり、実践の質が高められたり、深められたりするなど、多くの有効的な効果と成果が期待されるものなのである。

★演習課題 ─ ダイアログ

登園時の視診であなたはどのようなことを意識して観察するだろうか、考えてみよう。

また、登園時に元気のない子どもを観察した時、どのような背景が考えられるだろうか。登降園時には、どのようなことを心がけて子どもや保護者に声をかければよいだろうか。みんなで対話してみよう。

●引用文献
1）森上史郎・柏女霊峰編著『保育用語辞典[第6版]』ミネルヴァ書房　2010年　p.175
2）太田悦生編『新時代の保育双書　新・保育内容総論』みらい　2010年　p.173

●参考文献
今井和子著者『保育を変える　記録の書き方　評価の仕方』ひとなる書房　2009年
小田豊・神永美津子編著『教育課程総論』北大路書房　2003年
金澤妙子・佐伯一弥編著『演習　保育内容総論』建帛社　2009年
民秋言・狐塚和江・佐藤直之編著『保育内容総論』北大路書房　2009年
厚生労働省『保育所保育指針解説』フレーベル館　2018年
文部科学省『幼稚園教育要領解説』フレーベル館　2018年
内閣府・文部科学省・厚生労働省『幼保連携型認定こども園教育・保育要領』フレーベル館　2018年

第13章
保育内容の歴史的変遷

明治初めの保育の様子（「二十遊嬉之図」複製／お茶の水女子大学所蔵）

　1911（明治44）年、尋常小学唱歌が編纂された。このなかには、「ゆきやこんこ、あられやこんこ」で有名な『雪』や、「でんでんむしむし、かたつむり」の『かたつむり』、「ぽっぽっぽ、鳩ぽっぽ」の『鳩』などが収められている。みなさんは口ずさむことができるだろうか。100年以上も前の歌が、今日まで歌い継がれている理由を考えてみよう。

第1節　学制発布と幼稚園のおこり

1　幼児教育施設のはじまり

　明治初頭、西欧から来日した外国人の手により、あるいは西欧から流入した書物などの影響のもとに、いくつかの幼児教育施設がつくられた。たとえば、1871（明治4）年に横浜で設立された亜米利加婦人教授所、1875（明治8）年に京都府船井郡で開設された幼穉院[*1]、同じく明治8年に京都市の柳池小学校に付設された幼穉遊嬉場[*2]などがよく知られている[*3]。これらは、幼児に教育を施しつつも、孤児を保護したり、幼児を事故や悪癖から守ったりするといったさまざまな目的を兼ねた施設であった。これらの幼児教育施設は、最初期の幼稚園とみなすことはできるものの、比較的短期間のうちに消滅したり、別種の施設へと転換していったりしたため、その後の日本の幼稚園の発展にとって大きな影響を与えたとはいえないものであった。

　こうした各地にみられる独自の動きとは別に、近代国家の建設を急ぐ明治政府は、1871（明治4）年7月には文部省を設置して、学校教育制度の確立に力を注いでいた。新設されたばかりの文部省が着手したのは、欧米教育視察と新学制の施行という、必ずしも互いに連携がとれているとはいえない2つの取り組みであった。

　1871（明治4）年11月、文部省は、明治政府が派遣した岩倉使節団に田中不二麿を文部理事官として随行させ、欧米の教育事情を調査するよう命じている[*4]。この欧米教育視察での見聞は、のちの田中不二麿による東京女子師範学校附属幼稚園創設の大きな動機となってゆく。

2　学制発布と幼稚園の創設

　他方で、文部省は同じ明治4年の12月、学制取調掛を任命して学制の起草を命じている。そして、岩倉使節団の帰国をまたずに、翌1872（明治5）年8月にはフランス学制を範とした「学制[*5]」が早々と公布されることになる。

　学制は全213章からなる法規であり、全国を8大学区、256中学区、53760小学区に分け、各々の学区に大学、中学校、小学校を設けるという大規模な構想を示したものであった。また学制は、その第21章に小学校の一種としての「幼稚小学」を規定し、第22章ではその目的を「幼稚小学ハ男女ノ子弟六歳迄ノモノ小学ニ入ル前ノ端緒ヲ教ルナリ」と定めるなど、わが国最初の幼

[*1] わが国最初（1875年10月）の公立の幼児教育施設。竜正寺境内において幼児に五十音や単語を教えるという届出の記録により知られている。

[*2] 1875年12月に京都上京第三十区第二十七番組小学校（のちの柳池小学校）に開設されたが、1年半ほどで廃止された。積木や単語図や絵本などが備えられていたようである。

[*3] 京都では、文部省の学制発布に先立ち明治2年にはすでに学区制の小学校の設置を進めていた。また京都で開設されたこれらの保育施設は、当時の西欧の保育所的な性格をもった幼稚園をモデルとしていた。

[*4] 田中不二麿の欧米教育視察での見聞は、『理事功程』という報告書としてまとめられている。

[*5] 全国規模での実施をめざした日本最初の近代的学校制度。四民平等の社会にふさわしく個人主義的、実学主義的な性格をもっていた。

児教育機関の構想をも含んでいた*6。しかし、幼稚小学の運営についてはまったく規定が存在せず、政府には学制の構想にもとづいて幼稚小学を設置していく意図はなかったものと考えられている。

　日本における本格的な幼稚園の実際の設置は、学制の構想にもとづいて行われたのではなく、欧米教育視察から帰国した田中不二麿によってなしとげられる。視察によって幼児教育の重要性を認識した田中は、1874（明治7）年、太政大臣三条実美(さんじょうさねとみ)にたいして、東京女子師範学校*7の創設の伺いを、ついで1875（明治8）年には東京女子師範学校内への幼稚園開設の伺いを二度にわたって提出する。そして、これらの伺いが認められることによって、1876（明治9）年、関信三(せきしんぞう)を監事（園長）とし、松野クララを主席保姆(ほぼ)*8として、日本における最初の本格的な幼稚園である東京女子師範学校附属幼稚園が創設されるのである*9。

　なお、この附属幼稚園の保育内容は、東京女子師範学校の幼稚園規則から知ることができる。それによれば、附属幼稚園の保育科目は「物品科」「美麗科」「知識科」の3科であり、さらに3科の下に25の項目（子目）が置かれていた。これらの内容のほとんどがフレーベル*10の恩物*11であった。

3 ｜ 附属幼稚園を中心とした展開

　幼稚園に関する法的な規定がまだ存在しない時代、各地では、東京女子師範学校附属幼稚園の幼稚園規則を設置運営のモデルにしつつ、また東京女子師範学校の卒業生を迎え入れたり、あるいは東京女子師範学校へ保姆見習いを送ることによって保姆を確保したりしながら、幼稚園を開設していった。東京女子師範学校附属幼稚園は、こうして日本における幼稚園の普及の基礎を築いたといえる。

　しかしながら、附属幼稚園が設置されたあと、順調に幼稚園が普及していったというわけではない。各地で幼稚園開設の計画がもちあがるものの実現に至るものは少なく、実際には大阪府立模範幼稚園、仙台の東二番丁幼稚園、鹿児島県女子師範学校附属幼稚園、東京の江東女子小学校附属幼稚園や私立桜井女学校附属幼稚園など、公私立幼稚園等がわずかに設置されたのみであった。

　そのため文部省は幼稚園の普及を意図して、1882（明治15）年には「簡易幼稚園に関する示諭」を示して簡易幼稚園の設置を

東二番丁幼稚園。
昭和13年まで使用された園舎

*6
　幼稚小学はフランスの育幼院（保育所に相当）をモデルとしたものと考えられている。

*7
　東京女子師範学校は1875年に設立されたのちに東京師範学校女子部、さらに高等師範学校女子部となり、ここから独立して、1890年に女子高等師範学校に、さらに1908年には東京女子高等師範学校となる。現在のお茶の水女子大学である。

*8
　戦前は幼稚園および託児所で子どもを保育する職員を「保姆」と呼んだ。なお、「姆」は「母親代わり、子守り」というほどの意味である。

*9
　1840年にフレーベルがドイツのブランケンブルクに世界で最初の幼稚園を設立してから、およそ30数年後のことである。

*10
　フレーベル(1782-1852)はドイツの教育家で、世界で最初の幼稚園の創設者。そのほか教育玩具の「恩物」の考案や母親のための育児書『母の歌と愛撫の歌』の発行なども含めて、後世の幼児教育に大きな影響を与えた。

*11
　フレーベルが考案した教育玩具。第1恩物から第20恩物まであり、例えば球や積木などが含まれている。なお、「恩物」はドイツ語Gabe（英語でGift）を訳したもので、「神が幼児に賜ったもの」という意味である。

奨励する。しかし、小学校への就学率も50%に達しない当時、大衆の幼稚園に対する理解の乏しさも手伝って、この示諭はそれほど成果をあげなかった。

しかし、幼稚園の量的な拡大は思わぬ方向から進展することになる。この頃、小学校への幼児の就学が年々増加してきており、徐々に無視のできない問題となってくるのである。そして文部省は、1884（明治17）年に小学校への学齢未満児の就学禁止を通達し、そのかわりに幼稚園、簡易幼稚園、または小学校の一部を利用して設置した幼稚園において、これらの学齢未満児を保育するよう通知するのである。この通達によって幼稚園や小学校保育科[*12]の設置が進み、通達の前年である1883（明治16）年には全国に12園しかなかった幼稚園が1887（明治20）年には67園にまで増加するなど、幼稚園の全国的な普及が軌道に乗りはじめるのである。

*12　これら保育科は、1890年の第2次小学校令施行を機に、小学校から分離される。こうして、保育科は再編され、のちの公立幼稚園の前身となっていくのである。

4　保育内容の規定　−幼稚園保育及設備規程−

しかし、増加し始めた小学校保育科もその内容は、文部省が意図していたものとは異なるものであった。そのため文部省は、1892（明治25）年に、簡易幼稚園のモデルとして女子高等師範学校附属幼稚園分室を設置している。

また幼稚園の保育の内容も、地方の実情に応じてさまざまであったため、文部省は幼稚園の保育内容の規制にも着手する。しかし、幼稚園の法的な規則の制定にはまだまだ消極的であった。ようやく普及し始めた幼稚園が、規則の制定によって、閉園に追い込まれてしまうことをおそれたからである。

しかしながら、文部省も幼稚園の増加をいつまでも傍観するわけにはいかずに省令の制定にとりかかる。そうして、ようやく1899（明治32）年に幼稚園保育及設備規程が制定される。これが、日本における、幼稚園に関する最初の法令である。

幼稚園保育及設備規程では、保育内容として「遊嬉、唱歌、談話、手技」[*13]の4つを規定している。ここで「手技」というのはフレーベルの恩物を意味しており、まだまだフレーベル主義の保育の影響が残っていることがうかがわれる。だが、他方では「遊嬉」を4項目の筆頭に挙げているところに、フレーベル主義からの脱皮をみることができる。

なお、この規程が1日の保育時間を5時間以内と定めたことは、その後の幼稚園のあり方に大きな影響を与えることになる。

*13　「遊嬉」とは、心身を快活、健全にすることをねらいとしたもので、自由に遊ぶ随意遊嬉と、唱歌にあわせて運動する共同遊嬉との2つがあった。また「唱歌」は平易な歌をうたうもので、聴覚や発声器、呼吸器の発育等を目的とした。「談話」は子どもにとって有益で興味のあるお話であり、徳性の涵養、観察注意力の育成、発音や言語の練習などを目的とした。「手技」はこれまで独立して扱われてきた各恩物を一括したものである。それまでの幼稚園保育の中心であった恩物を保育項目の末尾におき、逆に遊嬉を筆頭においたこと、また読み書きを排除していることが注目される。

フレーベルの恩物
（お茶の水女子大学所蔵）

この保育時間の規定は、幼稚園保育及設備規程が普通幼稚園を想定して定められていることを意味している。言い換えれば、幼稚園保育及設備規程は、簡易幼稚園を排除することによって*14、幼稚園を純粋な教育機関と性格づけ、現代へと続く幼保二元化のきっかけをつくることになるのである。

5 ｜ 幼稚園令と幼稚園令施行規則

その後、1926（大正15）年にわが国でははじめての幼稚園に関する独立した勅令となる幼稚園令が公布される。また保育内容は、幼稚園令とともに制定された幼稚園令施行規則のなかで、「遊戯、唱歌*15、観察、談話、手技等」と定められた。ここでは、保育内容として新たに「観察」が加えられ、さらに末尾に「等」と記すことにより、保育内容の自由度が増すことになった。

さらに、この勅令と同時に出された文部省訓令「幼稚園令及幼稚園令施行規則制定ノ要旨並施行上ノ注意事項」は、3歳未満児の就園や長時間の保育を認めるなど、幼稚園に保育所的な役割をももたせようとするものであった。しかし、このように幼保一元化を志向するともいえる幼稚園令の施行も、そのための予算措置がなされなかったために、幼稚園保育及設備規程の制定以来の普通幼稚園のあり方を変えるにはいたらなかった。

この背景には、当時、文部省が小学校の修業年限を4年から6年へ延長すること（1907（明治40）年の小学校令改正）を最優先に考えていたという事情がある。さらには、こうした事情は明治末期から大正期にかけて、公立幼稚園の整備を滞らせることにもなった。公立幼稚園にくらべて私立幼稚園が多いという現在にもつづく状況は、このときにつくられるのである。

6 ｜ まとめ

明治の近代化のなかで、西洋から導入された最初期の幼稚園は保育所的な性格をあわせもつものであった。そもそも欧米の幼稚園は貧困家庭の幼児の保護のために普及したという経緯があったからである。しかし、日本における本格的な幼稚園として設置された東京女子師範学校附属幼稚園は上流階級の子弟しか通園できない就学前教育機関であった。

附属幼稚園やそれをモデルとした幼稚園が設置された後も、幼稚園に保育所的な役割をも担わせようとする試みはたびたび登場するものの、結果的には、日本の幼稚園は西欧の幼稚園とは対照的に、純粋な教育機関として確立されていく。その大きな要因となったのは、近代化を急ぐ明治政府がまずは

*14
この規程によって女子高等師範学校附属幼稚園分室は保育時間を短縮し普通幼稚園へとその性格を変化させていく。また貧民幼稚園として1900年に発足した二葉幼稚園も、徐々にこの規程に抵触するようになり、のちに二葉保育園へと転換する。

*15
唱歌のなかには現在も歌い継がれているものがある。たとえば、「うさぎとかめ」（田村虎蔵・納所弁次郎『幼年唱歌（初編・二編）』1900・1901年）「お正月」（東くめ・滝廉太郎『幼稚園唱歌』1901年）などである。なお、当時の幼稚園の保育案をみると、この時代に起きた日清戦争と日露戦争を反映して、「兵隊」や「軍艦」などの唱歌もうたわれていたことがわかる。

小学校の整備を優先したところにあったといえよう。こうして、日本においては、幼保二元化が既定路線となっていくのである。

第2節 託児所と保育所

1 託児所のはじまり

　日本における最初の託児所は、1890（明治23）年に赤沢鍾美が新潟静修学校の付属施設として設置したものだとされている。これは、子守りのために幼児と一緒に登校せざるをえない女児のため、授業中に学校の一室で幼児を預かるものであった。日本における最初の託児所は、母親の就労のためではなく、子守りをしなければならない女児の便宜のためにつくられたのである。

　同じく最初期の託児所として、鳥取県の下味野村に筧雄平がひらいた「下味野村子供預り所」が知られている。これは、農繁期に子どもを集めて世話をする農繁期託児所として1890（明治23）年に開設されたといわれているが、詳細についてはわかっていない。これら初期の託児所は、未だ日本の主要な産業が農業であり、また子守りの担い手が女児であった時代を反映している。

　しかし日清戦争（1894-95年）前後から、日本は本格的な産業革命を迎えることになり、これを背景にこれまでとは異なる託児所が登場する[*16]。すなわち、工場内託児所である。

　たとえば、1894（明治27）年には東京紡績株式会社に、1900（明治33）年には鐘ヶ淵紡績株式会社に、1906（明治39）年には日本煉瓦製造株式会社に、それぞれ工場内託児所がつくられている。これらは、結婚した女子熟練工を引き止めるため、女子労働力の比重が大きい繊維産業を中心に開設された。こうして新たに登場した託児所は、女性の労働力確保を目的としている点では現代の保育所に通ずるものがあるといえよう。

　しかし、ここまでに登場した託児所は、学校付属の託児所にしても、農繁期託児所にしても、また工場内託児所にしても、私的な事業として行われており、概して慈善事業の域をでていないという限界をもっていた。

2 託児所の社会事業化

　託児所の事業が公的・組織的な社会事業へと転換していく最初のきっかけは日露戦争（1904-5年）によって与えられる。神戸市外事係長であった生

*16
　産業革命の進展は幼稚園にも影響を与え、工場内託児所が登場するのと同じ頃に、貧民幼稚園が登場する。1893年開設の神奈川幼稚園、1985年開設の善隣幼稚園（神戸市）、1900年開設の二葉幼稚園などがそれである。

江孝之は、1904（明治37）年、出征軍人遺家族の生計を支えるために子どもを預かる施設、神戸市出征軍人児童保管所*17の開設にたずさわる。彼はのちに内務省（のちにここから厚生省が独立する）嘱託として保育事業の発展に指導的役割を果たしたといわれる。

託児所の社会事業への転換を決定づけたのは、1918（大正7）年に発生した米騒動である*18。託児所は米騒動よる社会不安への防衛策の一つとみなされ、1919（大正8）年には、大阪市に鶴町第一託児所や桜宮託児所といった最初の公立託児所が開設される。同じ年の末には京都市の三条託児所、さらに1921（大正10）年には東京市の江東橋託児所など、都市部を中心に公立託児所が相次いで設置され、託児所は公私立ともに急速に増えていった。

3 | 託児所の保育内容の形成

それでは、これら公立託児所の保育内容はどのようなものであったのだろうか。当時の託児所の保育内容は、たとえば1921（大正10）年に制定された東京市託児保育規定に伺うことができる。ここでは、一般幼稚園の課程に準じて遊戯、唱歌、談話、手技を託児所の保育内容と定めていた。同じ年に制定された大阪市託児所規程においても、保育内容は遊戯、唱歌、談話、手技とされており、幼稚園にならうものであった。とはいえ、幼稚園に準じた保育内容が、不十分な養育環境に育ってきた貧困層の子どもにとって十分であるはずはなく、託児所の保育内容は、清潔、栄養食、規則的習慣の指導などを含む独自のものへと発展していくことになる。

こうして公的な社会事業として形をなしはじめた託児所は、その後の昭和恐慌を背景にさらにその数を増やしていく。そして、1938（昭和13）年に成立した社会事業法において、託児所ははじめて法的に位置づけられることになる。しかし、託児所は法的な位置づけこそ得たものの、未だその保姆や保育内容については規定がない状態が続いていた。保姆や保育内容の規定の整備は、戦後の児童福祉法体制の成立まで待たなければならなかった。

4 | まとめ

幼稚園が明治初頭から文部省の主導によって－必ずしも積極的とは言えないものの－整備されていくのに対して、託児所は大正期になってようやく公的な整備が進むことになる。昭和にはいって社会事業法のなかにようやく託児所が位置づけられるものの、戦前においては一貫してその保育内容につい

*17
児童保管所の保育については、多くの幼稚園保姆らが保育技術等の面で協力したといわれている。なお、この種の託児所は当時、全国に拡大し、終戦後もそれらの一部は存続したといわれている。

*18
同時期に、内務省は地方局救護課（1917年）を設置し、次いで社会課（1919年）へ改称、さらに社会局（1920年）へと格上げしている。なお、社会局は衛生局とともに1938年、内務省から分離独立して厚生省となる。

て何の規定も存在しなかった。

　こうした状況にあって、幼稚園保姆が保育内容や保育技術の面で託児所に協力したり、託児所が幼稚園保姆養成所の出身者を採用したりするなど、幼稚園と託児所の間には現在ではみることのできない交流が存在していた。

　しかし、大正時代にはいって託児所が勃興期を迎えるちょうどそのとき、対照的に文部省は貧民幼稚園の普及に消極的な姿勢をとりはじめ、貧民幼稚園や託児所がともに目指していた児童の保護の仕事は、もっぱら託児所が担うようになっていくのである。

第3節　保育の二元化のはじまり　−学校教育法・児童福祉法−

1 ｜ 学校教育法の制定と幼保二元化

　戦後の新学制は、GHQの要請によって設置された教育刷新委員会により、アメリカ教育使節団報告をふまえながら構想された。この委員会の意見にもとづいて、1947（昭和22）年3月25日、第92回帝国議会において、教育基本法及び学校教育法[19]が成立する。幼稚園はこの学校教育法のなかで学校体系のなかに位置づけられ、また、これによって幼稚園の保姆は「教諭」となった。こうして、幼稚園は託児所とは異なる役割をもつ教育機関としての性格を明確にすることになる。

　とはいえ、文部省はこの時点ですでに幼保二元化を意図していたわけではない。たとえば、教育刷新委員会の委員であった倉橋惣三（くらはしそうぞう）は、就学前1〜2年の保育を幼稚園へ一元化することが適当であり、またいずれはこれを義務制にしたいとの考えを委員会の席上で述べている[20]。こうした倉橋の考えは文部省側でも共有されており、新学制発足時、幼稚園はいずれ義務教育化されるものと認識されていた。

　それでは、なぜ文部省は託児所の存在をそのまま容認したのだろうか。その理由は、当時は終戦直後ということもあって幼保あわせても施設の絶対数が少なく、文部省はのちの幼稚園義務化にとって託児所（保育所）をそのまま残すほうが好都合だと判断したのである。

2 ｜ 児童福祉法の制定と幼保二元化

　それでは、終戦直後の託児所をめぐる状況はどうだったろうか。終戦直後、

[19] 学校教育法案は、教育刷新委員会による教育基本法の検討とは別に、文部省がCIE（民間情報局。GHQの部局の1つ）と連絡を取りつつ作成したものである。

[20] 倉橋は満4歳以下の保育を厚生施設で行うことが適当であるとも述べている。つまり正確にいえば、倉橋は年齢区分された幼保二元化を主張していたのである。

児童保護に関する大きな問題は、12万人以上の戦災孤児や浮浪児への対応であった。そこで厚生省は、その対応策を中央社会事業委員会に諮問する。この諮問には児童保護法案が添えられており、このとき厚生省の念頭にあったのは要保護児童を対象とした法の制定であった。しかし、この諮問に対して、委員会は要保護児童だけでなくすべての児童を対象とする法の制定を求める意見を答申する。こうした経緯のもと、1947（昭和22）年12月12日、第1回国会において、学校教育法の成立からやや遅れて児童福祉法が成立する。これによって託児所は児童福祉施設となり、その名称も「保育所」となる。また、それまで何の規定もなかった託児所の保姆は、児童福祉法施行令（1948（昭和23）年）によって、「保母」として新たに規定されることになった。

では、幼保一元化に対する当時の厚生省の姿勢はどうだったのだろうか。児童福祉法案の国会提出時の厚生省は、一元化には関心がなく、保育所と幼稚園の機能の違いしか念頭になかったようである。

成立当初の児童福祉法では、「保育所は、日日保護者の委託を受けて、その乳児又は幼児を保育することを目的とする施設とする」（第39条）[21]と規定し、そこに入所の条件は明記されていなかった。この点では、保育所と幼稚園の違いはまだ明確なものではなかったのである。

しかし1951（昭和26）年、児童福祉法は改正され、「保育に欠ける」という文言が第39条につけ加えられる。この改正は、保育所と幼稚園との混同を避けるためになされたと言われているが、他方では財政的な理由から入所希望者に対して増設が間に合わない保育所に入所制限を設けたものだとも言われている。いずれにしても、この改正によって幼稚園とは異なる保育所の役割が明確になり、幼保二元化が既定路線となるのである。

この二元化の方向性を確認するように、1963（昭和38）年には、文部省と厚生省が合同で通知「幼稚園と保育所との関係について」を出している。この通知は、幼稚園と保育所を、「両者は明らかに機能を異にする」ものと明言し、これによって今日まで続く幼保二元化が両省の間で確認されたのである。

[21] 現在、児童福祉法第39条は「保育所は、保育を必要とする乳児・幼児を日々保護者の下から通わせて保育を行うことを目的とする施設とする」というものへ改正されている（平成27年10月1日から子ども・子育て支援法と同時に施行）。

第4節 保育内容の歴史的変遷 －保育所保育指針・幼稚園教育要領の理解－

1 幼稚園教育要領の変遷

① 「保育要領－幼児教育の手引き－」（1948年）

学校教育法が施行され、幼稚園が学校体系の一部に位置づけられてまもな

く、文部省は1948（昭和23）年には幼稚園教育の手引きとして「保育要領－幼児教育の手引き－」（以下、保育要領）を発刊する。これは、幼稚園のみならず、保育所、家庭での保育の手引きとして作成されたものである。

保育要領は「幼児の保育内容－楽しい幼児の経験」として、1．見学、2．リズム、3．休息、4．自由遊び、5．音楽、6．お話、7．絵画、8．製作、9．自然観察、10．ごっこ遊び・劇遊び・人形芝居、11．健康保育、12．年中行事、という12項目を示している。このように保育要領における保育内容は、そこに休息や健康保育など養護的な内容を含んでいるのが特徴である。

② 幼稚園教育要領の制定（1956年）

すでに発行されている保育要領は系統性[*22]を欠いた構成となっており、カリキュラム編成の手がかりにはなりにくいという問題があった。こうした問題をふまえて、1956（昭和31）年、文部省は保育要領を改訂し、幼稚園教育要領をあらためて刊行する。幼稚園教育要領のまえがきには、改訂の要点として、つぎの3つが挙げられている。

> 1．幼稚園の保育内容について、小学校との一貫性を持たせるようにした。
> 2．幼稚園教育の目標を具体化し、指導計画の作成の上に役だつようにした。
> 3．幼稚園教育における指導上の留意点を明らかに示した。

要点の1には保育内容の系統性重視の姿勢を、要点の2にはカリキュラム編成の基準となるようにとの意図を読み取ることができる。

また、系統性を明確にするため、そして指導計画の立案のための便宜から、保育内容は「健康」「社会」「自然」「言語」「音楽リズム」「絵画製作」の6領域に再編された。さらに各領域の下には具体的な「望ましい経験」が挙げられている。

③ 幼稚園教育要領の第一次改訂（1964年）

1956（昭和31）年に行われた保育内容の再編は、6領域を小学校以上の教科と同様に扱うという、誤った傾向を助長することになってしまった。そのため、文部省は、1964（昭和39）年に幼稚園教育要領の最初の改訂を行う。なお、この昭和39年版の幼稚園教育要領は「告示」として刊行され、この時以来、幼稚園教育要領は法的拘束力をもつようになった。

この改訂では、昭和31年版の6領域を踏襲しながらも、領域が教科とは異なることを示すために、領域に示される内容を「望ましい経験」から「望ま

---

*22
系統性とは、カリキュラム論の用語で、「体系的」（論理的にまとまっている）というほどの意味。当時の学校教育法に示された幼稚園教育目標からみると、保育要領の12項目は論理的ではなく単なる羅列にみられることがあった。そのため批判が起きていた。

しいねらい」へと変更している。言い換えれば、「領域」という言葉の意味を、「子どもの望ましい経験を6つに分類したもの」の意から、「子どもの活動をみるための6つの視点」の意へと、変更したのである。また、この解釈の変更に伴って、経験や活動はいくつかの領域をまたいだ「総合的」なものであることが強調された。

しかし、この改訂は、今度は保育者が「望ましいねらい」から子どもが行うべき活動を考える、という傾向を強めることになってしまった。つまり保育実践が、子ども主体のものではなく、保育者主導のものになりがちになったのである。

④ 幼稚園教育要領の第二次改訂（1989年）

1989（平成元）年、文部省は25年ぶりに幼稚園教育要領の大幅な改訂を行った。この改訂では、まず、幼稚園教育が「環境を通して行うものであることを基本とする」ことを明確に示した。これによって、幼稚園教育は保育者主導ではなく、子ども主体でなければならないことを強調し、昭和39年版の幼稚園教育要領が与えてきた誤解を是正しようとした。

また、保育内容の領域はこれまでの6領域から、「健康」「人間関係」「環境」「言葉」「表現」の5領域へと再編された。保育内容の6領域編成はかねてから小学校の教科を連想させてきたため、そうした連想を払拭しようと、領域を再編成したのである。あわせて、保育内容の示し方も、それまで「望ましいねらい」として示していたものを、「ねらい及び内容」として示すようになった。

この平成元年版が示した幼稚園教育や保育内容の考え方は現在も継承されており、現行の幼稚園教育要領の基本型がこのとき示されたと考えてよい。

⑤ 幼稚園教育要領の第三次改訂（1998年）

1998（平成10）年、幼稚園教育要領は3回目の改訂を行う。この平成10年版は、基本的に平成元年版を踏襲するものである。改訂のポイントとしては、①幼稚園教育の目標が「生きる力の基礎」の育成であることを示したこと、②「地域の幼児教育のセンター」としての役割や「教育課程に係る教育時間の終了後に希望する者を対象に行う教育活動」（預かり保育）を幼稚園の新たな機能として示したことが挙げられる。

まず、①に述べている「生きる力」とは、小学校学習指導要領、中学校学習指導要領、高等学校学習指導要領において育むことを目指している力であるが、①は幼稚園教育がこれら小学校、中学校、高等学校の教育と連続する

ものであることを明確にしようとするものである。

また、②に述べている「地域の幼児教育センター」は保育所が行う子育て支援センター事業に比することができるものであり、また、預かり保育は保育所並みの保育時間に対応するものであって、いずれも幼稚園による保育所的な機能の取り込みを意味している。

⑥ 幼稚園教育要領の第四次改訂（2008年）

2008（平成20）年、文部科学省は幼稚園教育要領の4回目の改訂を行うが、この改訂も平成元年以降の幼稚園教育要領がもっている基本的な考え方を受け継いでいる。改訂のポイントを挙げれば、①発達や学習の連続性（小学校との円滑な接続）および生活の連続性（地域・家庭との連携）をふまえた幼児教育の充実、また②「教育課程に係る教育時間の終了後等に行う教育活動」（預かり保育）および「地域における幼児期の教育センター」としての機能の充実である。

これら2つのポイントは、平成10年版の改訂のポイントと、基本的に同じ方向性をもつことは明らかである。平成10年および平成20年版に共通する方向性は、1つは幼稚園と小学校以降の学校体系との連続性の強化であり、もう1つは預かり保育等の導入にみられる幼稚園の保育所的な機能への接近だといえるだろう。

⑦ 幼稚園教育要領の第五次改訂（2017年）

この改訂では、幼稚園と就学後の学校との連続性を明らかにするという視点からさまざまな改善が図られている。まず、就学後の育ちの連続性を明確にするため、小学校以降の学校と足並みを揃えて、幼稚園教育において育みたい資質・能力（資質・能力の3つの柱）[23]を新たに示している。また、幼小の円滑な接続のために、幼稚園修了までに育ってほしい10の姿[24]を新たに設け、幼小の教諭間で子どもの姿の共通理解が進むよう配慮している。さらに、幼稚園教育要領の総則の記載内容の順序も小学校等の総則のそれに準じたものとなっている。

このように第五次改訂は、幼小の連続性を強く意識したものだと言ってよいだろう。なお領域については、従来通りの5領域を維持している。

*23 p.19参照。
*24 p.21参照。

第13章 ── 保育内容の歴史的変遷

表13-1 幼稚園の保育内容の変遷

年	法令等	保育内容	主な特徴や改訂のポイント
1899年（明治32）	幼稚園保育及設備規程	遊嬉、唱歌、談話、手技	・幼稚園に関する最初の法令。 ・フレーベル主義の保育の影響を残しつつも、そこからの脱却が伺える。
1926年（大正15）	幼稚園令施行規則	遊戯、唱歌、観察、談話、手技等	・「観察」が加えられた。 ・保育内容の末尾に「等」と記された。
1948年（昭和23）	保育要領－幼児教育の手引き－	見学、リズム、休息、自由遊び、音楽、お話、絵画、製作、自然観察、ごっこ遊び・劇遊び・人形芝居、健康保育、年中行事	・幼稚園・保育所・家庭における幼児教育の手引として刊行された。 ・休息、健康保育など養護的な内容を含む。
1956年（昭和31）	幼稚園教育要領	健康、社会、自然、言語、音楽リズム、絵画製作	・保育内容の系統化を図って6領域に編成した。 ・各領域の下に具体的な「望ましい経験」が挙げられた。
1964年（昭和39）	幼稚園教育要領の第一次改訂	同上	・「告示化」され法的拘束力をもつようになった。 ・各領域に示す内容の意味づけを、「望ましい経験」から「望ましいねらい」へと変えた。
1989年（平成元）	幼稚園教育要領の第二次改訂	健康、人間関係、環境、言葉、表現	・6領域から5領域になった。 ・幼稚園教育が「環境を通して行うものであることを基本とする」ことが示され、保育者主導ではなく子ども主体が強調された。
1998年（平成10）	幼稚園教育要領の第三次改訂	同上	・幼稚園教育の目標を「生きる力の基礎」の育成とした。 ・「地域の幼児教育のセンター」としての役割や「預かり保育」といった新たな機能を示した。
2008年（平成20）	幼稚園教育要領の第四次改訂	同上	・「小学校との円滑な接続」や「生活の連続性」（地域・家庭との連携）をふまえた幼児教育の充実が求められるようになった。
2017年（平成29）	幼稚園教育要領の第五次改訂	同上	・「幼稚園教育において育みたい資質・能力」を新設。 ・「幼児期の終わりまでに育ってほしい姿」を新設。

2 保育所保育指針の変遷

① 児童福祉施設最低基準の制定（1948年）

　保育所保育の基準である保育所保育指針は1965（昭和40）年になってようやく発行される。それでは、保育所保育指針の発行前の保育内容はどのようなものだったのだろうか。
　1948（昭和23）年12月、厚生省は児童福祉施設最低基準を公布、施行する。保育所の保育内容は、まずはこの基準の第55条に規定された。そこでは保育

内容として、健康状態の観察、個別検査、自由遊び、午睡、健康診断が挙げられている。また、自由遊びについては、さらに具体的な内容として、「音楽」「リズム」「絵画」「製作」「お話」「自然観察」「社会観察」「集団遊び」などが挙げられている。

しかしながら、この基準は保育内容の項目を挙げているだけであり、具体的な保育内容の参考にはならないものである。この点を補ったのは、文部省が昭和23年2月に発行していた保育要領である。この保育要領の策定に当たっては文部省だけでなく厚生省の委員も参加しており、保育要領は保育所においても参考となるものだったのである。

② 保育所運営要領の発行（1950年）

保育所が保育要領を参考に保育を行う一方で、厚生省は保育所保育のあり方を具体的に示すために、1950（昭和25）年に保育所運営要領を発行する。これは文部省作成の保育要領に比べ、保健指導や家庭指導にまで広く言及しているところに特徴があるものであった[*25]。

このように終戦後の保育所保育は主として保育要領と保育所運営要領を参考に行われていた。

③ 保育所保育指針の発行（1965年）

文部省は1956（昭和31）年には幼稚園のみに適用される基準である幼稚園教育要領を発行する。これを機に保育所でも独自の指針の策定が望まれるようになり、1965（昭和40）年、厚生省から保育所保育指針が厚生省児童家庭局長通知として発行されることになった。この指針は、保育所保育の基本的性格が「養護と教育が一体となって」いるところにあることをすでに明確に述べるものであった。保育所保育指針は当初から養護と教育の一体性を保育の基本に据えていたのである。

では、ここで示された保育内容はどのようなものだったのだろうか。保育所保育指針の策定に先立って、文部省と厚生省との申し合わせである通知「幼稚園と保育所との関係について」が1963（昭和38）年に発出されていた。このため、保育所保育指針の保育内容はこの通知にしたがったものになっている。つまり、保育所の保育内容のうち、幼稚園該当年齢のもので、なおかつ教育に関するものは幼稚園教育要領に準じて定められている。

具体的にいえば、保育所保育指針の保育内容は年齢区分ごとに示され、さらにそれは年齢が進むにしたがって分化していくというかたちをとっていた。つまり、2歳児まで（1歳3か月未満、及び1歳3か月から2歳まで）

*25　なお、厚生省は1952年に「保育指針」を発行しているが、これは保育所のみを対象としたものではなく、児童福祉施設全般のための指針であり、その後の「保育所保育指針」の直接の前身となったものではない。

は「生活」「遊び」の2領域、2歳は「健康」「社会」「遊び」の3領域、3歳は「健康」「社会」「言語」「遊び」の4領域である。4歳以上（4・5・6歳）は、幼稚園教育要領の6領域におおむね合致するように、「健康」「社会」「言語」「自然」「音楽」「造形」の6領域となっている[*26]。

④ 保育所保育指針の第一次改定（1990年）

昭和40年版保育所保育指針は発行後25年にわたって使用され続けたが、1990（平成2）年になってはじめて改定される。この改定は、1989（平成元）年に行われた幼稚園教育要領の改訂に対応するために1年遅れて行われた。

この平成2年版保育所保育指針の特徴は、一方では幼稚園教育要領に準じて保育の内容を見直しつつ、他方では保育所保育の独自性を際立たせようとしたところにある。

たとえば、総則に示している保育所保育の基本のなかに「家庭教育の補完」という役割を新たに位置づけて、保育所保育の独自性を示している。

また保育内容についても、3歳児から6歳児までの保育内容の示し方について小さいとはいえない変更を行っている。まず、3歳児から6歳児の教育的な内容については、「健康」「人間関係」「環境」「言葉」「表現」の5領域となったが、これは幼稚園教育要領改訂に対応したものにすぎない。平成2年の改定では、これに加えて、保育内容のうちの養護的な内容を3歳児から6歳児まで年齢ごとに、新たに「基礎的事項」として示すように変更したことが、いっそう重大である。

この変更、すなわち養護的な内容（基礎的事項）と教育的な内容（5領域）とを分離して示すという変更は、一方では「養護」という保育所保育の独自の機能を強く前面におしだすことになるとともに、他方では「養護と教育の一体性」の意味を不明確にしてしまうことにもなった。

⑤ 保育所保育指針の第二次改定（1999年）

1999（平成11）年、保育所保育指針は2回目の改定を行う。この改定もまた、幼稚園教育要領の改訂への対応として、幼稚園教育要領改訂から1年遅れて行われた。

しかしこの改定は、幼稚園教育要領改訂への対応という側面よりも、平成以降の社会の変化への対応としての側面のほうが強い。たとえば、1990（平成2）年の1.57ショック[*27]以降、少子化が大きな問題になってくるが、こうした社会の変化への対応として、この改定では、保育所に地域の子育て家庭に対する支援機能を新たに付与している。

[*26] この当時の「幼稚園教育要領」の領域の名称は、「健康・社会・自然・言語・音楽リズム・絵画製作」となっており、保育所保育指針の6領域の名称に用いられている言葉とは若干異なっている。

[*27] 1989年の日本の合計特殊出生率（一人の女性が15歳から49歳までに産む子供の平均数）が1.57となり、それまでの過去最低であった1966年の丙午（ひのえうま）の年の1.58を下回った。少子化の進行を示すものとして社会に衝撃を与えた。

また、日本政府が1994（平成6）年に批准した「児童の権利に関する条約」が平成11年の改定に与えた影響も少なくない。たとえば、「乳幼児の最善の利益を考慮」するといった内容がはじめて文中に盛り込まれたことや、子どもの人権に対する配慮が盛り込まれたことは、この条約の批准の影響による。

　そのほかの改定内容としては、1998（平成10）年の児童福祉法施行令改正にしたがい、これまで用いていた「保母」を「保育士」の名称へ変更したこと、また、これまで用いていた年齢の表記を「年齢区分」の意味から「発達過程区分」の意味へと解釈の変更を行ったことなどが挙げられる。

⑥ 保育所保育指針の第三次改定（2008年）

　2008（平成20）年、保育所保育指針は3回目の改定を行った。これまで保育所保育指針は幼稚園教育要領の改訂の後を追って1年遅れで改定されていたが、この改定は幼稚園教育要領の改訂と同時に行われた。この改定では、改定のタイミング以外にもさまざまな点で、幼稚園教育要領と保育所保育指針との整合性、同等性の確保が図られている。

　まず、これまで局長通知であった保育所保育指針は、平成20年版からは告示となった。これにより保育所保育指針は、幼稚園教育要領と同じく法的な拘束力をもつことになった。

　また、平成20年版保育所保育指針は、幼稚園教育要領と同じく大綱化[*28]を図っている。そして、この大綱化に伴って、具体的な保育の実際については各保育所の創意工夫を求めることになった。

　保育内容については、その内容以上にその示し方が大きく変更された。つまり、これまでは6か月未満から6歳までの発達過程区分ごとに独立した章を設けて保育内容を示していたものを、幼稚園教育要領と同様に、すべての発達過程区分のねらいと内容をひとつの章にまとめて一括して示すように変更している。また、これまで用いられてきた基礎的事項と5領域の区分も、「養護に関するねらい及び内容」と「教育に関するねらい及び内容」の区分に変更されている。

　以上のように、平成20年版保育所保育指針は、さまざまな点で幼稚園教育要領と類似の体裁をもつように配慮されている。これら幼稚園教育要領との整合性に配慮した改定の背景には、2006（平成18）年の認定こども園制度の創設にみられる幼保一元化の動向や、幼稚園と保育所の双方に適用される教育基本法第11条[*29]の新設などがあるといえるだろう。

[*28] 基本点や重要点のみを簡潔に示すこと。すなわち、保育所保育指針の要点のみを簡潔にしめすようになった。

[*29] 教育基本法第11条「幼児期の教育は、生涯にわたる人格形成の基礎を培う重要なものであることにかんがみ、国及び地方公共団体は、幼児の健やかな成長に資する良好な環境の整備その他適当な方法によって、その振興に努めなければならない」（第1章の13ページも参照）。

表13-2　保育所の保育内容の変遷

年	法令等	保育内容	主な特徴や改訂のポイント
1948年（昭和23）	児童福祉施設最低基準	健康状態の観察、個別検査、自由遊び、午睡、健康診断	・実際は保育所も「保育要領」を手引きとしていた。
1950年（昭和25）	保育所運営要領	乳児は、睡眠、授乳、排泄・おむつ、整容、清拭、入浴、日光浴、空気浴、乾布摩擦、乳児体操、お遊び・玩具。幼児は、健康状態の観察、個別検査、自由遊び、休息、午睡、間食、給食。	・児童福祉施設最低基準第55条に示された保育内容を具体的に説明した。
1965年（昭和40）	保育所保育指針	2歳児まで（1歳3か月未満、及び1歳3か月から2歳まで）は「生活」「遊び」。2歳は「健康」「社会」「遊び」。3歳は「健康」「社会」「言語」「遊び」。4歳以上（4・5・6歳）は、幼稚園と同様に「健康」「社会」「言語」「自然」「音楽」「造形」の6領域。	・養護と教育が一体となっていることを明確にした。
1990年（平成2）	保育所保育指針の第一次改定	3歳未満児については、単に内容として示し、3歳児以上については、「基礎的事項」、および「健康」、「人間関係」、「環境」、「言葉」、「表現」の5領域に区分して示す。	・幼稚園教育要領の改訂に対応して5領域となった。 ・養護的な内容を基礎的事項として示した。 ・「家庭教育の補完」という役割を新たに位置づけた。
1999年（平成11）	保育所保育指針の第二次改定	同上	・地域の子育て家庭に対する支援機能を付与した。 ・「児童の権利に関する条約」の批准を反映し、「乳幼児の最善の利益を考慮」する旨や、子どもの人権に対する配慮が盛り込まれた。 ・「保母」を「保育士」へ名称変更した。 ・年齢の表記を「年齢区分」の意味から「発達過程区分」の意味へと解釈変更した。
2008年（平成20）	保育所保育指針の第三次改定	発達過程区分ごとに保育内容を示さず、養護に関わる内容（「生命の保持」および「情緒の安定」）および教育に関わる内容（「健康」、「人間関係」、「環境」、「言葉」、「表現」の5領域）に整理し一括して示す。	・「告示化」され法的拘束力をもつようになった。 ・「大綱化」が図られた。 ・「保育計画」という用語が「保育課程」となった。
2017年（平成29）	保育所保育指針の第四次改定	教育に関わる内容は、乳児は「健やかに伸び伸びと育つ」「身近な人と気持ちが通じ合う」「身近なものと関わり感性が育つ」の3つの視点。1歳以上3歳未満児、および3歳以上児は、5領域（「健康」「人間関係」「環境」「言葉」「表現」）。養護に関わる内容（「生命の保持」「情緒の安定」）は各年齢共通。	・「育みたい資質・能力」を新設。 ・「幼児期の終わりまでに育ってほしい姿」を新設。 ・3歳以上児の保育を「幼児教育」とした。 ・「保育課程」という用語が「全体的な計画」となった。

⑦保育所保育指針の第四次改定（2017年）

　幼稚園教育要領の改訂と同時に行なわれた保育所保育指針の第四次改定では、両者の共通化をいっそう進めている。まず、「幼児教育を行う施設として共有すべき事項」として、幼稚園教育要領と同様に、「育みたい資質・能力」「幼児期の終わりまでに育ってほしい姿」を新設した。

　他方で、長年にわたる待機児童問題への取り組みの結果、3歳未満児の多くが保育所に通所するようになった現実をふまえて、3歳未満児の保育内容の充実が図られた。具体的には、乳児の保育内容として、「健やかに伸び伸びと育つ」「身近な人と気持ちが通じ合う」「身近なものと関わり感性が育つ」という3つの視点から構成される「乳児保育に関わるねらい及び内容」を新設し、1歳以上3歳未満児の保育内容として、従来の5領域で構成される「1歳以上3歳未満児の保育に関わるねらい及び内容」を新設した[*30]。

　第四次改定は、幼保の保育内容の共通化を図りつつ、保育所保育として充実すべき部分を充実したものとまとめることができる。

*30
　さらに言えば、保育内容の3つの視点、5領域の各々に、幼稚園教育要領と同様の「内容の取扱い」が記載された。これも幼保の保育内容の共通化を意図するものといえる。

3　幼稚園教育要領と保育所保育指針の課題

　これまでにみてきたように、幼稚園教育要領については五次にわたって、保育所保育指針については四次にわたって改訂・改定が行われてきた。そのたびに、幼稚園教育要領や保育所保育指針の内容は、幼児教育・保育の理論的な課題への対応として、あるいはその時々の社会の変化への対応として修正を受けてきたわけである。しかし、その内容の変遷を注意深くみれば、幼児教育・保育の基本に対する考え方については、当初から思いのほか一貫していることが理解できるのではないだろうか。

　幼稚園教育要領については、幼児教育は小学校以上の教育とは異なった特質をもつものであるという理念が当初から一貫させられている。この考えは、いまでは「総合的な指導」といった言葉に反映されているだろう。

　他方、保育所保育指針では、保育所保育は養護と教育を一体的に行うものであるという理念が当初から一貫させられているだろう。

　われわれは、まずは幼稚園教育要領や保育所保育指針の変遷の枝葉に惑わされずに、これらの変遷をつらぬいている幼児教育・保育の基本理念をよく把握することが必要である。

　一方で、これら幼児教育・保育の基本理念は容易には解きがたい問題を提起してもいる。幼児教育の特質は、幼稚園教育と小学校以上の教育との接続に関する課題をわれわれに突きつけている。また、養護と教育の一体性をど

うとらえるかという問題は、保育所と幼稚園との一元化が思うほど容易ではないことを示している。

　幼稚園教育要領と保育所保育指針の数次にわたる改訂・改定は、これら未だ解決をみない問題に対する、その時その時の苦肉の解答として読むこともできるのである。

第5節　今後の保育の展開

　明治期に幼稚園や託児所が登場して以来、幼保一元化は繰り返し試みられてきた。たとえば、明治期においては、簡易幼稚園、貧民幼稚園の設立が、大正期においては幼稚園令の制定が、また戦後においては保育要領の刊行が、幼保一元化を志向する主な試みだったといえる。こうした一元化への試みは、幼稚園や託児所（保育所）の性格がいまだ完全には確立していなかったことを背景としている。その後、さまざまな法的な整備が進むにつれ、幼稚園と託児所（保育所）はその性格の違いを明確にし、一元化はますます困難になっていったように思われた。

　しかし、急速な少子化に対する子育て支援の充実の必要性や、待機児童問題を背景に、2015（平成27）年4月からは「子ども・子育て支援新制度」[*31]がスタートし、あらためて幼保一元化が進展する可能性がでてきている。なかでも特に「幼保連携型認定こども園」の改善が注目されよう。

　2006（平成18）年に創設された認定こども園は、学校教育法と児童福祉法の2つの法体系に属していた。そのため、設置認可や指導監督もそれぞれの法によって二重化されていた。この二重行政の煩雑さが、認定こども園の設置を妨げてきたといわれてきた。

　これに対して、改正認定こども園法による新しい幼保連携型認定こども園は、設置認可も指導監督も同法によって一元化された幼保一体化施設となる（所管は内閣府）。これによって施設の設置が進むことが期待されている[*32]。

　子ども・子育て支援新制度のもう1つの注目点は、地域型保育[*33]への助成の創設である。これにより、保育所の新設が困難な地域（待機児童の多い都市部や少子化がすすむ地域）にも保育の場を確保することが可能になる。

　それでは、子ども・子育て支援新制度のもとで、保育内容はどのような影響を受けるだろうか。保育内容の基準としては、2014（平成26）年に初めて告示され、2017（平成29）年に改訂された「幼保連携型認定こども園教育・保育要領」が注目される。新しい幼保連携型認定こども園では、これまでの

[*31] これは2012（平成24）年に成立した「子ども・子育て関連3法」にもとづく制度である。なお3法とは、「子ども・子育て支援法」、「就学前の子どもに関する教育、保育等の総合的な提供の推進に関する法律の一部を改正する法律」（いわゆる認定こども園法）、および「子ども・子育て支援法及び就学前の子どもに関する教育、保育等の総合的な提供の推進に関する法律の一部を改正する法律の施行に伴う関係法律の整備等に関する法律」を指している。

[*32] ただし、既存の幼稚園・保育所の幼保連携型認定こども園への移行は義務づけられてはおらず、実際に幼保一元化が進むか否かについては、今後の推移を見守るほかない。

[*33] 地域型保育には、6人以上19人以下の子どもを預かる「小規模保育」、5人以下の子どもを預かる「家庭的保育」や子どもの居宅において保育を行う「居宅訪問型保育」、従業員の子どもや地域の子どもを保育する「事業所内保育」の4つの事業が位置づけられている。

幼稚園・保育所にはない保育内容上の課題がでてくると思われる。

たとえば、幼保連携型認定こども園では、通園する子どもの年齢はもちろん、子どもの登園・降園時間もこれまで以上に多様になるだろう。こうした環境のなかで、子ども同士、あるいは子どもと保育者はどのように関係をつくっていくべきか。また子どもたちが異なった時間に登園・降園するなかで、どのように1日の保育の流れをつくっていくべきか。子ども・子育て支援新制度は、これまでは気づかれなかった保育内容の課題を提起するであろう。

> ★演習課題 ─ ダイアログ
> 　現在の私たちのまわりの歌で、100年後の子どもの情操教育につながる歌はどの歌だろう。みんなで対話してみよう。

●参考文献
民秋言『幼稚園教育要領・保育所保育指針の成立と変遷』萌文書林　2008年
田澤薫「幼保一元化の可能性に関する史的検討」『保育学研究』第49巻第1号　2011年
日本保育学会編『日本幼児保育史』全6巻　フレーベル館　1968〜75年
湯川嘉津美『日本幼稚園成立史の研究』風間書房　2001年
厚生労働省『保育所保育指針解説』フレーベル館　2018年
文部科学省『幼稚園教育要領解説』フレーベル館　2018年
内閣府・文部科学省・厚生労働省『幼保連携型認定こども園教育・保育要領』フレーベル館　2018年

第14章 多様な保育ニーズと保育内容

保育ニーズとは、将来あなたが親になった時に"してほしい"と思うこと

あなたの地域には、子育て支援センターはあるだろうか。また、そこではどのような活動が行われているのだろう。

外国人の子どもがクラスにいる場合、配慮すべきことはどのようなことだろう。

第1節 特別な保育ニーズ

*1 厚生労働省「保育所等関連状況とりまとめ」2018年9月

*2 前田雅子（2017）はこの理由を、「保育利用率の上昇」「保育ニーズの地域的偏在」「子どもの年齢による保育の供給の偏在」「保育所を作ることによる潜在需要の掘り起こし」としている（『保育園問題』中央論新社）。

*3 女性の社会進出の増加に伴う保育ニーズに対応するため、低年齢児（0～2歳児）保育、延長保育、一時的保育の拡充を保育所に求めた。また、幼稚園で行われていた「預かり保育」は、1998（平成10）年の幼稚園教育要領の改正時に「教育時間の終了後に希望するものを対象に行う教育活動」として位置づけられた。

*4 「保育所保育指針」第4章 子育て支援 2．保育所を利用している保護者に対する子育て支援 (2) 保護者の状況に配慮した個別の支援 ア

*5 「保育所保育指針」第1章 総則 3．保育の計画及び評価 (2) 指導計画の作成 カ

待機児童は依然として課題となっているが[*1]、子どもの数自体は、1982（昭和57）年以降減少し続けている[*2]。少子化対策については、働き方の見直しなど社会全体での取り組みが求められるが、子育てをする家族は"今・ここ"への支援を必要としている。

1994（平成6）年のエンゼルプラン以降、保育所や幼稚園等では、多様な保育事業が実施されている[*3]。また、地域においても、さまざまな子育て支援事業が展開されるようになった。ここでは、そのなかから主なものを紹介していく。それぞれの事業の背景とともに、子どもやその家族に対する援助の目的や内容、配慮すべき事柄について考えていきたい。

1 延長保育・長時間保育

① 延長保育・長時間保育とは

延長保育は、保育所の通常保育時間である11時間の前後に、30分から1時間の保育を行うものである。今では、ほとんどの園が延長保育を実施している。長時間保育は、それを基本として、さらに2時間から6時間までの延長時間を5段階に設定して実施される。

延長保育・長時間保育が実施されるようになった背景には、保護者の就労形態の多様化がある。乳幼児が、長時間集団のなかで過ごすという状況は、健康な生活リズムを築いていくうえで好ましいとはいえないが、家族もさまざまな背景を抱えている。保育所保育指針に、保護者の多様化した保育の需要に応じ、病児保育事業など多様な事業を実施する場合には、保護者の状況に配慮するとともに、子どもの福祉が尊重されるよう努め、子どもの生活の連続性を考慮すること[*4]と書かれているように、保育者には家族の選択について受け止め、現状においての最善の保育を組み立てていくことが求められる。また、延長保育・長時間保育といった長時間にわたる保育[*5]については、次のように書かれている。

> 長時間にわたる保育については、子どもの発達過程、生活のリズム及び心身の状態に十分配慮して、保育の内容や方法、職員の協力体制、家庭との連携などを指導計画に位置付けること。

通常の保育の前後の時間を、単なる「付け足しの時間」にしないためには、子どもの生活全体を見据えたうえで、全体的な計画から連続した計画を立案し、園全体で実施体制を整えることが重要である（表14－1）。延長保育の時間における、乳幼児にふさわしい生活と適切な発達支援を模索していく姿勢が求められる。

表14－1　ある園での長時間保育（夕方）の流れ

時間	通常保育	延長保育・長時間保育の保育内容	
		乳　児	幼　児
〜	〜	〜	〜
18：00 19：30	＊保育終了	○検温・健康観察 ○個々の生活リズム、保育記録の記述内容に応じて過ごす（授乳・水分補給・睡眠・休息） ○好きな遊びをする ・保育者とのスキンシップ遊び ・気に入った遊具で遊ぶ ・絵本を読んでもらう ・保育者の見守るなかで異年齢児とふれあう（きょうだい等） ○降園準備 ・おむつ交換／健康観察／持ち物準備 ○順次降園 ＊保育終了	○保育場所の移動 ・排泄／手洗い／健康確認 ○補食・夕食（お迎え時間に応じて） ・今日あったことを保育者や友だちと話す ・発達に応じた手伝いをする ○好きな遊びを楽しむ ・ドールハウスなど個人あるいは少人数で楽しめる遊具で遊ぶ ・前日までの遊びの続きをする ・絵本を読んでもらう ・保育室全面を使ったダイナミックな遊びや保育者とのふれあい遊びを楽しむ ○降園準備 ・排泄／健康観察／身支度 ○順次降園 ＊保育終了

② 延長保育・長時間保育の内容や方法について

　乳児の保育では、個々の生活リズムに合わせた保育を基本に、いつも保育者が傍らにいることが感じられる関わりを大切にする。幼児においては、子どもの甘えたい気持ちを受け入れ、自由度の高い時間を過ごせるよう配慮する。保育の空間についても、延長保育に向けた環境の再構成を行うことで、子どもたちの気持ちを切り替え、新たな保育のはじまりとなるようにしたい。

③ 職員の協力体制について

子どもの年齢が低ければ低いほど、同一の保育者が保育することが望ましいが、それが叶わない状況においては、全職員が、すべての子どもの担当者であるという気持ちで保育に当たることが大切である。延長保育の担当者は、体調や連絡事項、子どもが今日1日をどのように過ごしたかについて担任から引き継いでおき、安全な保育と子どもが安心して過ごせるように配慮する。

④ 家庭との連携について

子どもの生活を連続したものとするためには、通常保育の担任・延長保育の担当者・家庭の連携が欠かせない。お迎えの時には、保育所での子どもの食事や睡眠、遊びの様子を保護者に伝え、降園後の時間をどう過ごせばよいか、保護者が適切に判断できるようにする。

子どもが生活の大半を保育所で過ごしたとしても、保育所と家庭の役割はそれぞれに異なる。保護者がゆとりのない状況であればなおのこと、前向きに子育てに取り組めるような支援が求められる。今日の子どもの育ちを丁寧に伝え、子どもを育てることの喜びを保護者と共有する。保護者への言葉がけや連絡ノートの記入は、親子の絆が深まるよう心がけ、子どもが家庭で過ごす時間の「量」は少なくとも、時間の「質」が高まるよう配慮したい。

2 預かり保育

① 預かり保育とは

表14-2 預かり保育の実施率

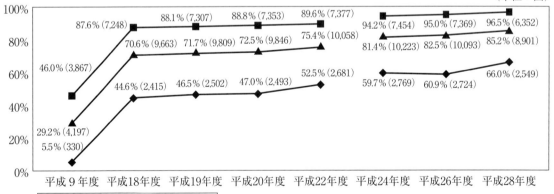

（単位：園）

平成22年度以前の母数：学校基本調査の幼稚園数
平成24年度・平成26年度・平成28年度の母数：調査回答園数
（H24 公立：4,638園、私立：7,914園、合計：12,552園）
（H26 公立：4,470園、私立：7,760園、合計：12,230園）
（H28 公立：3,865園、私立：6,579園、合計：10,444園）

第14章　多様な保育ニーズと保育内容

　幼稚園での１日の教育時間は、４時間を基本としているが、近年、幼稚園を利用している家庭にも長時間保育のニーズが高まり、ほとんどの幼稚園で預かり保育が実施されている（表14－２）。

　2016（平成28）年度の調査[*6]によると、保育終了時間が17時以降となる幼稚園が全体の85％を超えている。また、多くの幼稚園で、夏休みなどの長期休暇期間中に８時間以上の保育が実施されている。幼稚園の保育時間は、徐々に保育所に近づいているといえる。

[*6] 文部科学省初等中等教育局幼児教育課『平成28年度幼児教育実態調査』

② 預かり保育の保育内容

　幼稚園教育要領のなかで、預かり保育は、「教育時間の終了後に希望する者を対象に行う教育活動」として位置づけられている。実施に当たっては、「幼児の心身の負担に配慮すること」とされ、留意事項を次のように規定している（筆者が要約した）[*7]。

[*7] 「幼稚園教育要領」第３章　教育課程に係る教育時間の終了後等に行う教育活動などの留意事項　1

- 預かり保育担当者と教育課程担当者との連携を図ること。
- 保育計画を作成すること。
- 家庭との緊密な連携を図ること（「共に育てる」という意識を高めること）。
- 地域の実態や保護者の事情、幼児の生活リズムをふまえ弾力的に運用すること。
- 適切な責任体制・指導体制の整備をすること。

　預かり保育は、園全体の計画である教育課程を踏まえたうえで、子どもたちがどう過ごしたいのか、また、担当者がどのような教育活動を考え、どのように過ごさせたいのかをうまく絡み合わせながら環境をつくっていくことが大切である[1]。保育の内容については、通常保育のやや緊張した時間とは異なる、ゆったりとした雰囲気で、子どもがしたいと思う遊びを大切にし、子どもの生活全体を見渡し、無理のない生活リズムを考えていく必要がある。

　多くの園では、預かり保育に対応するために、職員の勤務体制をフレックス制にするなど工夫しているが、保育時間の延長に伴う職員の負担や人員確保の難しさを抱えているのが現状である。現行の預かり保育には、さまざまな課題はあるものの、子どもにとっては「地域環境の場がなくなっているなか同年齢の子どもの集まりの場となっている」「異年齢との交流で、やさしくたくましく育ってきている」等の効果も報告されている[*8]。保護者からは、「安心して預ける場があることで、子育てにゆとりがみられる」「幼稚園への理解が一層深まった」などの声が聞かれる。家庭と幼稚園の「共に育てる」意識の高まりが、子どもの育ちへとつながっていくことが望まれる。

[*8] 文部科学省『幼稚園における子育て支援活動及び預かり保育の事例集』2009年 p.59

3 | 病児・病後児保育

① 病児・病後児保育とは

　保護者が、仕事と育児を両立するうえで、最も苦慮することは、「子どもの突然の風邪や発熱」である[2]。その意味において、病児・病後児保育は、究極の子育て支援といえるが、一方で、子どもが病気の時こそ保護者が看ることが望ましいという声も聞かれる。しかし、保育者は、どのような状況においても、子どもを主体とした保育を行わなければならない。子ども主体の保育とは、目の前の子どもたちが病気になった時、誰がどのようなかかわり方で寄り添うことが子ども自身にとって一番幸せなのかを考えることである[3]。

　こうした状況を受けて病児・病後児保育は広がり、現在では保育所でも実施されるようになってきた*9。保育所保育指針にも、「第5章 健康及び安全」に保育所での疾病等への対応について示されており*10、医療機関との連携や看護師等が配置されている場合にはその専門性を活かした対応を図るこ

表14－3　病児・病後児保育の国庫補助事業

	病児対応型・病後児対応型	体調不良時対応型	非施設型（訪問型）
事業内容	地域の病児・病後児について、病院・保育所等に敷設された専用スペース等において看護師等が一時的に保育する事業	保育中の体調不良時を一時的に預かるほか、保育所入所時に対する保健的な対応や地域の子育て家庭や妊産婦等に対する相談支援を実施する事業	地域の病児・病後児について、看護師等が保護者の自宅へ訪問し、一時的に保育する事業
対象児童	当面症状の急変は認められないが、病気の回復期に至っていないことから（病後児は病気の回復期）、集団保育が困難であり、かつ保護者の勤務等の都合により家庭で保育を行うことが困難な児童であって、市町村が必要と認めたおおむね10歳未満の児童	事業実施保育所に通所しており、保育中に微熱を出すなど体調不良となった児童であって、保護者が迎えに来るまでの間、緊急的な対応を必要とする児童	病児及び病後児
実施要件	・看護師：利用児童おおむね10人につき1名以上　保育士：利用児童おおむね3人につき1名以上 ・病院・市医療、保育所等に敷設された専用スペース又は本事業のための専用施設	・看護師等を常時2名以上配置（看護師1名に対して2名） ・保育所の医務室、余裕スペース等で、衛生面に配慮されており、対象児童の安静が確保されている場所	一定の研修を修了した看護師等、保育士、家庭的保育者のいずれか1名に対して1名程度

出典：内閣府「子ども・子育て会議基準検討部会」（第8回）平成25年11月25日（月）資料2－2より筆者が作成

*9　1995年度から実施されたエンゼルプランで「当面の緊急保育対策等を推進するための基本的な考え方」の策定時に「病後児デイサービスモデル事業」が採択され、同年度名称変更し「乳幼児健康支援デイサービス事業」として全国に広がった。2000年度からは実施施設に保育所も含まれるようになり「訪問型一時保育」も実施されるようになった。2007年度に保育中の体調不良児に対応する「自園型病後児保育事業」が創設されたが、2008年度にはすべての事業が見直され、従来の病児・病後児保育と自園型が統合されて2009年度から「病児・病後児保育事業」として実施されるようになった。

*10　「保育所保育指針」第5章 健康及び安全（3）疾病等への対応

と、医務室や救急用の薬品、材料等の環境整備が求められている。

　保育所の自園型の病児保育は、通常子どもの通う保育所内において、子どもが体調不良となった場合、保護者が迎えに来るまでの間に行われる。保育所の医務室等、特別に準備された場所で行われる緊急的対応であることが多く、主に看護師が担当する[4]。保育士は、看護師と連携を図りながら、病児が安心して過ごせる環境を整えていく。

　現在行われている病児・病後児保育の国庫補助事業での各事業内容は「病児対応型・病後児対応型」「体調不良児対応型」「非施設型」の3タイプに分類される（表14－3）。

② 病児・病後児保育の内容

　表14－4は診療所に併設される病児・病後児対応型施設での保育士の業務の例である。

表14－4　病児保育・業務の事例

施設（定員）	病児・病後児対応型施設（3名）　＊診療所に併設され自治体の委託を受けて運営
職員体制	医師・看護師（各1名）　　　保育士（3名）
開所時間	8：30～17：30　　（延長保育8：00～18：00）
保育の内容	
受け入れ	利用登録と医師の受診後受け入れを行う。回復期には至らないが当面の急変が認められない子どもを預かるため、ぐったりしている子どもの利用はほとんどない。受付時に、健康観察を行い保護者から子どもの状態について説明を受ける。病気の経過や家庭での子どもの様子、緊急時の連絡方法などを「連絡票」に記入してもらう。「連絡票」には保育士が、熱・様子・排泄・食事（量・内容）・水分補給・遊びの内容・睡眠時間のほかに、咳・鼻水等を細かく記入していく。
子どもの様子	基本的には、初対面の子どもを保育する。体調がよくないことから、大泣きする子どももいる。体調不良による不機嫌や、親と離れる不安な気持ちを受け止め、珍しいおもちゃをいくつか出して遊びの傾向を把握したり、気分の転換を図る。子どもに「この人となら一緒にいられる」と思ってもらえるようかかわる。
遊びと生活	1対1の個別対応を基本とする。食事の時間、睡眠、遊び等の日課は、その子どもの体調・リズムに合わせて行う。遊びは、自由度の高い静的な遊びが主で、ビデオ・ままごと・絵本・ミニカー等で遊ぶことが多い。 　右図は「病児保育に適した遊び」[5]。 　　　　　　　　　　自由遊び　｜　設定保育 静の遊び　　　　病児保育 動の遊び　　　通常保育
環境	室温・湿度に注意し、使ったものは基本的に消毒をして清潔に保つ。嘔吐物や便は、指導マニュアルに沿って適切に処理する。
連携	体調が、悪化しそうな場合、隣接する診療所で医師の診察を再度受けるとともに、保護者に連絡をする。
難しさ	毎日が「ならし保育」であり、基本的に子どもの機嫌はよくない。子どもがどうしてほしいか、言葉にならない願いに寄り添うことが必要である。

病児保育では、医療的視点からの経過観察や、感染防止への一層の配慮が求められる。しかし、その保育内容は、個々の生活リズムが重視される「乳児保育」や、はじめて出会った子どもを保育する「一時保育」、情緒が不安定な状態にある「ならし保育」と共通する部分も多い。

　全国病児保育協議会の病児保育の理念[6]には、「子どもは、健康なときはもとより病気のときであっても、あるいは病気のときにはより一層、身体的にも精神的にも、子どもにとって最も重要な発達のニーズを満たされるべくケアされなくてはならない」と書かれている。子どもが病気の時や特別な配慮を要する場合、それぞれのニーズに応じた対応を行うことは当然のことであるが、状況に応じた発達支援の視点を忘れてはならないことを示している。

4　地域子育て支援センター

　核家族化が進み、家庭と地域社会とのつながりが薄れるなかで、子育て家庭の不安や負担感が大きくなっている。なかでも、保育所にも幼稚園等にも所属していない子どもの子育ては孤立しがちであるため、支援が必要とされている[7]。こうした背景を受けて、地域子育て支援拠点事業は、地域の子育て中の親子の交流促進や育児相談等を実施し、子育ての孤立感、負担感の解消を図り、すべての子育て家庭を地域で支える取り組みとしてその拡充を図ってきた*11。

　地域子育て支援拠点事業は、これまで、ひろば型・センター型・児童館型の3つの形態によって行われてきたが、2013（平成25）年度より、その機能別に「一般型」「連携型」に再編された（表14-5）。

　高山（2011）[8]は、地域の子育て力を高めるために保育者が果たす役割として、①団体（子育て支援にかかわる）の支援、②団体間の連絡調整、③地域の課題把握と新しい支援内容の企画、④住民の啓発参加の促進、⑤親と子の代弁者として地域に発言していくことを挙げている。実際の地域子育て支援拠点事業での職員の業務は、親子への直接支援から地域支援にまで及ぶ。職員である保育士には、一層のコーディネート力、チームワーク、コミュニケーション能力が求められる。

　地域子育て支援センターにおける保育士の業務の一例を表14-6に示す。

*11　厚生労働省『平成28年度　地域子育て支援拠点事業実施状況』によると、全国で7,063か所での実施が報告されている。

表14-5　地域子育て支援拠点事業の概要

	一般型	連携型
機能	常設の地域の子育て拠点を設け、地域の子育て支援機能の充実を図る取組を実施	児童福祉施設等多様な子育て支援に関する施設に親子が集う場を設け、子育て支援のための取組を実施
実施主体	市町村（特別区を含む）＊社会福祉法人・NPO法人・民間事業者等への委託も可	
基本事業	①子育て親子の交流の場の提供と交流の促進 ②子育て等に関する相談・援助の実施 ③地域の子育て関連情報の提供 ④子育て及び子育て支援に関する講習等の実施	
実施形態	①〜④の事業を子育て親子が集い、打ち解けた雰囲気の中で語り合い、相互に交流を図る常設の場を設けて実施	①〜④の事業を児童福祉施設等で従事する子育て中の当事者や経験者をスタッフに交えて実施
従事者	子育て支援に関して意欲があり、子育てに関する知識・経験を有する者	子育て支援に関して意欲があり、子育てに関する知識・経験を有する者に児童福祉施設職員等が協力して実施
実施場所	保育所、公共施設空きスペース、商店街空きスペース等を活用	児童福祉施設等
開設日数等	週3〜4日、週5日、週6〜7日／1日5時間以上	週3〜4日、週5〜7日／1日3時間以上

出典：厚生労働省「地域子育て支援拠点事業とは（概要）」より筆者作成

表14-6　地域子育て支援センターの保育士の業務（例）

施設概要	「T市子育て安心ステーション」（一般型施設）
開館	月曜日と水〜日曜日（火曜日休館）の9：30〜18：00
事業内容	①子育て案内（親子の交流広場・子育て情報の提供・子育て講座の実施・子育て相談） ②短時間の託児サービス 　対象：T市在住の6か月以上〜3歳児未満の子ども 　時間：2時間以内／1回・週1回まで 　料金：無料（保険料100円／1回）
保育士の業務内容と配慮事項	
親子の交流の援助	○平日は未就園児と母親の利用が中心である。週末はふだん保育所に通っている子ども父親や祖父母が連れて来所することも多い。初めて来た親子が疎外感を感じないように、よく来ている親子にも特別に親しくはせず、平等に接する。保護者が、どのようなかかわり方、距離感を求めているかを察する。そっとしておいてほしいといった様子が見られたら、自然にかかわり、寄り添うヒントを探す。 ○子どもには、遊具での遊びや、絵本の読み聞かせ等を行って、その子どもの好きな遊びをみつける。保護者は、子どもが楽しく遊ぶ様子から、わが子の異なる一面をみつけ、かかわり方を学ぶことができる。親子が安定して遊びはじめたら、ほかの親子との交流を自然な形で援助し、親自身の人間関係が広がるよう見守る。

情報の提供・発信	○遊びのスペースには、地域のさまざまな子ども・子育てに関する情報が集められている。職員は、情報をアップデートしていくとともに、その内容を把握しておく。何気ない会話のなかで発信された親子のニーズに応じた情報を提供し、親子の生活が豊かに広がっていくことに結びつけていく。 ○利用者のニーズを、地域社会や行政に発信していく。利用者に寄り添い聴取したことに対し地域や関係機関と連携して応えていく。	
講座の開催	施設の交流の場の一角で、離乳食のつくり方等の講座が開催される。利用者のニーズを踏まえながら、子どもの健やかな成長に役立つ講座、保護者自身がいきいきと過ごせるような講座が年間を通じて企画されている。こうした講座を有効かつ継続的に実施するためには、子育てを取り巻く環境の理解、子育てに資する地域の人材や資源の情報収集、それらを活用していくコーディネート力が求められる。	
相談	子育ての相談は、日常のちょっとしたことから、深刻なものまでさまざまある。相談内容に応じて、職員あるいは専門職・専門機関とで連携して対応に当たる。適切な対応をつぶさに行うためには、さまざまな機関や専門職との日頃からの連携と情報交換が必要となる。	
託児	生後6か月〜3歳までの乳幼児の託児サービスが利用できる。事前の申し込みや面談は必要だが、利用目的を問うことはない。核家族が増え地域の結びつきが薄れるなか、子どもを、ちょっと預かってもらうといったことが難しい状況にある。たとえ2時間程度でも自分の時間がもてることで、気持ちをリフレッシュすることができる。	

5　地域のなかの保育所

　保育所は、地域における最も身近な福祉施設である。保育所建設に反対する声も聞かれるが、近年、保育所を核とした地域づくりの取り組みが注目されている。

① 幼老複合施設

　幼老複合施設とは、保育所や児童館、小学校などの子ども用の施設と、老人ホームやデイサービスセンターなどの高齢者施設の合築・併設（を含む）事例を指す[9]。地方の厳しい財政状況の下で、複数の施設を合築・併設したり、既存施設の一部を他施設に転用するなど、ハード面の事情も大きい。さらには、「21世紀福祉ビジョン」（1994）年において、世代間交流の必要性が強調されて以降、子どもと高齢者の世代間交流というソフト面での連携の効果が期待されている。

　交流を通して、認知症高齢者が子どもとの接触により普段みせない反応を示すなどの例もみられる。一方、子どもの側も、自分の存在が高齢者から喜ばれることが自信となり、年老いた世代や体の不自由な人に対する理解が深まっている様子が、保育士や保護者を通じて観察されている[10]。より良い交

流を継続するためには、施設間の連携と共に、高齢者の自立度に応じた無理のない活動内容や、子どものなかに何が育っているか等について、交流の目的に照らした省察や検討が不可欠である。

② 街の拠点として

超少子化社会となった現在、待機児童問題や、保育園建設反対運動など、子どもの育ちを支える場についての課題は山積している。そんななか、"次世代の次の世代"を育む場所づくりに向けた最先端の取り組みがある。「まちの保育園」(ナチュラルスマイルジャパン株式会社)である。

まちの保育園には、カフェなどが併設され、意図的に地域の人と園との接点が作られている。園には、園と保護者と地域をつなぐ、コミュニティーコーディネーターという役職が設けられており、子どもの視点から地域をみつめ、子どもと人や施設との出会いを作る。また、対話によって、地域の声をひろい、子どもや保護者につないでいく。そのつながりが保育内容へと反映され、子どもの育ちに資するだけでなく、やがては地域の再生や創造につながっていく可能性をもつ(図14－1)[*12]。同社の松本代表は、「保育園は地域の資源です。少し大げさかもしれませんが、保育園は、こども・家庭の場であると共に、まちづくりの拠点ともなっていくことができる、そのように思って

[*12] 施設の成り立ちや保育内容の詳細については、松本理寿輝『まちの保育園を知っていますか』(2017年 小学館)及びhttps://machihoiku.jp/を参照のこと。

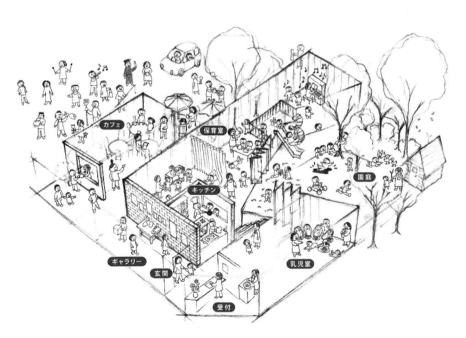

図14－1　まちの保育園が生まれるときの想い
出典：「まちの保育園」https://machihoiku.jp/より

*13
「保育所保育指針」第1章 総則 1保育所保育に関する基本原則 (2) 保育の目標 ア

います」と話す。保育所は、子どもが生涯にわたる人間形成にとって極めて重要な時期にその生活時間の大半を過ごす場所である*13。保育のあり方と同じくらい、園舎の構造や、街とのつながり方が、子どもに大きな影響を及ぼすとあらためて感じさせる。

第2節 「気になる子ども」の保育内容

*14
ここでの発達障害は、発達障害者支援法で示された注意欠陥多動性障害（ADHD）、学習障害（LD）、自閉症、アスペルガー症候群、その他の広汎性発達障害を指す。ただし、ICDやDSMなどの今後の診断基準と診断名の変更に注意したい（p.210のコラム参照）。

ここでは、「気になる子ども」及び発達障害*14の子どもへの理解と保育内容について述べる。

1 「気になる子ども」について

① 「気になる子ども」とは

上の文章を読んで、「気になる子ども」と、発達障害を一緒に考えるのはおかしいのではないか、と疑問を抱く方もいるだろう。これと同様の疑問を出発点に、現在までの「気になる子ども」に関するさまざまな報告を整理した本荘明子によると、保育者が指摘する「気になる子ども」には共通する特徴があり、それは発達障害の特徴と似通ったものである*15とされている[11]。その背景として、従来の1歳6か月及び3歳の乳幼児健診では判断がつきづらい発達障害が就学後に数多く発見されており、早期発見・早期支援が望ましいとされる発達障害児者への支援を考えるうえで大きな課題となっている、ということがある*16。そしてこのために、保育現場が発達障害児への支援をスタートさせる機関として機能することを求める意見もある[12]。

*15
たとえば「落ち着きがない」「危険なことをする」などの注意集中のコントロールの困難や衝動性による特徴、「基本的生活習慣が身につきづらい」「集団になじめない」などの周囲の状況を読み取り応じていくことの困難による特徴などが指摘されている。

*16
発達障害に限らず、障害児者への支援において早期発見と早期支援は望ましいと考えられている。

*17
逆に言うと、それ以外の保育者から見て気になる子どもには、発達障害以外の視点から保育内容を検討し対応することが必要である。

ただし、これは医療機関ではない保育現場に発達障害の診断を行うよう求めているのではない。ここで求められているのは、第1に、多様な子どもの特徴に応じた保育実践の工夫を行う際に、発達障害をもつ子どもへの支援からの示唆を取り入れることである。第2に、その工夫の内容について保護者や就学先、そのほかの関係者・機関と共有し、継続的な支援につなげることである。これらを確実に実践していくために診断名が必要ならば、保護者との相談のうえで医療機関を含む他機関との連携を検討するとよい。

② 「気になる子ども」の保育内容を考えるために

これまで述べたように、保育における「気になる子ども」とは、診断名はもたないが発達障害をもつ子どもと似た様子がみられる子どもである*17。

したがって診断名を根拠として特性を理解したり、支援を検討したりすることは難しい。そこで、本人の様子を周りの保育者や保護者がどのように気づき、理解し、支援をスタートしていくか、ということから考えていく。

2 │ 「気になる子ども」への保育における支援

① 基本的な流れ

第1に、誰かからの訴え、気づきをもとに子どもの理解に向けた情報収集を行い、現状とこれからの方向性を整理する。これが無ければ支援は目的のないかかわりとなり、評価も改善も難しくなる。第2に、本人の特徴と状況に応じた支援を行う。この支援は、子どもと保育者とが間接的にかかわる環境整備と、直接的にかかわる現場での支援とに分かれる。第3に、実践した支援や本人にかかわるその他の保育内容について振り返りを行う。第4に、振り返りにより明らかになった達成と課題及びその原因、特に子ども本人の特徴をもとに、これまでの支援の見直し等が必要か検討し、次の実践に向けた改善に取り組む。この4つの段階を繰り返しながら「気になる子ども」への保育における配慮が行われる。

なお、発達障害の診断名があり、その診断名と子ども本人の様子や特徴との間にずれがみられない場合には、診断名を活用して障害特性にもとづく支援を展開することが重要である[*18]。

② 子どもの理解に向けた情報収集

ここからは、診断名が今の時点では無い子どもを例として挙げるので、考え方を整理していこう[*19]。たとえば「物知りでふだんはきちんとした子だが、みんなでお話を聞く時間になると保育室から出て行って戻ろうとせず、集団生活になじめない4歳の男の子」について考えてみよう。

まず、支援の実践に向けて、子どもの理解に向けた情報収集[*20]を行う。つまり情報収集を通じて現在の状況をつかむということが基本となる。そのつかむべき状況には以下の要素がある。

最初の情報収集では、支援の必要性を感じた人から最低限度の情報を得る。これについて、基本的な情報収集シートの記入例を表14-7に示すので参照してほしい。

*18
たとえば自閉症の特性に応じた支援については、水野敦之『「気づき」と「できる」から始めるフレームワークを活用した自閉症支援 ―すぐに使えるワークシート用CD-ROM付―』(エンパワメント研究所,2011年) がある。

*19
「特徴」は目立つ行動や様子、「背景」はその行動や様子の理由である。背景（理由）に応じて支援することを大切にしてほしい。

*20
この情報収集のなかで、最初の情報収集を「インテーク」といい、その後の支援に向けた具体的な情報収集を「アセスメント」という。

表14－7　基本的な最初の情報収集用シートの記入例

```
                                    実施日：20○○年　○月　○日　記入者（○○）
●個人情報
本人氏名（▽▽　◇◇）　生年月日　20○○年　○月　○日　　連絡先 00000（母携帯）
在籍　A　園　B　組（5歳児クラス　18名、担任　○○先生）
保護者氏名（▽▽　△△（父）、□□（母））　　　診断（　　　なし　　　）※診断名があれば記入
```

●現在の状況　　誰の気づきか、主訴、相談項目等
担任より：昨年末の転居に伴う入園後、一斉保育の時間に抜け出すことが多く、安全面の不安がある。ふだんはそうでもないが、抜け出したときには指示に応じず、対応に苦慮している。
※連絡を取っている機関・人　医療：○○クリニック（児童精神科）　福祉：なし
　相談：○○市児童相談所　　教育：なし

●園での生活（よいところ、頑張っているところ）
きちんとあいさつをする
約束やルールを守る（新しいルールは守らないこともある）
※以上、担任より

●家庭生活（よいところ、頑張っているところ）
2歳下の妹の相手をよくしている
両親が忙しい時に、一人で遊んで時間を過ごすことができる
本をよく読む
※以上、母から聞いている内容、担任談

●困難を有する、苦戦していること
［※本人が困っていること　保護者が困っていること　その他の周囲が困っていることなど、【誰が】を区別して書く］
集団での行動についていけないことがある（担任の悩み）
話を聞かなきゃいけないのはわかるけれど、わけわかんないから、居られない（本人の話、担任談）

●今後の本人の課題
［※こうなってほしいという保護者の願い、本人の思い、等］
話を聞けるようになってほしい（担任の願い）
わからないことがあった時に、ルールを守って質問できるようになってほしい（父の願い、担任談）
よくわからない（本人の話、担任談）

●今後の支援について
［※助言を求める事項］
本人にとってわかりやすい、担任からの指示の出し方（担任）
本人が苦戦している原因を明らかにする（担任・保護者）

第1に、主訴、ねらいを明確にする。誰からの訴え・気づきをきっかけとして支援を開始しているのかが明確だと、支援の方向性がまとまりやすい。第2に、子ども本人の良いところや頑張っているところを確認しておく*21。支援のきっかけは何らかの問題であることが多く、情報収集が子ども本人のあら捜しになりやすい。しかし、保育一般と同様に、発達障害やそれに類する特徴をもつ子どもへの対応を考える場合でも本人の長所、強み、いいところ等の情報が支援の基盤として非常に有用である13)。第3に、苦戦している状況、かかわっている人や本人の願い、その願いをかなえるために考えたいこと、などを整理していく。

　次に具体的な情報収集では、具体的な支援の実践に活かせる情報を得る。表14-8は支援に向けた具体的な情報収集用シートの記入例である。子ども本人への理解を深めるうえでの参考として活用してほしい。

　第1に情報を得る経路として、保護者や保育者といった支援に直接かかわる人を通じて、また状況によっては本人から情報を得る*22。第2に支援に向けた情報収集の基礎的な内容として、本人の得意・不得意などを整理する。この情報から本人の特徴や支援方法の提案がなされる場合もある。第3に、子ども本人が苦戦していることや例外的にうまくいっていることなどに着目しながら情報を整理する。

　ここで示した2つのシートは、項目にしたがって記入していくことで状況が整理され、支援方針を徐々に明確化していくように構成されている。また、ここで示した表はあくまでも例に沿った内容なので、実際の子ども、状況によって項目を変更、調整することも含めて検討できるとよい*23。

③ 特徴と状況に応じた支援

　支援としては、第1に環境を調整する。今回の例の場合、人ごみや大きな声が苦手な一方、静かで狭く刺激の少ないところを好むことから、目や耳に賑やかな環境は疲れやすいかもしれない。このため、まずは保育室の壁面の掲示物を、予定や手順などの必要最低限のものに限定し、その他のものは削減する。また、園生活のなかで落ち着けるスペースをチェックし、足りなければ増やす。そして、同様の考え方で過ごしやすい環境づくりを進め、子ども本人が心身ともにいい状態で課題に向き合えるようにしていく。

　第2に、現場での支援を考える。今回の場合、新しい決まりごとが苦手な一方、あいさつや既存のルールを大切にしていることから、イレギュラーな出来事にストレスを感じやすく、本人がそのストレスに気づかずにいるため、急に集団から離れるようになっているのかもしれない。しかし、保育の場か

*21
　このような理解・注目の方法を「ストレングス・モデル」という。

*22
　子ども自身が自分の苦戦している状況を理解し解決したいと願っている場合や、本人にわかる形で支援を展開する必要がある場合には、本人参加が望ましい。

*23
　支援と振り返りを繰り返しながらシートを充実させ、サポートブックとしてまとめていくこともできる。この流れを網羅するものとして、武藏博文・高畑庄蔵『発達障害のある子とお母さん・先生のための思いっきり支援ツール ―ポジティブにいこう！』（エンパワメント研究所、2006年）などを参考にするとよい。

表14-8 支援に向けた具体的な情報収集用シートの記入例

1. 得意と苦手

	得意（好き）	苦手（嫌い）
ものとの かかわり	読書・マンガ（○○○○しんちゃん） テレビゲーム 高いところに上ること ぬいぐるみ	注射 高いところから下をみること べとべとしたもの
人との かかわり	呼んだら来てくれる人 詳しく説明できる人 見た目がかわいらしい、かっこいい人	お酒臭い人、タバコ臭い人 話しかけられても黙っている人 大きな声を出す人
場所・ 周りの 環境	ゲームセンター、公園（ジャングルジム） 小さくて狭くて安心できるところ（押し入れ、滑り台の下など）	人ごみ（こわい）、坂道（疲れる）、車通りの多いところ（こわい）

2. コミュニケーション（わかりあう方法）

①本人から周りの人へ（こんな伝え方をすることが多い）

全体的なコミュニケーションのポイント
質問されるとうまく話せないことが多い。話したい時は、相手を呼んでお話する。

うれしい、機嫌がいい
にこにこする。スキップみたいに弾んで歩く。

嫌なことがある、苦しい、落ち着かない
家の外：誰とも目を合わせず、じっとしている。安心すると、泣く。「〜のばか」と紙に書いて、捨てる。
家の中：周りのものをもって、投げる。

してほしいことがある
相手の周りをうろうろする。手招きして呼ぶ。

周りの方が、本人の気持ちを読み取るためのポイント
相手に心を許せば、気持ちは割とはっきり表現する。
ただ、警戒する気持ちが強く、その時はもじもじとしていてわかりづらい。

②周りの人から本人への伝え方（こんな風に伝えるとわかりやすい）

全体的に
目標を伝えるだけではなくて、今からやることを一つ一つ教える。
なんとなく、ではなくて、理由も教える。

本人をほめてあげたい時
「よくがんばったね」といって、目線を合わせてほめると伝わりやすい。
大人がほめたいと思っても本人の中で「大したことじゃない」と思っていると、怒ることがある。

本人に、行動を変えてほしい時
こそっと呼び出して、耳元で伝える。

3. 表現・納得できなくて苦しい時（こんなときに苦戦しやすい、その時どうするか）

苦しくなる時（たとえば、どんな状況で?）
自分がどうしたらいいのかわからない。（先生や友だちから言われたことがよくわからない）
自分がひどいことをしてしまったと思った。

本人は、どんなことをするか
じっと立ちつくす、その場から急に離れる、一人になって泣く。
（その場から離れられない時は）大きな声で周りの人の悪口を言うこともある。（パニックになっているよう）

予想される理由（本人は、どう感じているか？どんな思いか？）
何とかしなきゃいけない、と思ってはいるけれど、何から手をつければいいかわからない。
もしくは、やった方がいいんだろうなと思うことが、できなさそうで怖い。
パニックの時は、頭の中が真っ白になる。

落ち着くまでの方法
自分で落ち着ける環境に行けるときはそのまま、戻ってきたときはそっとしておく。
パニック時は、一人でじっくりと落ち着ける環境を確保する。

落ち着いてからすること
落ち着いたら、信頼関係のできている大人と困った状況を一緒に整理する。
（※何があったか、どうしたかったか、今はどんな気持ちか、など）
何からはじめればいいか、書くか、短い言葉で確認する。
（※自分で書くことはまだ難しいが、平仮名、片仮名と小学校1年生くらいの簡単な漢字は読める）

らイレギュラーな要素を完全に取り除くのは困難である。このため、2つの支援を考える。1つ目は、ストレスの度合いを目でみてわかるように5段階で整理して色づけをし、子ども本人がストレスに気づくための自助具をつくることである[14]。

2つ目は、イレギュラーな要素が増えすぎないように、定期的にみんなで遊ぶ時のルールをクラスや園全体で改訂・確認し、目でみてわかる形で明示することである。また、保育者が一斉活動を進行する時に、段取りをわかりやすく示してから話す、短く区切って話す、視覚的手がかりを用いて話す、などの配慮をすることも重要であろう。いずれの支援にしても、特定の子どもの利益だけを追求しすぎないよう、子どもたち全員や保育者への影響を考慮しながら進めることが重要である。

④ 振り返りと改善

振り返りとは、支援の現状を確認するために、支援に携わっている保育者や、家庭での生活を知る保護者、状況によっては子ども本人からの情報を再度集め回覧して、今後の方針を確認することである。先に示した二つのシートを見直して、変更や追加したい点を募る方法もよい。気をつけたいのは、焦りや落ち込みといった心理的に苦しい状況だと建設的かつ改善につながる振り返りになりづらい、ということである。このため、できる限り参加者に余裕のある状況での実施を心がけたい。振り返りを通じて把握できた現状をもとに、これまでの支援を変えるべき部分と継続すべき部分、追加すべき部分について整理し共有することで、改善を行い、その後の支援に備える。

⑤ 連携

保育の場でできる支援はさまざまなものがあるが、保育者や園、保護者などの子どもが置かれた状況、あるいは子ども自身の特徴などにより、十分な支援が行えない場合もある。

最初の情報収集で得られた目的が達成されない状況であれば、早急に外部機関との連携を検討、実施するとよい。今回の場合の外部機関の例としては、児童相談所の障害部門、発達障害者支援センター、特別支援学校の教育相談部門などが挙げられる。これらの外部機関との連携を通じて、障害や心理に関する専門職の立場からコンサルテーション[*24]を受けることでその後の支援の方向性や具体的方法に関するヒントを得られる場合が多くある。

この際、保育者が大事にすべきなのは、連携の目的[*25]を明確にすることである。そのうえで、保育者、保護者、専門機関などが、それぞれの立場と

*24
ある専門性をもった専門家（つまりこの場合は保育者）が、別の専門分野の専門家に助言を行うこと。

*25
「誰にとっての目的なのか」をまず明確にすることが重要である。保育者や家族が困っていることを目的につなげるよりも、子どもの利益となる形で目的を明らかにできることが、望ましい。

メリットを生かし、補い合いながら子どもの利益に向かって協力する関係づくりを行っていく。

> ### 3 | 支援の際に気をつけたい点

① 基本となる「個に応じた保育」の方法

「気になる子ども」や発達障害を含む子どもの多様性に応じた保育展開の考え方は、以下のようなものである。第1に、対象とする集団のうち「多くを占めるタイプ」に合わせて保育の計画を立てる。第2に、その進め方に対してついていけない子どもへの対応について、具体的な氏名や特徴を確認しつつ準備をする。あわせて、もっと早く先に進みたくて焦れるであろう子どもへの対応についても同様に準備をする。このように「どうしたら、この体験を味わえるだろうか」という基本姿勢を失わずに、さまざまな特徴のある子どもと向き合うことが必要である。

② 発達障害をもつ子どもへの支援の方法

乳幼児期の支援は、気づきの段階からはじまる。その時点では発達障害かどうか不明の場合も多く、時間の経過と共に診断名がつくこともあればそうではないこともある。診断名が無い場合に、特別な支援を検討することへ抵抗を示す保育者や保護者もいるだろうが、区別と差別との違いを整理し、子どもの保育ニーズを満たすことを意識して積極的に保育にあたってほしい[*26]。そして、支援は周りが一方的に世話を焼くものではなく、将来的に支援対象となっている子ども本人が、自分自身で主体的に行動し発信することを目指したものであることに注意する必要がある。保育の場のなかで、保育者同士、子ども同士が互いに困っていることやうれしいことを伝え合う。そして、自分と違う存在を排除するのではなく無理のない範囲で配慮の対象としてつき合っていくことが、子どもたち一人一人が自分自身の持ち味を知り、向き合い、その後の人生に活かしていくことにつながるのである。

*26
詳しくは、障害学に関する書籍、あるいは、すぎむらなおみ＋「しーとん」『発達障害チェックシート できました がっこうのまいにちを ゆらす・ずらす・つくる』（生活書院，2010年）を読んでみるとよい。

●コラム　変わりつつある発達障害の診断名

わが国の精神医学は、アメリカ精神医学会の「精神障害の診断と統計マニュアル（Diagnostic and Statistical Manual of Mental Disorders, DSM）」や世界保健機関（WHO）の「国際疾病分類（ICD）」を参考にしている。DSM は 2013 年に改訂（第5版：DSM-5）され、これまで「発達障害」とよばれていたものを「神経発達障害」と総称するようになった。同様に改訂前（DSM-IV）には、自閉症やアスペルガー症候群などの「広汎性発達障害」とよばれていたものを1つの診断名「自閉症スペクトラム障害」に統合した。この"スペクトラム"は"連続体"の意味で用いられている。なお、日本語版では従来の『障害』の漢字表記に倫理的問題があり、誤解・偏見を生む恐れもあるとして「自閉症スペクトラム症／自閉症スペクトラム障害」と併記されている。また、ICD の改訂（第11 回改訂版：ICE-11）も進んでいることから、診断名には引き続き注意が必要である。

第3節 外国籍の子どもと多文化共生の保育内容

1 多文化共生の保育の現状

　わが国において、1990年以降、労働者や留学生として在日するようになった外国人、すなわちニューカマー（newcomer）と呼ばれる人の数は、地域によって偏りはみられるが全体としては年々増加の一途をたどっている[15]。それに伴って、保育所や幼稚園において、両親もしくはどちらかの親が外国出身者という園児も増えている。このような現状において、保育者が外国籍の子どもたちへの配慮や多文化共生の意義を問いながら保育を実践していくことは当然のことといえよう。ここでは、多文化共生の保育の現状を把握し、外国籍の子どもと多文化共生の保育内容を考えてみよう。

　まず、「多文化共生」とは何か、問い直してみよう。"多文化"という言葉は、国際化や異文化と異なり、異文化間という言葉に近似して、自文化対異文化という境界線を弱くし、関連性を強めるいわばボーダレス（borderless）にするニュアンスを含んでおり、"人間としての尊厳や平等と自由"さらに"地球市民性"という言葉にきわめて親和的な関係にある[16]。したがって、保育における多文化共生を考える時、子どもの日本文化への適応ばかりを視野に入れ、既存の保育の形態を当てはめて考えるのではなく、その子どもの人間としての尊厳を第一に考えることが重要になってくる。そのためには、外国籍の子どもが育ってきた文化や環境の違いをしっかり理解することが求められる。

　日本保育協会の調査（2008年）で把握された外国籍の子どもの入所数を地域別、国籍別に示したところ、実に多様な国籍の子どもたちがわが国で保育を受けていることがみえてきた。当然ながら、国籍が違えば、文化も違ってくる。文化の違う子どもたちが同じ保育施設で過ごすということは、多文化共生の場であるということを認識しておこう。では、多文化共生の保育実践の場はどのような現状にあるのだろうか。次に挙げるのは、多文化共生の保育の場で多くの保育者が抱える問題点である。もし、あなたが次のような問題に直面した時、どのように対応するか考えてみよう。

○言葉の問題
　・言葉の違いから子どもの思いが把握できず、信頼関係を築くことが難しい

・子ども同士の会話が成り立たない
○生活習慣の違いによる問題
　　・午睡の習慣がない
　　・お風呂に入らない
○食習慣の違いによる問題
　　・給食の味つけが合わず、食が進まない
　　・宗教上の理由で食べられない食材がある
　　・生野菜を食べることができない
○時間に対する感覚の違いによる問題
　　・保護者が時間にルーズで、登園時間や行事の開始時間に間に合わない
○その他
　　・ピアスを身につけているため、けがや子ども同士のトラブルに配慮する必要がある
　　・衣服や履物の違いから、遊びに支障が出る

2　保育者に求められる配慮

　先に述べたのは、外国籍の子どもの保育において直面する問題のほんの一例であるが、多文化共生の保育のなかで、外国籍の子どもへの配慮が多岐にわたることが想像できるだろう。保育者は、このような課題一つ一つに丁寧に向き合い、その子らしさが尊重されるような保育を展開していくことが望まれる。たとえば、食習慣の違いによる問題に直面した場合、日本にいるからといって、一般的な日本の食事に合わせるように関わっていくだけでは多文化共生とはいえないだろう。重要なのは、その子どもがもつ文化を保育者が理解し、その子らしさが尊重される保育を実践することである。宗教上の理由で食べられない食材があるならば、それはその子どものアイデンティティの重要な一部なのである。このような文化の違いに気づき、保育者自身の見解を広げることが専門家としての保育者に求められる。

　ここまで、外国籍の子どもと保育者との関わりのなかで配慮すべきことを述べてきたが、忘れてはならないのが保護者への配慮である。適切な保護者支援があってこそ、多文化共生の保育が豊かに展開されるのである。しかしながら、外国籍の保護者とのやりとりのなかには、とても複雑で繊細な問題を含んでいることが少なくない。実際には、どのようなやりとりが展開されるのか、事例を通して考えてみよう。次に挙げるのは、実際に多文化共生の保育実践に関わっている保育者の声である。

事例 1

中国籍の母親Kさん（4歳女児Lちゃんの保護者）

話し手：A保育園　4歳児クラス担任保育者

　Kさんは、あいさつ程度はできるが、ほとんど日本語が理解できない状況であった。Lちゃんには、保育者の思いを絵で示したり、身振り手振りで伝えることで意思の疎通ができていた。

　ある日、Lちゃんが連絡無しに園を休んだ。家庭に連絡すると父親（日本人）が対応し、「しばらく休ませます」との返事が返ってきた。様子をみることにしたが、Lちゃんの欠席日数が1週間を超えたため、担任が家庭訪問して事情を聴くことにした。

　その結果、母親のKさんの精神状態が不安定で、家に引きこもりがちになり、Lちゃんの送り迎えが困難になったことがわかった。原因は、保育者や周囲の保護者の言葉が理解できないことによる疎外感であった。保育園の職員は、信頼関係を築いていけるように配慮していたつもりだったが、母親の不安は想像以上のものであった。

　それ以降、Kさんと保育者で、イラスト化した連絡帳のやり取りをはじめ、少しでも意思の疎通がなされるように工夫した。また、保護者会のなかで、Kさんの現状を伝え理解を求めたところ、保護者のみなさんが快くサポートを引き受けてくれた。その後、Kさんは日本語教室に通い、日本語が上達していった。そして、希望する保護者には中国語講座を開くまでになった。

　Kさんの事例から私たちが学んだことは、外国籍の子どもには配慮しようと気を配るが、保護者への支援は、意識して寄り添って考えていかないと気づいてあげられないことがあるということ。保護者との関係性も、大切に考えていく必要があることを痛感した。

事例 2

フランス籍の父親Rさん（3歳男児Jくんの保護者）

話し手：B幼稚園　主任保育者

　Rさんは、日本語が上手で会話に困ることはない。

　本園では、7月に夏祭りを開いており、保護者にも協力していただいている。Rさんにも夏祭り協力依頼のお便りを配付したところ、「協力できない」との返答をもらった。

協力を断ってきた保護者が今までいなかったことから、事情を聴いてみることにした。すると、Rさんの自国フランスにはヴァカンスの習慣があり、長期間の夏休みは家族でゆったり過ごしたいという思いを話してくれた。Rさんの話をじっくり聴く機会をもったことで、決して協力することが嫌なのではないことが理解できた。しかしながら、Jくんは夏祭りを心待ちにして、祭りの準備も張り切って進めていた。そこで、ヴァカンスの習慣を理解したうえで、Jくんが幼稚園生活のなかで主体的に夏祭りにかかわっていること、祭りに期待を膨らませている姿を伝えていった。すると、Rさんと母親は、Jくんの園生活と日々のつながりを理解してくださり、夏祭りに家族で参加することになった。手伝いも、快く引き受けてくださった。この問題がきっかけで、私たちはヨーロッパの夏休みについて調べてみた。国によっては6月中旬から9月まで長期の夏休みとなり、家族で過ごす時間を大切にする文化があることを知った。

　Rさんのおかげで、これまでは気づくことのなかった文化に関心を寄せる機会を得ることができた。まずは相手を知る。これが保護者との相互理解への第一歩であることを実感した。

　2つの事例から、保育者がていねいに対話を重ね、相手の文化や抱えている葛藤、不安、戸惑い、主張を理解しようとしていることがみえてくる。

　保育者として、保護者への支援が必要なことは言うまでもない。保育者と保護者が共に手を取り合って子どもの育ちを見守ることではじめて、子どもも安心して"今、ここ"を幸せに生きていくことができるのである。外国籍の保護者の場合、特に多様なケースに寄り添った配慮が必要だといえるだろう。保護者一人一人の言い分を尊重しながら、こちらの願いを伝えていくのは難しいものであるが、多文化共生の保育において保護者と対話を重ね、信頼関係を築いていくことが、保育者に求められるのである。

3　違いを讃え合う保育をめざして

　"人は、みんな違う"当たり前のことであるが、文化の違いを讃えながら豊かな保育を実践していくためには、お互いの国の歴史や社会環境、子ども観や保育観の違いをありのまま受け止め、認めていくことが必要になる。多文化共生の保育のなかで、子ども一人一人の権利と幸せが保障され、その子

らしさが活かされるためには、保育者の文化の多様性に対しての正しい認識と尊敬にもとづいた理解が必要不可欠なのである。

また、ここまでみてきたように多様な文化を理解し、認め合うことは簡単なことではない。したがって、担任一人に負担が偏るような状況を避け、仲間の保育者と情報や悩みを共有し、多様な文化への理解を園全体で考えていくことが大切である。

── ★演習課題 ─ ダイアログ ──────────────
　高齢化が進むなかで、子どもたちと地域の高齢者とのふれあいの機会をつくるとしたら、どんな活動が考えられるだろう。みんなで対話してみよう。

● 引用文献
1）蜂川徳子『幼稚園　私立幼稚園の取り組み』2009年　p.199
2）日本労働研究機構『育児や介護と仕事の両立に関する調査結果』2003年
3）福井逸子「保育所における病児・病後児保育の必要性」『保育学研究』第49巻1号　2011年　p.71
4）同上書　p.64
5）一般財団法人日本病児保育協会著・久住英二監修『実践 病児保育入門　認定病児保育スペシャリスト試験公式テキスト』「病児保育に適した遊び」英治出版　2013年　p.23
6）全国病児保育協議会『病児保育の現状と課題』2009年　p.1
7）厚生労働省「地域子育て支援拠点事業とは（概要）」2016年5月9日現在
http://www.mhlw.go.jp/file/06-Seisakujouhou-11900000-Koyoukintoujidoukateikyoku/kyoten26_4.pdf
8）高山静子「家庭支援や地域子育て支援の実際」橋本真紀・山縣文治編『よくわかる家庭支援論』ミネルヴァ書房　2011年　p.198
9）北村安樹子『幼老複合施設における異世代交流の取り組み』第一生命Life Design Report 2003　p.5
10）北村安樹子『幼老複合施設における異世代交流の取り組み（2）』第一生命Life Design Report 2005　p.13
11）本荘明子「「気になる」子どもをめぐっての研究動向」『愛知教育大学幼児教育研究』第16号　2012年　pp.67-75
12）高橋脩「乳幼児健診と発達障害」『こころの科学』第124号　2005年　pp.18-21
13）阿部利彦『発達障がいを持つ子の「いいところ」応援計画』ぶどう社　2006年
14）カーリ・ダン・ブロン、ミッツィ・カーティス著（柏木諒訳）『これは便利！5段階表　自閉症スペクトラムの子どもが人とのかかわり方と感情のコントロールを学べる活用事例』スペクトラム出版社　2006年
15）萩原元昭『多文化保育論』学文社　2008年　p.4
16）同上書　p.6

● 参考文献
日本精神神経学会監修『DSM-5 精神疾患の診断・統計マニュアル』医学書院　2014年

第15章
保育内容の向上をめざして

現職の保育者たちの研修のひとこま

　保育内容を高めるとはどんなことだろう。保育の場をつくる専門家として、保育の質を高めるために必要なことはなんだろう。ここでは、これからの保育の課題と保育研修のあり方について考えてみよう。

第1節 これからの保育と課題

1　保育所保育指針と幼稚園教育要領の記述から

　保育所保育指針の第5章には、「質の高い保育を展開するため、絶えず、一人一人の職員についての資質向上及び職員全体の専門性の向上を図るよう努めなければならない」と記されている。また、保育所保育指針解説では、「日頃から職場内での研修や外部研修、自己研鑽により、職員間で専門性を共に高め合うことが重要」であるとし、保育者には「初任者から経験を積んだ職員まで、全職員が自身の保育を振り返り、自らの課題を見いだし、それぞれの経験を踏まえて互いの専門性を高め合う努力と探究を共に積み重ねること」や、「対話を通して子どもや保護者の様子を共有できる同僚性を培っておくこと」などが求められ、職場においては「職員がそれぞれに担当する職務内容に応じて、更に専門性を向上させていくことができるような研修の機会について、組織として体系的に考えていくことが必要である」と述べられている。

　また、幼稚園教育要領の第1章には、「幼児の実態及び幼児を取り巻く状況の変化などに即して指導の過程についての評価を適切に行」うことが記されており、幼稚園教育要領解説では、そのために、「他の教師などに保育や記録を見てもらい、それに基づいて話し合うことによって、自分一人では気づかなかった幼児の姿や自分の保育の課題などを振り返り、多角的に評価していく」ことや、「互いの指導事例を持ち寄り、話し合うなどの園内研修の充実を図ることが必要である」などと述べられている。

　このように、国の示す保育所保育指針・幼稚園教育要領の双方において、保育の質を高めるための体制づくりや研修の充実について強調されている。保育の質を高めるということ自体に異議がある保育者はいないであろうし、保育現場において多忙さによるストレスを日常的に抱えながらも、何とかして保育の質の向上を図りたいと多くの保育者は望んではいるであろう。

2　研修の課題と保育者のキャリアパス

① 「研修の時間確保」・「効果的な研修方法」の二大課題

　しかし、慢性的な人手不足・時間不足が払拭されず、煩雑な業務に日々忙殺される保育の現場において、具体的にいつ・何を・どのようにすることが、

保育の質を高めることになるのであろうか。実際、複雑多岐にわたる業務を〈こなす〉ことに追われ、〈やらなければならない〉ことが山積している保育の現場では、なんといっても研修の時間自体が確保しづらいのである。加えて、限られた時間で具体的にどのような取り組みや手立てが効果的で、どのように設定したら現実的に実施可能なのであろうか。

特に保育所においては、保育所保育指針が告示化により最低基準に位置づけられていることで、（保育の質の向上のための）努力義務としての研修は、ややもすると嫌々ながらでも〈やらなければならない〉ことであり、受動的に〈こなす〉だけのものになりかねず、場合によっては保育現場を疲弊させるためだけのものになりかねない。そうなっては、質の向上どころか、むしろ質が低下されていくことすら懸念される。

こうした状況下では、むやみに義務としての研修を形だけ定着させるのではなく、保育の質を高めるに当たって重要なことを確認するとともに、日常の保育のなかで実現可能な合理的方法を提示することが必要である。

② キャリアアップの道筋

2018（平成29）年3月31日に改定された保育所保育指針には、「保育所においては、当該保育所における保育の課題や各職員のキャリアパス等も見据えて、初任者から管理職員までの職位や職務内容等を踏まえた体系的な研修計画を作成しなければならない」と、キャリアパス[*1]の考え方が新たに盛り込まれた。また、同年4月1日に厚生労働省雇用均等・児童家庭局保育課長より『保育士等キャリアアップ研修の実施について』という通知が発出され、保育士のキャリアパスの仕組みを構築し、保育士等の処遇改善に取り組む保育園等に対して、キャリアアップ[*2]による処遇改善に要する費用を公定価格に上乗せする制度が創設された。制度の概要は以下の通りである。

（1）研修分野及び対象者

研修は、専門分野別研修、マネジメント研修及び保育実践研修とし、それぞれの研修の対象者は次のとおりとする。

ア　専門分野別研修（①乳児保育、②幼児教育、③障害児保育、④食育・アレルギー対応、⑤保健衛生・安全対策、⑥保護者支援・子育て支援）

保育所等（子ども・子育て支援法に基づく特定教育・保育施設及び特定地域型保育事業をいう。以下同じ。）の保育現場において、それぞれの専門分野に関してリーダー的な役割を担う者（当該役割を担うことが

[*1] 人事労務用語であり、直訳すると「職務上の経歴を積む道」である。ある職位や職務に就くために必要な道筋を示したもので、職務経歴や経験、スキル、職位に就くまでの順序などの総称。キャリアアップの道筋（基準や条件）を示した人材育成の制度をいう。

[*2] この場合は、保育者として職業経験を積むこと、より高度な専門的知識や能力を身につけること、それによって個人としての地位を高め、保育者として専門性を必要とする役職や職場へ異動することを示す。非正規雇用者が正規雇用になることや、今より上の役職、地位に就くことをいう。

見込まれる者を含む。）
イ　マネジメント研修
アの分野におけるリーダー的な役割を担う者としての経験があり、主任保育士の下でミドルリーダーの役割を担う者（当該役割を担うことが見込まれる者を含む。）
ウ　保育実践研修
保育所等の保育現場における実習経験の少ない者（保育士試験合格者等）又は長期間、保育所等の保育現場で保育を行っていない者（潜在保育士等）
(2) 研修内容
研修内容は、「分野別リーダー研修の内容」のとおりとし、「ねらい」欄及び「内容」欄に掲げる内容を満たしたものでなければならない。
(3) 研修時間
研修時間は、1分野15時間以上とする。
(4) 講師
研修の講師は、指定保育士養成施設の教員又は研修内容に関して、十分な知識及び経験を有すると都道府県知事が認める者とする。
(5) 実施方法
研修の実施にあたっては、講義形式のほか、演習やグループ討議等を組み合わせることにより、より円滑、かつ、主体的に受講者が知識や技能を修得できるよう、工夫することが望ましい

　これについて、保育所保育指針解説では、「各都道府県では、保育士等キャリアアップ研修ガイドラインを踏まえ、職務内容に応じた専門性を図るための研修が整備される。中堅となった保育士等は、担当する業務によって、『乳児保育』『幼児教育』『障害児保育』『食育・アレルギー対応』『保健衛生・安全対策』『保護者支援・子育て支援』などについて、その専門的な知識や技能を高めていくことが求められる」とし、さらに、「保育士等のキャリア形成の過程で、研修等による専門性の向上と、それに伴う職位・職責の向上とが併せて図られることは、保育士等が自らのキャリアパスについて見通しをもって働き続ける上でも重要であり、ひいては保育所全体の保育実践の質の向上にもつながるものである」とも述べている。
　このように、研修機会の充実によって保育の質を高める取り組みも、いよいよ国策として制度化され、一般化されるようになってきた。そこで、まず、あらためて保育の質を高めるとはどのようなことか、そしてそれはどのよう

にすることなのかについて、問い直してみたい。

3 | 保育の質を高めるには

　保育の質を高めるには、保育者一人一人の資質向上がなにより基本となる。
　ところで、保育者は、養成校を卒業するなどにより資格（免許）を取得して、保育現場で働きはじめて、それで"専門家"となれるわけではない。養成校での教育は完成教育ではなく、保育現場で実際に必要な知識・技能の一部の基本事項の習得にすぎず、保育者は保育現場に勤務しはじめてから実際の諸業務のなかで多くのことを学んでいく。いかなる"専門家"もはじめの頃は新米であり、仕事には慣れているはずもなく、次第に現場の実践にもまれながら業務に携われるようになっていく。
　しかし、"専門家"であるとは、一歩その世界に足を踏み入れたからには、初任者であろうとベテランであろうと、絶えず研鑽を積み続け、自らの資質向上を自ら図り続けることにより、その位置にあり続け得るのである。
　それでは、保育の"専門家"たる者として、あるいはその専門職集団として、どのように学び、保育の質を高め続けていけばよいのであろうか。保育の質を高める、あるいは一人一人の資質を向上させるに当たり、これからの保育においてとりわけ重要なことは、【省察】（reflection）[3]と【対話】（dialog）[4]の実際化・日常化である。

4 | 保育を【省察】すること

　保育者が自らの保育の質を高めていくためには、まず、保育の記録を取り、そこから子どもの行為の意味や経験している内容、そして心も動きや育ちを読み取ったり、自分自身の関わりなどを深く振り返ることが求められる。
　保育の"専門家"になるには、日々の仕事にただ従事していれば（言わば、ただ経験を重ねれば）なれるというものではない。保育者としての成長に向けて、自分自身も自ら工夫が必要である。それは、日々の保育の営みについて記録を取って、振り返り、見直し、明日またそれ以後の保育を検討し直すところからはじめ、そしてそれを続けるのである。そうしたところから、新たな見通しや工夫が生まれてくるのである。そして、このときを日々の保育者生活の時間のなかに組み入れて、たとえ毎日短い時間でも、振り返りと今後の見通しを立てる習慣をつけること、すなわち省察を日常化することが保育者の専門性確立への第一歩である。さらに、そうした省察を支え、より発

[3] 自分自身の心を振り返り、その良し悪しを考えること。自分で考え、判断し、行動し、起きた結果をかえりみること。ポジティブ面とネガティブ面の両方が含まれる。

[4] 英語ではDialogue（ダイアログ）。相互理解のためのコミュニケーションであり、相手の話を聴き、自分の意見を伝えるときに、自分の考えや背景を固辞することなく、相手の考えや背景を積極的に取り入れること。議論（Discussionディスカッション）が、たがいの意見を論じあうことに対して、対話は信頼関係を築くために行う。

展させるためにも、園の内外のさまざまな学びに積極的に参加して、日々の省察とのつながりを探求してみるのである。

保育の質の向上や保育者の専門性向上においては、単に研修実施の有無ではなく、研修が質や専門性の向上に結びつくためのあり方そのものが問われる。そしてそれは、「やらされる」受動的なものではなく、「やる」意義を実感しながら能動的なものであることが求められる。そうした能動性にもとづく主体的な研修からは、実践の文脈から確かな手ごたえとしての気づきが生まれ、新たな意味や、さらなる「やる気」までが生まれることが期待できよう。

5 反省的実践家

保育者の専門性に到達点はなく、またどこかに熟達者としての完成型があるわけではない。なにより"専門家"である以上、保育者は常に成長し続ける存在でなくてはならない。

ドナルド・ショーン（D. Schön）は、不確実で予測しがたい問題状況との対話を絶えず行い、経験から蓄積した実践知を用いて探求し続け、【省察】（reflection）を軸にして力量を形成していく専門職のことを〈反省的実践家〉と名づけた[*5]。

保育という世界で、子どもの営みという個の尊厳と一回性の現実に向き合うとき、一般化された知識や技術のみでは太刀打ちできないことが多い。それがあふれているのが保育の現場であるが、実際、保育の優れた"専門家"は、ショーンのいう〈反省的実践家〉であろう。保育の世界においては不確実で予期し難い状況に身を置くことが日常的であるが、保育の優れた"専門家"は困難な状況に遭遇したときには、常識にとらわれず柔軟な発想からも出来事の意味を問い直すのである。そして、徹底的な現実との向き合いのなかから、新たな知を得て、自ら専門性を高め、自らを成長させているのである。

6 津守真による【省察】

保育という世界に身を置く"専門家"には、【省察】という行為は不可欠である。

【省察】について津守真は、「省察するという保育者の精神作業なくして、保育の実践はない。放任する保育などありえない。保育後の保育者の作業は、教育計画の目標に照して評価すること、および、翌日の保育の計画を立てる

[*5] ショーンの〈反省的実践家〉については、詳しくは以下を参照されたい。
Schön.D.A. (1983) The Reflective Practitioner.How Professional Think in Action,BasicBooks（佐藤学・秋田喜代美訳）『専門家の知恵―反省的実践家は行為しながら考える―』ゆみる出版 2001年

ことであるといわれるが、保育における実践と思考は、そのように分割され、人為的に構成されたものではない」[1]と述べている。また、「保育直後の重要さの第1は、保育者の体感、物質のイメージとして残された感覚の記憶を自らの中に確認するところにある。第2には、保育者自身との関連において、次の日が来る以前に、心の備えをしておく課題あるいはテーマが示されることにある。いずれも、この段階では明瞭な意識とならないことが多いが、掃除をしている間に静かに、保育者の体の中に、次第に意識を形成する過程が進行している」[2]とも述べている。さらに、「何度も同じ場面やできごとに立ちもどる間に次第に、最初の言語化や意識に対する懐疑が生じる。すなわち、最初自ら思いもし、人に話しもしていた言葉は、体感でとらえた真の課題とは合致していないのではないかという疑いである。ここにおいて、もう一度、言語化され、意識化される以前の最初のあの何とも言いあらわしがたい実践のさ中の体感に立ちもどる」[3]とまで述べている。

このように、津守によれば、保育における【省察】とは、保育の実践において体験された行為を保育後に体感の水準に引き戻すことによって思い起こすことにより、新たな意味を生成する行為とされる。いわば身体的感覚・行為の言語化であり、単に保育目標に準拠して評価することや、翌日の保育の計画を立てるといった類のものにとどまるものではないのである。

7 │ 【対話】する(語り合う)こと

【省察】を繰り返しながら行うなかで保育者は、思い浮かぶ子どもの姿などと自己内で【対話】し、自分の保育の見方の枠組みを広げていく。

このことに加えて、保育者がさらに成長し育つためには、個々の出来事を同僚同士で語る(語り合う)ことを通して、相互に【省察】する(し合う)ことが不可欠である。同僚とともに、【省察】をし、【対話】するなかで、子どもの見方や保育のとらえ方が変わり、気づきを重ね合うなかで、新たな視点を得られるようになったり、視野を広げられるようになっていくのである。

保育者の成長のためには、多様な他者に対して自身の気持ちが開かれて、それぞれの見方や行為を収奪し合いながら、自分の見方や行為を協同的に【省察】できることが大切である。そのためには、共感的なかかわり合いを支える場を築いていくことが必要となり、それを実際化するのが【対話】である。

個々の保育者が保育者として成長していくために必要な知との出会いは、実際の子どもとの関わりや出来事のなかに埋め込まれており、【省察】と【対

話】という状況に自分の身を委ねていくことにより、実践の知が厚みを増していくのである。

第2節 保育研修のあり方

先述のように、今、保育者の専門性を高める研修の充実が求められている。しかしながら、保育の現場は、いつも人手が足りず、多岐にわたる業務に追われ、研修を行う時間自体が確保しづらい。さらに、時間が限られるなかで、なるべく有効かつ機能的な研修のあり方について、保育の現場で模索が続いている。

そこで、以下、これらの現状打破に向け、新たな視点が付与されることを企図し、いくつかの手立てを論じることとしてみたい。

1 タイムマネジメント

まず、時間は、追われるものではなく、つくる（生み出す）ものであるとポジティブにとらえられたい。そのためには、無理なく遂行できるよう、しっかりとした見通しをもつことが求められる。そこで、日常の業務中で、無理なく少しずつでも行えるよう、研修を行うに当たっての事前準備・研修中の運営方法・事後処理（記録・保存など）について、「いつ（いつまで）・誰が・なにを・どのように・どれくらい」などが明示化される必要がある。つまり、合理的な時間確保が可能となるようにしっかりとした計画を立てて行う必要があるのである。このことが不明瞭なまま進めてしまうと、さまざまな混乱や齟齬が生まれ、それらの解決のためにまで追われることになり、さらなる負担感や徒労感を発生させる要因にもなりかねない。

研修を実施するうえでの時間確保の問題解決に向けては、計画的に行うことが要訣となり、まずはその園固有のガイドラインなどを整えることが重要である。

2 対話型アプローチ

ここで、近年、組織管理や人材開発などの分野で注目されている対話型アプローチに着目し、これを保育の現場における研修に適用することを提案したい。

このアプローチでは、参加者全員での自由な対話を中心としていること、参加者の主体性と自主性が尊重されていること、そしてポジティブな変化（positive change）が期待されている。ポジティブな変化とは、長所や利点、魅力、希望や夢などに着目し、そうしたポジティブな側面を最善な形で引き出し、実現するにはどのようにしたらよいかを追求することで、現状を変えていくという組織変革の考え方である。

　この対極にあるのは、いわば欠点を指摘するアプローチ（deficit based approach）であり、問題や欠陥を指摘した上でそれをどう克服し、遂行するかに焦点を当てるという、問題解決においてよく用いられるアプローチである。しかし、こうした欠点を指摘するアプローチは、ポジティブな変化ほど効果的ではなく、獲得される能力も計画の遂行に限定されてしまい、ポジティブな変革を継続する能力までは獲得されないという[4]。

　これを保育の【省察】に当てはめてみると、保育中に失敗したことや、思うようにできなかったネガティブな問題に焦点を当てるという方法に相当する。ただし、ここではこうした従来の園内研修において多用されてきた方法に問題があるということではない。むしろ、そうした研修による真摯な実践の検討も"専門家"に必須であるし、その機会確保が一層強く望まれる。

　対話型アプローチは、これとは逆の視点によるアプローチであり、ポジティブな変化を期待するという組織変革の手法を保育者の学びにも援用し、自らの「気づき」を主体とした振り返りを積極的に引き出し、育てる試みが期待されるものである。

　以下、その具体例を紹介する。

3　15分ダイアログ

　気忙（きぜわ）しい保育の現場において、振り返りや語り合いが生まれ、いわゆる協働体制がつくられていくように、まずは地ならしや雰囲気づくりが望まれる。

　このためには、ちょっとした語り合いの時間こそが、実は大事なポイントとなる。

　園内において子どもの姿や保育のことについて語り合ったり、インフォーマルにも保育者同士の語り合いが日常化する雰囲気や風土を徐々にながらも生成していくことが必要である。

　そこで、1日のなかに15分間だけ、できるだけ多くの職員（保育職以外の職種も）が集まり、保育を語り合う機会を設けるのである。そこでは、実際にあったエピソードを話すだけである。記録もいらない。たとえば、話すエ

ピソードは、「自分自身の心が動いた場面」などである。それに参加者の気持ちを重ねて発話していくのである。条件は、(極力) 全職員、制限時間15分、毎日続けること。それだけである。

個別・具体的な場面に基づいて、ちょっとした時間でも同僚同士が自らを開き合うことで、園のなかに【対話】が生まれはじめる。このことから、保育者はいろいろな気づきを得たり、保育をみるまなざしが変化したりするようになり、加えて他者の感性や視点から新たに人物自体に好印象を抱くなど、自身でポジティブな変容が実感できるようにもなっていく。これらにより、【対話】的状況が、園内のあちこちで派生されていくことが期待できるのである。

4 ワールド・カフェ

ワールド・カフェ*6は、カフェを模した自由でオープンなリラックスした雰囲気のなかで、少人数でテーブルを囲んで対話を重ねていくアプローチである。途中でテーブルを移動しながら対話の対象を広げることで、創造的なアイデアや知識を生み出したり、互いの理解を深めたりすることをねらいとし、集団での【対話】が可能になるように構造化された技法である。

ワールド・カフェには、次のような特徴や効果があるとされている[5]。

(1) ワールド・カフェの特徴
① 少人数での対話のため発言しやすい*7。
② 一人の発言の時間も多く与えられる。
③ 参加者全員の意見が集めやすい。
④ 多くの人との意見や知識の共有ができる。
⑤ 参加者との共通性や共感が生まれやすい。

ワールド・カフェの様子。対話を通して出されたアイデアやキーワードを自由に模造紙に描きます

(2) ワールド・カフェで期待される効果
① 保育への「気づき」がより一層広がる。
② ふだんの会議や討議と比較して、よりポジティブな印象をもたれやすい。
③ これらにより保育者相互の親和性や信頼関係をより深めることが可能になる。

書き込んだ模造紙の例

*6
ワールド・カフェについて、詳しくは以下の文献を参照されたい。
・Brown,J., Isaacs,D. (2005), & World Café Community, The World Café: Shaping Our Futures Through Conversations That Matter.Berrett-Koehler Publ. (=2007, 香取一昭・川口大輔 (訳),『ワールド・カフェ －カフェ的会話が未来を創る－』, ヒューマンバリュー)
・香取一昭・大川恒著『ワールド・カフェをやろう』日本経済新聞社 2009年
・本郷一夫編著『保育の心理学Ⅰ・Ⅱ』建帛社 2011年 pp.134-143 (第14章「園内研修を通した子どもの発達理解」)

*7
カフェ・エチケット
①問いに意識を集中して話し合いましょう。②あなたの考えを積極的に話しましょう。③話は短く、簡潔に。話し手は「意志」をもって話しましょう。④相手の話に耳を傾けましょう。⑤アイデアをつなぎ合わせてみましょう。⑥ともに耳を傾けて、深い洞察や問いを探しましょう。⑦遊び心で、いたずら書きをしたり、絵を描いたりしましょう。

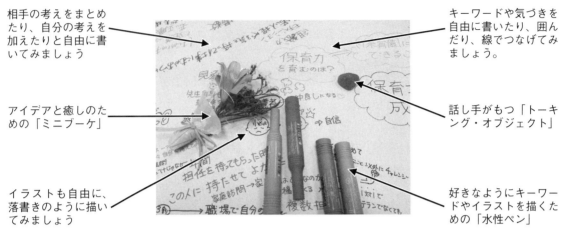

図15-1 「保育力を育む」をテーマにしたワールド・カフェのテーブルクロス(模造紙)の例

5 【対話】と【省察】による新たな研修スタイル

　カンファレンスは、保育活動の記録（エピソード、写真、ビデオなど）をもとに具体的場面（トピック）をケースとして取り扱い、そのなかから気づきや改善点を見出したり、課題解決に向けた支援や展開について意見交換を行うなどしながら、保育者の学習の機会として展開するものである。

　【対話】においては、物事の意味を探求するために、テーマに関してさまざまな角度から意味を考える。すなわち、【対話】のなかでは、自己を振り返り、互いの理解を求め、思考が生み出される。また、保育直後の個人的【省察】とはまた違い、自己や他者の学びや気づきを重ね合わせて参加者協同で【省察】を行うと、情感を伴ってリアルに再現されることにもなるため、その後のさらなる学習意欲が喚起される。

　カンファレンスは、通常は問題に焦点を当てようとする問題解決型アプローチで行われるが、ここで保育現場でのさまざまな実践について【対話】と【省察】により学びを集積化・共有化する対話型アプローチによる新たな研修のスタイルを提示してみたい。

　通常のカンファレンスは、トピックが絞られていて、その事例に則して行われる。以下の例[*8]は、ある枠組みを設定し、それに即してさまざまな実際場面の事例を紹介（発題）し合いながら、対話を通して思考を拡げながら互いの学びを集積し、共有しようとして行うものである。

1) 一定の期間内でみられた「プロとしての保育者」の姿をテーマにした対話

*8
　これらは、全国保育士養成協議会東北ブロック研究委員会による『保育実習指導ガイドライン（大綱版）』項目Ver.Ⅰ（平成25年11月）』における【Ⅹ　保育実践力の育成】を図る指導事項の例であり、基本的には保育者養成課程の教育内容・方法として考えられたものであるが、保育現場での研修内容・方法としても有用であると判断し引用した。

2）実践知を繋（つな）ぎ合わせて集合知とする過程からの学び
3）できなかったこと、失敗したことの意識化と克服（リベンジ）に関する対話
4）対話による学習課題の焦点化、今後の取り組みの見通しづくり

　これらのように、経験から内在化された学びを、対話型アプローチを通して対話を促進させ、思考を可視化するなど演出することで、より学びが深化し、次へのステップとなっていくことが期待できよう。また、個々の保育者の実践知を出し合い、互いに交流し、集約することで、集合知を創り、集積していくことが可能となるであろう。

6　最後に

　保育における【対話】や【省察】は、子どもと自分との間で行うものだけではなく、自分を取り巻く同僚など多様な他者との関係が開かれた状況でさらにその意義が高まり、保育者の成長を促進させる。つまり、多様な他者と保育を語り合うということがとても重要なのである。実践を語り合い、交流し合う過程から、自己内対話からはみえてこなかったような多様な見方に出会い、後の自分の資源として活用できる他者の視点を獲得していくことができるようになるのである。

　確かに、保育者が保育学や発達関連諸科学などの専門書から知識を蓄えたり、子どもの遊びを支援する技能を磨いたり、外部の研修・研究会から情報を得たりするなど、個人で学ぶことはとても大切である。それと同時に、自分自身を開き、自分以外の保育者の見解やアイデアに耳を傾け、保育の営みについて語り合い、自分の思いや解釈を他の保育者に伝えるなど、同僚同士の連携を密にし、組織で共に学び合うことが極めて重要なのである。

　あいまいで不確実かつ複雑な現実問題への真摯な向き合いから蓄積された実践知を用いて、状況との対話を重ねつつ、既知のフレームをも含めて【省察】と【対話】を行い続けるという学びのスタイルが、今、保育現場に求められている。

　保育の"専門家"である以上、絶えず営まれる日常の研鑽がその専門性を裏づける。

―★演習課題―ダイアログ―――――――――――――――――――

　もし、あなたが園長だとしたら、保育内容の向上や保育者の専門性を高めるために、園内で行いたいことはどんなことだろう。また、保育者にどんな言葉をかけるだろう。みんなで対話してみよう。

●引用文献
1）津守真『保育の一日とその周辺』フレーベル館　1989年　p.82
2）同上1）p.77
3）同上1）p.78
4）ダイアナ・ホイットニー＆アマンダ・トロステンブルーム著　株式会社ヒューマンバリュー訳『ポジティブ・チェンジ－主体性と組織力を高めるAI』　株式会社ヒューマンバリュー　2006年　pp.31-33
5）井上孝之「園内研修を通した子どもの発達理解」本郷一夫編著『保育の心理学Ⅰ・Ⅱ』建帛社　2011年　pp.134-143

●参考文献
Schön.D.A.（1983）The Reflective Practitioner.How Professional Think in Action,BasicBooks（佐藤学・秋田喜代美訳）『専門家の知恵――反省的実践家は行為しながら考える－』ゆみる出版　2001年）
Brown,J., Isaacs,D.（2005）, & World Café Community, The World Café: Shaping Our Futures Through Conversations That Matter.Berrett-Koehler Publ.（=2007, 香取一昭・川口大輔訳『ワールド・カフェ,－カフェ的会話が未来を創る－』ヒューマンバリュー）
香取一昭・大川恒著『ワールド・カフェをやろう』日本経済新聞社　2009年
全国保育士養成協議会東北ブロック研究委員会による『保育実習指導ガイドライン（大綱版）項目Ver.Ⅰ（平成25年11月）』

索引

● あ ●

赤沢鍾美	178
預かり保育	196
アタッチメント（愛着）	66, 85
生きる力	183
一語文	96
エリクソン	27
延長保育	194
恩物	175

● か ●

学制	174
筧雄平	178
学校教育法	22, 180
カリキュラム・マネジメント	19, 24, 160
環境	72
環境構成	73
関係発達論	65
観察	161
気になる子ども	204
キャリアアップ	218
キャリアパス	218
教育課程	158
教育基本法	13, 180
行事	55
記録	165
倉橋惣三	180
研修	223
子育て支援	22
子ども・子育て支援新制度	191
5領域	35

● さ ●

自己研鑽	217
児童福祉法	15
15分ダイアログ	224
主体的・対話的で深い学び	24
情緒の安定	32
心情・意欲・態度	35
健やかに伸び伸びと育つ	34
省察	221
生命の保持	31
関信三	175
全国保育士会倫理綱領	17
全体的な計画	158
総合的な指導	190

● た ●

待機児童	194
第三者評価	169
対話	222
託児所	178
田中不二麿	174
多文化共生	211
地域子育て支援拠点事業	200
長時間保育	194
通知「幼稚園と保育所との関係について」	186
津守真	27
東京女子師範学校附属幼稚園	174

● な ●

内容	16
喃語	86
乳幼児突然死症候群（SIDS）	49, 87
認定こども園	53
ねらい	16

● は ●

育みたい資質・能力	19, 24
発達	61
発達障害	204
発達段階説	64
反射	84
反省的実践家	221
PDCAサイクル	160
非認知能力	18
病児・病後児保育	198
フレーベル	175
平行遊び	120
保育所	15, 181
保育所運営要領	186
保育所児童保育要録	167, 230
保育所保育指針	15, 16, 186
保育要領－幼児教育の手引き－	182
保母	181

● ま ●

松野クララ	175
学びの芽生え	100
身近な人と気持ちが通じ合う	34
身近なものと関わり感性が育つ	34
3つの視点	33, 35, 87

養護に関わる保育内容	30
幼児期の終わりまでに育ってほしい姿	19, 21, 24, 154, 190

● や ●

幼稚園教育要領	22, 182
幼稚園幼児指導要録	167
幼稚園保育及設備規程	176
幼稚園令	177
幼保連携型認定こども園園児指導要録	168
幼保連携型認定こども園教育・保育要領	25
幼老複合施設	202

● ら ●

領域	33
6領域	182

● わ ●

ワールド・カフェ	225

巻末資料

(様式の参考例)

保育所児童保育要録（入所に関する記録）

児童	ふりがな 氏　名		性　別	
		年　　月　　日生		
	現住所			

保護者	ふりがな 氏　名	
	現住所	

入　所	年　　月　　日	卒　所	年　　月　　日

就学先	

保育所名 及び所在地	
施　設　長 氏　　名	
担当保育士 氏　　名	

巻末資料

(様式の参考例)

保育所児童保育要録（保育に関する記録）

本資料は、就学に際して保育所と小学校（義務教育学校の前期課程及び特別支援学校の小学部を含む。）が子どもに関する情報を共有し、子どもの育ちを支えるための資料である。

ふりがな		保育の過程と子どもの育ちに関する事項	最終年度に至るまでの育ちに関する事項
氏名		（最終年度の重点）	
生年月日	年　月　日		
性別		（個人の重点）	
	ねらい （発達を捉える視点）	（保育の展開と子どもの育ち）	
健康	明るく伸び伸びと行動し、充実感を味わう。		
	自分の体を十分に動かし、進んで運動しようとする。		
	健康、安全な生活に必要な習慣や態度を身に付け、見通しをもって行動する。		
人間関係	保育所の生活を楽しみ、自分の力で行動することの充実感を味わう。		
	身近な人と親しみ、関わりを深め、工夫したり、協力したりして一緒に活動する楽しさを味わい、愛情や信頼感をもつ。		
	社会生活における望ましい習慣や態度を身に付ける。		
環境	身近な環境に親しみ、自然と触れ合う中で様々な事象に興味や関心をもつ。		幼児期の終わりまでに育ってほしい姿 ※各項目の内容等については、別紙に示す「幼児期の終わりまでに育ってほしい姿について」を参照すること。
	身近な環境に自分から関わり、発見を楽しんだり、考えたりし、それを生活に取り入れようとする。		
	身近な事象を見たり、考えたり、扱ったりする中で、物の性質や数量、文字などに対する感覚を豊かにする。		
言葉	自分の気持ちを言葉で表現する楽しさを味わう。		健康な心と体
			自立心
	人の言葉や話などをよく聞き、自分の経験したことや考えたことを話し、伝え合う喜びを味わう。		協同性
			道徳性・規範意識の芽生え
	日常生活に必要な言葉が分かるようになるとともに、絵本や物語などに親しみ、言葉に対する感覚を豊かにし、保育士等や友達と心を通わせる。		社会生活との関わり
			思考力の芽生え
			自然との関わり・生命尊重
表現	いろいろなものの美しさなどに対する豊かな感性をもつ。		数量や図形、標識や文字などへの関心・感覚
	感じたことや考えたことを自分なりに表現して楽しむ。	（特に配慮すべき事項）	言葉による伝え合い
	生活の中でイメージを豊かにし、様々な表現を楽しむ。		豊かな感性と表現

保育所における保育は、養護及び教育を一体的に行うことをその特性とするものであり、保育所における保育全体を通じて、養護に関するねらい及び内容を踏まえた保育が展開されることを念頭に置き、次の各事項を記入すること。
○保育の過程と子どもの育ちに関する事項
＊最終年度の重点：年度当初に、全体的な計画に基づき長期の見通しとして設定したものを記入すること。
＊個人の重点：1年間を振り返って、子どもの指導について特に重視してきた点を記入すること。
＊保育の展開と子どもの育ち：最終年度の1年間の保育における指導の過程と子どもの発達の姿（保育所保育指針第2章「保育の内容」に示された各領域のねらいを視点として、子どもの発達の実情から向上が著しいと思われるもの）を、保育所の生活を通して全体的、総合的に捉えて記入すること。その際、他の子どもとの比較や一定の基準に対する達成度についての評定によって捉えるものではないことに留意すること。あわせて、就学後の指導に必要と考えられる配慮事項等について記入すること。別紙を参照し、「幼児期の終わりまでに育ってほしい姿」を活用して子どもに育まれている資質・能力を捉え、指導の過程と育ちつつある姿をわかりやすく記入するように留意すること。
＊特に配慮すべき事項：子どもの健康の状況等、就学後の指導において配慮が必要なこととして、特記すべき事項がある場合に記入すること。
○最終年度に至るまでの育ちに関する事項
　子どもの入所時から最終年度に至るまでの育ちに関し、最終年度における保育の過程と子どもの育ちの姿を理解する上で、特に重要と考えられることを記入すること。

子どもと共に学びあう
演習・保育内容総論　第2版

2014年 4 月15日　初版第 1 刷発行
2018年 3 月 1 日　初版第 5 刷発行
2018年12月20日　第 2 版第 1 刷発行
2023年 9 月20日　第 2 版第 5 刷発行

編　　集　　井上　孝之
　　　　　　山﨑　敦子
発行者　　竹鼻　均之
発行所　　株式会社みらい
　　　　　〒500-8137　岐阜市東興町40　第 5 澤田ビル
　　　　　TEL　058-247-1227(代)
　　　　　FAX　058-247-1218
　　　　　https://www.mirai-inc.jp/
印刷・製本　　サンメッセ株式会社

ISBN978-4-86015-454-7 C3037
Printed in Japan　　　　　　乱丁本・落丁本はお取り替え致します。